전생여행 2

전생퇴행 최면치료, 영혼의 치유와 회복

전생퇴행 최면치료, 영혼의 치유와 회복

전생 여행

신경정신과 전문의 김영우 지음

2

전나무숲

진리의 별에게

_ 김영우

검은 비단폭 같은 하늘 가운데 너의 얼굴이 자리 잡았다.
가을밤 찬바람은 길 잃은 망령처럼 산과 길을 떠돌며
아무것에나 몸을 기대고 울부짖는다.

별빛에 푸르른 돌과 나뭇잎들의 그림자
이 어둠 속에 등대처럼 불을 밝히고
나는 여기 홀로 앉아 있다.

세상이 멀리 떠나버린 지금 이 시간
찬바람에 떠는 공기의 울림과 별빛에 취한 나의 그리움이 뒤엉켜
하늘 가득히 거미줄을 치고 있다.

말할 수 없는 많은 말들을,
가슴속에 가득한 온갖 색조의 물감을 풀어 사방에 뿌려대고 있다.
강렬하고 무자비한 저 검은 하늘을 태워버릴 열정과 열망으로
온몸의 피가 뜨거운 파도가 되어 세차게 끓어넘친다.

공간도 시간도 내 편이 아니지만, 때묻은 희망의 깃발을 가슴에 품고

언 손에 희망의 깃대를 휘두르며 땅끝까지 하늘 끝까지
나는 너에게로 걸어가고 있다.
세찬 바람은 내 친구, 귓전을 울리는 그의 노래에 추위를 잊고
그의 하소연에 내 시름을 달랜다.

갇힌 머리가 아닌 열린 가슴을 따라
전 존재의 울림과 영혼의 갈망과 분별을 따라 산다는 것은
티끌만 한 후회도 남기지 않는다는 것.

세상을 뒤덮은 어둠과의 타협과 계산을 나는 모르니
이 황야에 가득한 슬픔의 웅덩이들을 모두 바닥까지 마셔 없애고
맨발을 찌르는 가시를 모두 찾아 밟으며, 깃대를 휘둘러 죽어가는 이들에게
내려앉는 까마귀를 쫓고, 길을 잃고 두려움에 떠는 영혼들을 모아
너의 빛을 따라 방향을 잡는다.

세상의 어둠이 모두 걷히는 그날까지
검은 하늘에 반짝이는 너를 바라보며 '사랑한다'고 말한다.
내 영혼의 모든 소망과 따뜻함을 입김에 담아 너를 바라보며 한 글자씩 말한다.

글을 열며

　1996년 4월에 《전생여행》을 출간한 후 나는 매스컴으로부터 '전생 신드롬'을 일으킨 장본인이라는 수식어를 들어 왔다. 책이 출간되자마자 베스트셀러가 되고 사회적으로도 큰 화제와 논쟁을 불러일으키자, 전생을 소재로 한 영화와 소설, 노래들이 히트하면서 내 책은 마치 그 내용들의 진실성을 뒷받침해주는 듯한 인상을 주었기 때문이다. 현실의 각박한 삶에 지친 많은 사람이 관심을 보이는 바람에 방송에서는 연일 전생과 관련된 특집 프로그램과 드라마를 내보냈고, 신문들은 익숙하지만 드러내놓고 토론한 적이 없는 이 낯선 주제에 대해 이런저런 분야의 전문가들로부터 얻은 의견을 담은 찬반양론의 글을 여기저기 실었다. 많은 글이 나름 진지하고 성실했지만 자신이 전혀 모르는 분야에 대해 근거 없이 감정적으로 비난하는 필자들도 있었다. 사람들의 반응은 각자가 지닌 선입견과 종교적 편견, 고정관념에 따라 달라지니 어쩔 수 없는 일이었다. 그와는 반대로 평소 윤회와 환생의 개념을 지지하던 사람들은 무조건적인 호의를 보였다. 그러나 내게는 즉각적인 찬성도 별로 달갑지 않은 일이었고 감정 섞인 비난도 그다지 신경 쓰이지 않는 일이었다. 누구나 이 분야에 대해 제대로 얘기하려면 철학과 종교에서 윤회론이 어떤 위치에 있는가에 대한 어느 정도의 지식은 물론, 최면의학과 인간의 기억에 대한 복잡하고 다양한 과학적 이론과 결론들을 알아야 하기에, 그런 즉각적인 반응들은 편견과 선입견에서 비롯된다고 생각할 수밖에 없었기 때문이다.

  책을 내기 전에 이미 분명한 이론적 근거를 확인하고 임상 환자들을 통해 놀라운 치료 효과를 경험한 나로서는 어떤 질문과 토론에도 응할 준비가 되어 있었다. 하지만 그런 공개적이고 논리적인 대화의 기회보다는 각종 매스컴에 실린 흥미 위주의 보도로 인해 나는 마치 전생과 윤회를 아무 비판 없이 수용하고 모든 질병을 '전생요법'으로 치료한다고 주장함으로써 유명해지려는 사람 정도로 인식될 가능성이 높았다. 책을 출간한 후 TV 인터뷰와 보도자료 제공에 여러 번 협조했지만, 방송국의 잘못된 편집으로 인해 진지하고 심각한 학문의 한 분야가 선정적 보도와 일반인의 높은 관심으로 인해 점점 영화나 소설 등과 한 묶음으로 혼동될 우려가 있었다. 그래서 나는 함부로 방송 출연이나 프로그램 제작에 협조하지 않기로 하고, 충분한 내 주장을 펼칠 수 있고 진지한 질문과 답변을 자유로이 주고받을 수 있는 프로그램에만 협조를 해주었다.

　동료 정신과 의사들의 반응도 제각각이었다. 나와 개인적 친분이 있는 사람들은 대체로 긍정적인 반응을 보였지만, 그들에게도 워낙 생소한 주제였기 때문에 적극적인 지지나 이해를 기대할 수는 없었다. 나를 잘 모르는 사람들은 당연히 우선 의혹과 거부감 섞인 반응이 많았을 것으로 생각한다.

　대한신경정신의학회는 정신과 의사들로 구성된 공식 학술단체이다. 신문사 기자들과 방송국 PD, 일반인과 의료인이 정신의학에 대해 질문할 수 있는 유일한 공식 기구여서 '전생퇴행요법'(전생요법)에 대한 많은 질문이 학회 임원들에게 쏟아졌지만 누구도 뚜렷한 답변을 할 수 없어 고심하고 있었다. 동료 정신과 의사 중에는 나를 징계해야 한다고 강력히 요구하는 사람까지 있어 학회 측에서도 뭔가 공식적인 입장 표명을 해야만 했다. 이런 필요성에 따라 나는 당시의 학회 총무부장을 통해 전생요법의 배경과 이론에 대한 설명과 함께 참고문헌과 관련 자료들의 사본을 준비해서 제출했고, 필요하다면 언제라도 내 환자들의 치료 과정을 녹음한 테이프와 결과를 공개하고 임원 회의에 출석해서 답변을 하겠다는 뜻을 전했다. 학회 측에서는 내가 보낸 자료들을 검토한 후 굳이 직접 설명하지 않아도 이해하겠다는 답신을 주었고, 다만 새로운 연구 분야인 만큼 신중하게 접근하라는 당부를 했다.

　책이 알려짐에 따라 여러 곳에서 원고 청탁과 강연 요청이 있었지만, 나는 충분하고 진지한 토론과 대화가 가능하다고 생각되는 모임만을 대상으로, 진료에 지장이 없는 범위 내에서 강연회를 몇 번 가졌다. 신문이나 잡지에도 인터뷰보다는 내가 직접 쓴 원고를 그대로 실을 수 있는 곳만 골라 글을 써주었다. 일방적 취재나 인터뷰는 언제나 내가 전하고자 하는 중요한 내용을 빼먹거나 왜곡하기 쉬웠기 때문이다.

책 출간 후 얼마 지나지 않아 나는 동료 정신과 의사들 중 최면 치료와 전생퇴행요법에 관심을 가지고 연락해 오는 사람들과, 평소 나와 가깝게 지내며 이 작업을 충분히 긍정적으로 평가해주는 선배와 친구들을 모아 연구학회를 만들 것을 계획하게 되었다. 그렇게 1996년 8월에 첫 모임을 열었고, 그후 현재까지 매달 한 번씩 모여 최면 이론과 실기, 환자의 사례 토론을 계속하고 있다(2025년 현재는 내가 해외에 거주하므로 정기 모임은 하지 않지만 회원들 간의 교류와 연구 모임으로서의 활동은 계속하고 있다). 이 모임에서는 앞으로 전생퇴행이나 연령퇴행을 포함한 일반적 최면 치료와 함께 빙의(憑依, 귀신 들림, Spirit Possession Syndrome)와 임사체험 등의 특수 현상에 대해서도 연구할 예정이다. 연구 모임의 구성원은 개인 의원의 원장, 종합병원 과장, 대학병원의 교수와 현역 군의관 등 다양하다.

책을 읽거나 매스컴의 보도를 통해 나를 찾아와 전생퇴행요법을 받겠다고 하는 사람들에게 '나는 정신과 의사지 전생요법가가 아니다.'라는 점과, 최면 치료는 여러 가지 정신치료 기법 중 하나에 불과하다는 점, 최면 치료가 필요하다고 판단되어도 꼭 전생퇴행요법이 필요한 것은 아니라는 점을 설명하고, 내 진단에 따라 약물치료나 일반 상담 치료가 더 필요하다고 생각되면 환자가 최면 치료를 원해도 일단은 내가 권유하는 프로그램을 따라야 한다는 것을 이해시킨다.

전생퇴행에서 나오는 기억들이 정말 전생인지 아닌지는 누구도 모르며, 다만 그 내용들을 환자의 치료에 이용할 뿐이라는 것과, 환자 자신이 그 내용을 어떻게 받아들이든 상관없다는 점도 얘기해준다. 호기심으로 찾아오는 일반인도 많았지만 대개는 설득해서 돌려보냈고, 다른 정신과 병원에서 여러 가지 치료를 오래 받았어도 낫지 않는 환자들에게는 최면 치료의 다양한 기법을 사용해가며 문제를 해결해나가고 있다. 날이 갈수록 흥미로운 사례와 치료 결과가 늘어가고 있어 전생요법의 놀라운 치료 효과와 함께 치료 수단으로서의 장단점과 주의할 점들을 평가하고 관찰하며 자료를 모으고 있다.

전생퇴행요법을 국내에 처음 소개한 지 오랜 시간이 지난 지금도 여전히, 그동안 자주 받았던 여러 질문과 우려, 오해에 대한 대답과 설명이 필요하다고 생각한다. 또한 이 치료 방법의 학문적 뒷받침이 되는 이론적 근거를 살펴보고 실제 이 방법으로 환자들이 어떤 도움을 받을 수 있는지 알리는 것도 내 의무의 하나라고 생각한다. 어느 시대에나 기존의 고정관념을 흔들 수 있는 새로운 연구를 시작한 사람들은 외롭고 힘든 처지를 감수해야 했고 수많은 오해와 의혹의 눈길을 견뎌야 했다. 사람들이 전생과 윤회에 큰 관심을 가지는 이유는 간단하다. 만약 그런 것이 정말 존재한다면 참으로 많은 것이 변해야 하기 때문이다. 그것은 영혼의 존재와 생명의 영속성을 뒷받침하는 증거로 받아들여질 것이며, 크게는 종교와 철학, 과학을 흔들고 작게는 개인의 인생관을 바꾸어놓을 것이기 때문이다.

전생이 있는지 없는지는 아직 누구도 단언할 수 없다. 나는 다만 전생퇴행이라는 최면요법이 환자 치료에 유용하고 때로는 아주 거짓말처럼 극적인 치료 성과를 올리는 것을 경험하면서, 한 사람의 정신과 의사로서 이 분야를 과학적으로 연구하기로 마음먹었을 뿐이다. 기존의 정신과 치료로는 해결할 수 없던 환자들의 일부가 이 방법으로 짧은 시간에 호전되어 치료를 마칠 때마다 나는 정말 큰 보람과 기쁨을 느낀다.

2025년 6월
_ 김영우

차례

진리의 별에게　4

글을 열며　6

제1부 전생퇴행 치유의 기록들

잡지사 기자의 전생퇴행 체험　16

폐소공포증 _ "아! 다리가 부러졌어요"　31

야뇨증 _ "친구가 저를 밀었어요"　40

만성 우울증과 공포 증상 _ "거기 갇힌 채 굶어 죽었어요"　49

자궁 속의 기억 _ "영양실조였고, 괴로웠어요"　56

홍반성 결절 _ "두 다리가 썩고 있어요"　62

가까운 인간관계의 장애 _ "담장 사이로 누가 보고 있어요"　66

동성애 _ "제가 그를 찔렀어요!"　69

폐소공포증 _ "아! 발을 헛디뎌 떨어졌어요"　75

벌레 공포증 _ "벌레가 너무 무서워요"　77

여러 진단명이 붙은 '신수미'라는 환자　81

　_ 19세기 초 조선, '순덕'의 삶　87

　_ 제2차 세계대전 중 폴란드에서의 '마리'의 삶　104

　_ 일본 승려의 삶　129

제2부 지혜의 목소리들

생명에 대한 경외, 마녀사냥, 참된 것과 거짓된 것   162

결혼과 성(性)의 의미   172

진정한 깨달음, 집착에서 벗어나기   175

윤회의 의미, 영적 성장   184

진리의 실체   192

사랑과 신뢰에 대한 굶주림, 동료 의사들의 반응   200

진정으로 강한 삶, 인내와 관조   209

삶의 목표, 빙의 환자의 치료   219

살인과 보상   228

제3부 그 이후의 이야기

최면과 전생퇴행요법 240

_ 문헌으로 입증되거나 논란이 된 전생 사례들 243

몇 가지 궁금증에 대하여 246

_ 윤회론은 사회 안정을 해치고 청소년들의 자살을 부추긴다? 246

_ 전생을 믿으면 현실도피적이 된다? 247

_ 환생설은 뉴에이지 운동의 산물인가? 248

_ 전생퇴행에서 나온 것이 정말 전생의 기억인가? 249

_ 전생 기억은 모두 유명한 사람에 대한 이야기다? 249

_ 전생요법은 과학적으로 검증된 치료법인가? 250

_ 어떤 환자들에게 이 방법을 쓸 것인가? 250

_ 전생요법의 부작용은 없는가? 251

_ 종교인이나 무속인이 주장하는 전생을 믿을 수 있는가? 252

종교와 철학 속에 나타난 윤회와 전생 253

_ 최면과 기억 258

글을 맺으며 265

≪전생여행 1≫에 대하여 269

참고 문헌 270

제1부

전생퇴행 치유의 기록들

잡지사 기자의 전생퇴행 체험

《전생여행》의 초판 출간을 앞두고 원고를 한참 손질하고 있을 때인 1996년 3월 초, 출판사를 통해 나에 대한 정보를 얻은 월간지《건강 단(丹)》으로부터 인터뷰 요청이 들어왔다. 어차피 책을 내려면 홍보도 필요하겠다 싶어 별 망설임 없이 응했다. 약속 날짜가 되자 두 기자가 찾아왔는데 이런저런 얘기 끝에 자신들 중 한 명이 직접 전생퇴행을 경험하고 싶다고 했다. 생생한 경험을 바탕으로 한 취재를 하겠다는 의욕도 있었겠지만 나를 시험해보고 싶다는 얘기로도 들려 처음에는 완곡하게 사양했다. 사실 바쁜 일정 중에 이런 과외 작업까지 끼워넣기에는 시간이 너무 부족했고 나도 지쳐 있었던 것이 가장 큰 이유였다. 그러나 여러 번에 걸쳐 졸라대기에 결국 들어주기로 결정했다.

두 사람 중 강정화란 이름의 기자가 체험을 했는데 최면 감수성이 높은 편이라 별다른 준비 없이 처음부터 쉽게 진행할 수 있었다. 그는 자신의 상세한 체험기를《건강 단(丹)》4월호에 실었고 그로 인해 내가 전생퇴행요법을 쓰고 있다는 사실이 처음으로 많은 사람에게 알려지게 되었다. 체험자 관점에서의 이해를 돕기 위해 본인의 허락을 얻어 여기에 그가 직접 적은 체험기를 그대로 실었다.

강정화 기자의 전생여행

환생 이야기를 기획 특집의 주제로 잡아놓고 편집팀은 토론에 들어갔다. 국내에서도 전생요법 실험에 성공한 정신과 의사가 있다는 정보를 입수하고, 편집부 기자 한 명이 직접 실험에 참가하여 독자들에게 생생한 체험을 전할 수 있으면 좋겠다는 의견 아래 피실험자를 누구로 할 것인가에 관심이 모아졌다. 그리고 그 색다른 여행의 기회는 내게 주어졌다. 평소에 기시감을 자주 느끼고 다른 사람에 비해 예민한 감각을 가졌다는 것이 내가 선택된 이유였다. 나는 윤회와 전생을 믿는 사람이다. 전생의 삶을 어떻게 증명할 수 있느냐고 물으면 대답할 말은 없지만, 지난 삶의 행위에 대한 과보로 현재 삶의 형태가 결정되며 각각의 삶은 영적인 진보를 위한 기회로 주어진다는 윤회사상의 기조에 충분히 공감하고 있었다. 이 체험기는 내가 두 번의 전생 실험을 거치면서 보고 느꼈던 모든 것을 솔직하게 기록한 것이다. 윤회와 환생을 믿지 않는 사람들에게는 충격이 될지 모르겠으나 이 이야기는 내가 실제로 체험한 것임을 밝혀두며 윤회와 환생, 전생요법에 관심을 가진 독자들에게 도움이 되기를 바란다.

흑인 전사 '칸타타'의 삶

김영우 원장님을 처음 만난 것은 1996년 3월 5일 서울 수유리에 있는 그의 병원에서였다. 전생요법에 대한 대략의 설명을 듣고 전생을 찾아가는 여행을 떠나보기로 결정했다. 김 원장님은 누구나 전생 체험에 성공하는 것은 아니며, 최면 유도자를 믿고 실험에 대한 거부감이 없을 때라야 성공률이 높다고 일러주었다. 3월 8일 2시에 첫 실험을 하기로 약속했다. 그는 내게 심신을 이완하는 연습을 충분히 하고 나의 잠재의식에게 전생을 체험할 수 있도록 도와달라는 메시지를 마음속으로 계속 전하라고 당부했다. 전생 실험을 위해서는 심신을 이완하는 연습, 전생이나 최면에 대한 피실험자의 부정적인 생각을 제거하기 위한 상담 등의 과정을 거쳐야 한다고 한다. 나의 경우는 이 두 가지 모두가 생략되었다. 촉박한 원고 마감 시간의 제약도 제약이지만 그것보다는 평소 윤회나 전생을 거부감 없이 받아들이고 있었으며 단학 수련을 한 덕에 몸과 마음을 이완시키는 데에도 어느 정도 익숙하기 때문이었다.

약속한 날짜까지 나는 일을 하다가도 문득 생각이 나면 나의 잠재의식에게 일렀다. '나는 전생을 체험했다. 나의 잠재의식은 내가 전생을 볼 수 있도록 도와주었다.'라고. 실험에 성공할 것이라고 믿었고, 일부러 이미 경험한 일인 듯 과거형으로 나 스스로에게 암시를 주기도 했다. 약속한 날이 되었다. 병원에 도착할 때까지도 특별한 두려움이나 긴장감 같은 것은 없었다. 오히려 내가 기억하지 못하는 나를 만나러 간다는 생각에 조금은 설레고 기쁘기도 했다. 이 실험에 성공한다면 삶을 바라보는 나의 안목이 훨씬 더 깊어지고 넓어지리라는 기대도 있었다.

　김 원장님은 첫 시도부터 전생으로 들어가기는 어려우니 첫 번째 실험에서는 심신을 이완하는 것과 최면이 어떤 것인지 체험해보는 정도까지만 하자고 했다. 그러기로 하고 나는 가죽 소파에 편안하게 몸을 기댔다. 숨을 한번 깊이 내쉰 후 눈을 감자 높낮이의 변화가 적은 신비로운 느낌의 음악이 흐르고 최면을 유도하는 목소리가 들려왔다. 머리 쪽에서 밝은 빛이 들어와 발끝까지 전신을 통과하는 것을 상상하면서 몸의 긴장을 풀어나갔다. 온몸에서 힘이 빠지면서 나른해지는 것을 느낄 수 있었다. 수련을 하면서 명상을 할 때와는 조금 다른 느낌이었다.
　명상을 하는 동안은 고요하지만 명정한 의식을 느끼는데, 이때는 마치 깊은 바다 속으로 끝없이 침잠해 들어가는 느낌이 들고 수압처럼 몸을 내리누르는 압력 같은 것도 느껴졌다. 마치 격렬한 운동을 하고 난 다음에 물먹은 솜처럼 축 늘어지는 기분이랄까. 시간이 지날수록 주위의 다른 소리는 잦아들고 원장님의 목소리만 더 확대되어 들리는 듯했다. 몸의 반응을 통해 잠재의식과 대화하는 연습에 들어갔다. 먼저 "마음속으로 '네, 그렇습니다.'라는 긍정의 대답을 되풀이하면서 열 손가락 중 어느 하나가 반응하기를 유념하라."는 멘트가 들렸다. 마음속으로 '네, 그렇습니다.'를 다섯 번쯤 되풀이했을까? 순간 양팔에 꽉 막아놓았던 물길이 터진 듯 굵은 전류가 흐르는 것을 느낄 수 있었다. 그러더니 왼손의 엄지가 부르르 떨면서 까딱거렸다. 같은 방법으로, '아니오, 그렇지 않습니다.'에 대해서는 오른손 엄지가 움직였다.

곧바로 "당신의 잠재의식은 전생 실험에 응할 준비가 되어 있습니까?"라는 질문이 들려왔고 얼마 지나지 않아 나의 왼손 엄지가 까딱거리며 반응했다. 연이은 "지금 바로 시작해도 되겠습니까?"라는 질문에도 왼쪽 엄지가 움직였다. 나의 잠재의식이 긍정의 대답을 보내는 것이었다. 이어서 원장님의 목소리가 "완만하게 경사를 이루고 부드러운 양탄자가 깔린 계단을 상상하라."고 했다. 그 계단을 내려가 끝에 있는 문을 열고 들어가면 전생의 기억을 만날 수 있을 것이라고 했다. 난간을 잡고 조심스럽게 천천히 계단을 내려갔다. 열, 아홉, 여덟, … 둘, 하나, 조금은 두근거리는 마음으로 문 앞에 다다라 양손으로 힘껏 문을 열어젖혔다. 그러자 소나기처럼 내리붓는 눈부신 빛이 나를 향해 덮쳐왔다. 잠시 걸어서 그 빛 사이를 통과하자 끝이 보이지 않는 넓은 들판이 펼쳐졌다. 초승달이 낮게 떠 있었지만 주위는 온통 캄캄했다. 사람의 키만큼 높이 자란 수풀이 우거진 들판에서 나는 주위를 두리번거리며 누군가를 기다리고 있었다. 그런데 내가 들판에 서 있다고 느끼자마자, 느닷없이 나의 전신에는 찬물을 끼얹은 듯 온몸이 부르르 떨리는 긴장과 두려움이 엄습했다.

이유는 몰랐다. 가빠지는 호흡을 진정시키기가 어려웠고 등줄기에서는 진땀이 배어났다. 그 두려움의 정도는 점점 더 심해졌다. "주위에 다른 사람이 없는지 살펴보라."는 소리가 계속 이어졌지만, 나는 그 두려움과 공포 속에서 허우적대느라 아무것도 더 진행시킬 수 없었다. "진정하라."는 목소리가 몇 번이고 이어졌다. 이 체험이 내게 아무 피해도 주지 않을 것이라고 했다. 아주 담담한 마음으로, 펼쳐지는 모든 영상을 지켜볼 수 있을 것이라고도 했다.

잠시 후 호흡이 가다듬어지자 손을 눈앞에 들어 살펴보라고 했다. 눈앞에 들어올려진 나의 손은 까만색이었다. 혈관이 툭툭 불거지고 손바닥은 흑인 특유의 핑크빛이 도는 크고 넓적한 남성의 손이었다. 천천히 나의 몸을 살펴보니 맨발이었고 동물의 가죽으로 만든 옷을 입고 있었다. 이름을 묻는 목소리에 내 가슴에 와 박히는 글자는…'칸타타'. 어느 시대인지는 알 수 없지만 키가 크고 우람한 체격의 전사 같은 모습이었다. 계속해서 주위를 두리번거리며 마른 침을 삼키는 칸타타는 아마도 누군가에게 쫓기는 모양이었다. 그런 영상을 지켜보는 내 가슴도 계속해서 요동쳤다. 금방이라도 수풀 속에서 누군가가 튀어나와 내 목을 조를 것 같았다. 내가 계속해서 긴장하자 "그 삶에서의 행복한 순간으로 가보라."는 소리가 들렸다. 그러나 그 스산한 들판의 영상이 지워졌는데도 불구하고 온몸이 경직될 정도의 공포와 두려움은 여전했다. 그 감정에서 헤어나지 못해 행복한 때의 영상은 떠올려지지 않았다.

다시 "그 삶에서의 죽음의 순간으로 가보라."고 했다. 그러자 너른 들판 끝에 이어진 높은 낭떠러지가 나타났다. 칸타타는 그 벼랑 끝에 맨몸으로 누워 있었다. 희미한 영상이 또렷해지기를 기다렸다가 자세히 살펴보았더니 칸타타의 가슴은 심장 깊이까지 뾰족한 것으로 찔리고 갈가리 찢겨 있었으며 왼쪽 무릎은 굽혀지는 쪽과 반대로 꺾여 있었다. 뼈가 부러진 모양이었다.

처참한 모습으로 죽은 채 버려진 칸타타를 바라보는 순간, 내가 어디에 있는지를 묻는 소리가 들렸다. 그러고 보니 나는 공중에 떠서 칸타타를 내려다보고 있었다. 나의 영혼과 육체가 분리된 상태였던 것이다. 나의 주검을 보면서도 그 순간 나의 마음은 더없이 편안했다. 다만 그렇게 죽어 내버려진 것이 불쌍하게 생각될 뿐이었다. 잠시 후 내가 왜 죽었는지를 물어 왔다. 그러자 영상으로가 아니라 마치 내가 이미 알고 있는 이야기인 듯 하나의 이야기가 술술 풀려나왔다. 그냥 마음으로 알아졌다고밖에 달리 설명할 길이 없다.

칸타타는 여러 사람에게 붙잡혀 창으로 심장을 수없이 찔려 죽었다. 그 여러 사람이란 칸타타가 사랑하는 여인의 아버지와 그의 친척들이었다. 그의 이름은 '차…' 무엇이었고 족장의 딸이었으며 나는 일개 전사에 불과했기에 그의 아버지는 우리의 만남을 한사코 반대했다. 세력 확장을 위해 이웃 부족의 족장과 사돈 맺을 생각이었던 것이다. 그래서 그녀와의 만남은 언제나 비밀스럽게 이루어졌고, 내가 처음 본 그 들판에서의 칸타타가 그로록이나 두려워했던 것이다. 그 순간에도 나는 두려움과 공포로 그녀나 족장의 얼굴, 이름 등을 제대로 기억해낼 수가 없었다. 여전한 공포와 함께 조금 전까지는 느끼지 못했던, 가슴 전체를 울리는 애절함이 있었다. 아마도 그녀를 지극히 사랑했던 모양이다.

곧 "모든 영상을 지워버리라."는 소리가 들려왔고, 나는 환한 빛에 싸여 들어갔던 문을 되돌아 나왔다. 다섯을 센 후 눈을 떴을 때에는 뒷머리가 묵직하고 개운치 않았다. "다시 눈을 감고 다섯을 세는 동안 머리가 맑아지고 몸이 개운해질 것"이라는 소리를 듣고 깨어났을 때는 한결 나아졌다. 나는 어느새 가죽 소파에 기대 있는 현실로 되돌아와 있었다.

그저 멍할 뿐이었다. 그게 정말 나였을까? 전생을 인정한다고 말해 왔지만, 좀 전에 내가 보고 느꼈던 것을 '내 영혼의 역사'라고 쉽게 인정할 수 없었다. 그러나 깨어난 후에도 내 몸이 여전히 기억하는 저릿저릿한 두려움과 애잔한 그리움이 칸타타와의 만남을 증명하고 있었다. 어떤 소설을 읽고 어떤 영화를 본들 그렇게 생생한 느낌을 전달받을 수 있을까. 내 손을 다시 바라보았다. 하얀 그 손이 순간 남의 것처럼 느껴졌다.

가난한 농가의 처녀 '향이'의 삶

첫 번째 실험을 한 지 사흘 만에 다시 병원을 찾았다. 칸타타를 만난 이후 그 사흘 동안 나는 종종 아프리카 원주민들의 함성이 들려오는 듯한 착각에 빠졌다. 편집 기간이라 바쁘게 생활하는 중에도 문득문득 칸타타의 크고 검은 손과 가슴을 저미던 애절함, 온몸을 떨게 만들던 공포가 느껴지곤 했다. 전생 실험에 성공하는 사람도 몇 가지 경우로 나뉜다고 한다. 전생의 체험이 주로 영상으로 그려지는 사람이 있는가 하면, 느낌으로 전달받는 사람도 있고, 생각으로 전해지는 사람도 있다고 한다. 나는 두 번째 경우에 가까운 것 같다.

이번에는 처음과 달리 아무런 기대도 준비도 하지 않았다. 아직도 내 세포에 기억되어 있는 그 공포가 나를 긴장시켰는지도 모르겠다. 3월 11일 두 번째 실험에 들어가기 전에 김 원장님과 첫 번째 실험에 대해 간단히 이야기를 나누었다. 원장님이 "지난번 실험 때의 체험 내용들이 지금의 심리 상태나 건강 상태와 관련 있는 부분이 없느냐?"고 물었다. 그러고 보니 심장과 무릎을 다친 칸타타는 지금의 나와 어떤 연관이 있는 듯했다. 나는 심장병을 앓아본 적은 없다. 하지만 조금만 피곤하게 일을 하거나 가볍게 운동장을 달려도 마치 핏덩이를 삼킨 것처럼 목에서 비릿한 냄새가 차올라 오곤 했다. 그럴 때면 심장이 터져버릴 듯이 벌떡거린다.

무릎도 마찬가지다. 지난해 여름 이후로 나는 왼쪽 무릎 통증을 꽤 심각하게 앓았다. 걷기가 힘들 정도로 통증이 심해서 엑스레이를 찍어보았으나 뼈에는 이상이 없다고 했다. 단지 기자라는 직업 때문에 많이 걸어다닌 탓으로 근육이나 인대가 상했을 수 있으니 자주 찜질을 해주고 일을 줄이라고 했다. 최근에 들어서는 증상이 많이 호전된 편이지만 어쨌든 정확한 원인을 알지 못한 채 무릎 통증을 앓았다.

첫 번째 실험에 대해 이런 이야기를 나누고 두 번째 실험에 들어갔다. 긴장을 풀고 심신을 이완시키는 과정을 거친 후에 나의 잠재의식에게 전생 체험에 들어갈 준비가 되었는지를 물어보았다. 그런데 이번에는 왼손 중지가 까딱거리며 '아니오, 그렇지 않습니다.'라고 대답했다. 아마도 첫 번째 실험의 충격이 너무 강해서 그랬지 않았나 생각된다. 김 원장님은 "이 실험은 당신에게 나쁜 영향을 끼치지 않습니다. 현재 당신의 불편한 인간관계나 건강 문제를 돌아볼 수 있는 기회를 줄 것이고, 당신이 인격적으로 더욱 성숙하는 데 도움을 줄 것입니다."라고 말하며 실험을 계속 진행했다.

부드러운 양탄자가 깔린 계단을 내려와 문을 열고 나가려고 할 때였다. 발걸음을 옮기는데 자꾸만 헛발질이 되고 말았다. 아무리 발을 옮겨도 여전히 그 자리일 뿐 앞으로 나아가질 않는 것이었다. 그렇게 문을 나서기까지 한참 실랑이를 벌였다. 드디어 문을 열고 나섰다. 투명하게 쏟아지는 빛을 통과하여 처음으로 보인 영상은 회랑처럼 길고 넓은 방, 창호지 문으로 붉은 저녁 햇살이 비쳐들고 여러 명의 스님이 앉아서 참선을 하는 모습이었다. 그중에 가부좌를 틀고 입가에 잔잔한 미소를 짓고 있는 내 모습이 보였다. 푸르스름한 빛이 도는 깎은 머리에 턱선이 갸

름한 나는 40대의 여승이었다. "그때가 언제입니까?"라는 물음에 내 가슴에 박히는 숫자는 '1867'. "그 삶이 지금의 바로 직전 전생입니까?"라는 물음에 "네."라는 대답이 나왔다. 전라도 보성의 운문사라는 절이며, 나의 법명은 '무애'라는 것도 저절로 알아졌다. 운문사는 큰 절은 아니었지만 공부하는 스님들이 자주 찾는 곳이었다.

　가족들과 함께 있는 어린 시절을 떠올려보라고 했다. 낮은 울타리에 사립문이 반쯤 열린 가난한 농가가 보였다. 어머니는 마당에 깔린 멍석 위에 곡식을 내다 말리고 계셨고, 나는 두 동생과 비석치기를 하며 놀고 있었다. 군데군데 기워진 치마저고리를 입은 나는 아홉 살쯤 되어 보였으며, '향이'란 이름을 가지고 있었다. 평화로운 모습이라고 생각하고 있는데, 그 생의 전후 이야기가 가슴속에서 실타래가 풀리듯 풀려나왔다.

　아버지 이길상은 향이가 네 살 때 산에 나무를 하러 갔다가 실족사했다. 어머니 문분례, 여동생 랑이, 남동생 문이, 나, 이렇게 네 식구는 어머니가 날품을 팔아서 근근이 끼니를 때우는 어려운 살림을 살았다. "식구들 가운데 현재의 삶과 연관된 사람이 있는지 살펴보라."는 원장님의 목소리가 들려왔다. 그들의 눈을 들여다보면 알 수 있을 거라고 했다. 어머니, 랑이, 문이의 눈을 차례로 들여다보았다. 그러자 어머니는 지금의 나의 언니, 랑이는 대학교 때 나와 가운뎃자만 다른 이름을 가지고 있던 친한 친구라는 것을 알 수 있었다. 외모는 지금의 모습과 전혀 다른데 눈을 들여다보고 있으면 그들이 누구라는 것을 느낌으로 알게 되는 것이 참으로 신기했다.

원장님이 "출가하던 때를 떠올려보라."고 했다. 늦은 밤, 흐릿한 등잔불을 켠 방에서 손을 마주 잡고 앉아 울고 있는 어머니와 향이가 보였다. 랑이와 문이는 방 한쪽에서 잠들어 있었다.

"무엇 때문에 출가했습니까?"라는 물음에 가슴속에서 모르던 이야기들이 피어올랐다. 향이는 나이 스물에 머리를 깎았다. 농사지을 땅 한 뙈기 없이 여기저기 남의 집 일을 봐주며 끼니를 이어가던 향이네는 동네의 황부자에게 많은 빚을 지고 있었다. 황부자는 향이네가 그 돈을 갚지 못할 줄 알면서도 다른 꿍꿍이가 있어 선뜻 빚을 내주곤 했다. 집안일을 도우면서 두 동생과 어머니가 먹고살 일이 걱정되어 스물이 되도록 시집도 안 가고 있는 향이를 황부자는 소실로 들이고 싶어 했다. 나중에야 황부자의 속마음을 안 어머니는 가슴을 치며 후회했다. 수시로 사람을 보내 못살게 구는 것을 견디다 못해 어머니는 향이를 출가시키기로 결심했다. 다른 데로 시집을 보내더라도 황부자가 가만히 내버려두지 않을 것은 뻔한 일이고, 두 눈 멀쩡히 뜨고 딸을 남의 소실살이로 보내는 일은 더 못할 짓이라고 생각하신 것이다. 그러느니 차라리 머리를 깎고 승려가 되는 편이 나을 거라며 어머니는 하염없이 울고 계셨다. 그런 영상을 보고 있는 내 마음에도 안타까움이 스몄다. 뒤이어 작은 보따리를 끌어안고 혼자 산길을 울며 올라가는 향이의 모습이 보였다. 향이는 출가를 한 뒤에도 두고 온 어머니와 동생들을 생각하며 자주 가슴 아파했고, 한편으로는 속세의 인연을 끊지 못해 공부에 매진하지 못하는 것을 애통해하며 부처님 앞에 꿇어앉아 통곡하기도 했다. 다시 "그 생애의 중요한 때를 떠올려보라."는 소리가 들리자 주지 스님과 마주 앉아 있는 향이의 영상이 나타났다. 출가한 지 3년쯤 되는 때였다. 주지 스님은 특별히 향이를 예뻐했는데, 그분은 지금 내가 일하고 있는 직장의 상사였다. 그분은 나를 지금의 직장으로 이끌어주신 분이며, 지금도 나를 아껴주신다.

어머니가 지병으로 위독하셔서 속세의 집에 들렀던 영상을 본 후 "그 생애의 마지막 순간을 떠올려보라."는 소리가 들려왔다. 예순둘의 나이로 무애가 숨을 거두는 순간에는 무애의 상좌와 몇몇의 스님들, 그리고 무애를 따르던 신도들의 모습이 보였다. 숨을 거두는 순간은 편안했으며 만족할 만큼의 공부를 성취하지 못한 안타까움이 조금은 남았다.

무애의 몸에서 영혼이 빠져나온 후로는 밝은 빛 속을 천천히 걸었으며, 맑은 호수와 키 큰 나무들이 어우러져 아름다운 풍경을 이룬 곳에서 편히 쉬고 있는 모습도 보았다.

"모든 영상을 지우라."는 소리가 들려왔고, 다섯에서 하나까지 거꾸로 세는 동안 나는 밝은 빛에 둘러싸여 다시 현실로 돌아왔다. 이 생애에서의 교훈은 가난을 경험하는 것과 사람들에 대한 집착을 끊는 것이었다. 첫 번째 실험보다는 훨씬 담담한 마음으로 영상들을 흘려보낼 수 있었다. 아마도 비교적 평화롭고 완만하게 지난 생애였기 때문인 듯하다.

두 번째 실험에서 본 모습은 현재의 나와 쉽게 동일시할 수 있었다. 나는 주위 사람들로부터 전생에 스님이 아니었느냐는 소리를 심심찮게 들을 정도로 불교에 관한 것이라면 마구잡이로 좋아하는 경향이 있다. 절에 가면 늘 고향에 온 듯 편안하고, 길에서라도 스님을 보면 쉽게 눈을 떼지 못한다. 옷을 사러 가더라도 회색 옷이 먼저 눈에 띈다. 무애가 나의 바로 전생이라니 아마 지금의 삶에 가장 많은 영향을 끼치고 있지 않나 생각된다.

이것으로 나의 전생 실험은 종결되었다. 내게 얼마나 많은 수의 전생이 있었는지 알 수 없지만 칸타타와 무애, 두 생애를 본 것만으로도 나는 마치 몇 천 년을 산 듯 깊은 감회에 젖었다.

이번 체험을 통해 나는 각각의 삶이 영적인 성장을 위한 소중한 기회임을 확신할 수 있었으며, 나의 삶이 과거로 과거로 확장되어가는 것을 경험하면서 현재의 삶에서 부딪히는 어떤 문제에 대해서도 초연할 수 있는 삶의 태도를 갖게 되었음을 고백하지 않을 수 없다.

_《건강 단(丹)》1996년 4월호

이 체험기가 나간 뒤 1년이 넘는 기간 동안 나는 강 기자의 가슴 통증과 무릎 통증이 재발하는지를 알아보기 위해 두어 번 전화로 안부를 물었고, 몇 달 전에는 직접 만나 확인할 기회도 있었다. 그는 전생퇴행 이후 그 증상들이 사라졌고, 그 이후 1년여 동안 한 번도 재발하지 않앉음을 확인해주었다.

앞으로 소개할 임상 사례들은 내가 직접 치료했던 환자들의 이야기이다. 이들 외에도 흥미로운 치료 사례는 무척 많지만 지면 관계상 일부만을 소개한다. 때로는 약물치료를 병행하기도 했고 일반 정신과 상담을 하기도 했지만, 결국 이들은 최면을 이용한 연령퇴행과 전생퇴행을 통해 오랫동안 괴로움을 당하던 문제들로부터 자유를 얻었고 자신의 삶을 바라보는 눈에도 긍정적이고 깊은 변화가 생겼다. 이 환자들의 치료 기록은 병록지와 최면 녹음테이프 속에 그대로 살아 있고, 일부 환자들의 치료 기록은 나와 함께 이 분야를 공부하는 학회 모임에서 다른 정신과 전문의들과 함께 들으며 치료 성과를 놓고 여러 각도에서 접근과 해석을 해가며 토론을 벌이기도 했다. 여기서 다룬 몇 가지 질병이 모두 이 치료법으로 나으리라고 기대하는 것은 비논리적이다. 그러나 전통적 치료법으로는 개선이 안 되는 증상들의 경우에는 고려해볼 필요가 있다고 생각한다. 환자의 개인정보 보호를 위해 이들의 이름은 모두 가명을 사용했다.

폐소공포증
"아! 다리가 부러졌어요"

대학원에 다니는 전창기 씨는 28세의 청년으로, 여러 병원을 전전하다 열한 번째 병원으로 나를 찾아왔다고 했다. 어려서부터 유난히 어둠을 무서워했고 좁은 공간에 들어가면 진땀이 나고 숨이 막혀 견딜 수 없는 증상으로 10년 이상 고생하고 있었다. 먼저 다니던 여러 정신과에서 할 수 있는 치료는 모두 해봤다고 하면서, '폐소공포증'이라는 진단명을 들었고 정신분석 상담과 행동요법, 약물요법은 물론 따로 대학병원의 공포증 클리닉에도 다녔다고 했다.

"별것 다해봤지만 소용이 없었어요. 한약도 먹었고 심리치료도 다녔는데 전혀 도움이 안 돼요. 혹시나 해서 찾아왔는데… 도움이 될까요?" 하며 오랜 치료와 실망에 지친 표정으로 초조하게 나를 바라보았다. "지금도 불을 끄고는 무서워서 잠을 못 자요. 어둠 속에서는 숨이 막히는 것 같고요. 택시나 지하철, 엘리베이터도 거의 못 타니까 불편해 죽겠어요…."

폐소공포증은 말 그대로 좁고 막힌 곳에만 가면 극심한 두려움을 느끼면서 가슴이 답답해지고 숨이 막히는 것 같은 증상을 보이기 때문에 환자들은 그런 장소나 상황을 피하게 되어 엘리베이터, 택시, 지하철, 버스, 비행기 등을 제대로 이용할 수 없다. 현대 사회생활에서는 그야말로 불편하기 짝이 없는 병 중의 하나이며, 정확한 원인도 모르고 치료도 까다롭다. 정신과 치료와 약물요법, 행동요법 등을 같이 하여 증상을 가볍게 해줄 수 있지만 완치되는 경우는 별로 없다.

"최면 치료가 어떤 도움이 될지는 알 수 없어요. 하지만 다른 치료들을 이미 다 해봤으니 최면 치료를 해보면 좋겠어요. 어린 시절의 기억이 문제일 수도 있고 다른 원인이나 신체적인 문제가 있을 수도 있으니까 어떤 방향으로 가게 될지는 해봐야 알 수 있어요. 특별한 기대는 하지 마시고 진행되는 대로 편안히 받아들이세요."

첫 면담 시간에는 일반 정신과 상담을 했고, 마치기 직전에 이런 설명을 해준 후 다음 주의 최면 치료를 위해 혼자 긴장을 푸는 요령을 가르쳐주고 돌려보냈다.

일주일 뒤의 두 번째 면담에서는 몇 가지 간단한 질문과 대답을 한 다음 바로 최면 유도에 들어갔다. 그는 최면 감수성이 비교적 좋은 편이었다. "그 증상이 생긴 원인이 된 사건이나 기억을 찾아보라."는 내 암시에 따라 다음과 같이 최면 치료가 진행되었다.

김 : 뭔가 보이는 게 있습니까?

전 : (작은 소리로) 동굴 앞에 서 있어요….

김 : 어떤 동굴인가요?

전 : …입구가 큰 편이고… 깊은 동굴인가 봐요….

김 : 거기서 뭘 하고 있나요?

전 : 그 동굴을 탐사하려고 해요….

김 : 주위에 동료들이 있나요?

전 : (난감한 듯) 저 혼자밖에 없어요….

김 : 혼자서 그 동굴을 탐사한단 말인가요?

전 : 원래는 친구와 둘이서 들어가기로 했는데… 그 친구가 갑자기 사정이 생겼어요. 그래서 저 혼자 오긴 했는데… 들어가야 할지 말아야 할지 망설이고 있어요…. 저도 지금이 아니면 또 시간을 내기가 어려워요….

김 : 당신은 이름이 뭔가요?

전 : '도노반'이요….

김 : 거기는 어느 지역입니까?

전 : 스코틀랜드요….

김 : 어떤 장비들을 가졌나요?

전 : 로프와 랜턴, 등에 멘 자루에 비상식량이 좀 있고… 손도끼가 있어요…. 장비들이 조잡해요….

김 : 그때가 언제인가요?

전 : (잠시 침묵 후) 1820년이요….

김 : 시간이 진행되면서 어떤 일들이 일어나는지 봅시다…. 서서히 진행해봅니다.

전 : (긴장한 목소리로) 망설이다 결국 혼자 들어가기로 결심을 했어요…. 두려웠지만 강행했죠.

김 : 긴장을 풀고 계속 진행하며 얘기합니다.

전 : (길고 긴장된 침묵 후에) 랜턴에 불을 붙여 들고 들어갔어요…. 좁은 곳은 웅크리고 간신히 지나갈 수 있을 정도이고… 얼마쯤 들어가다 또 망설이고 있어요. 돌아갈 건지, 더 갈 건지….

김 : 긴장을 풀고 천천히 진행해보세요….

전 : (작고 긴장된 목소리로) 조금만 더 가보기로 마음먹었어요….

김 : 그럼 시간이 진행되면서 중요한 순간으로 갑니다.

전 : (다급하고 겁에 질린 목소리로) 바닥이 무너졌어요! 바닥이 꺼지면서 그 틈으로 미끄러져 내려갔어요…. 경사가 급하고 미끄러운데… 다쳤어요…. 아, 다리가 부러졌나 봐요…. 움직일 수가 없어요…. (당황하여 어쩔 줄 모르고 허둥대는 몸짓과 함께 온몸을 떨기 시작하여 잠시 긴장을 풀어주고 편안하게 상황 설명과 시간 진행을 할 수 있도록 도와주었다.)

전 : 갑자기 불안해져서 돌아 나오려는 순간에 바닥이 무너졌어요…. 정신없이 미끄러지며 한참 내려갔어요…. 정신을 차려보니 두 다리가… 고여 있는 물에 잠겨 있었어요…. 온몸이 아프고 움직일 수 없어요…. 간신히 두 팔로 몸을 물에서 끌어냈는데… 캄캄해서 아무것도 안 보여요…. 랜턴을 잃어버렸어

요…. 벽이 미끄러워서 두 팔만으로는 기어올라갈 수가 없어요. 보이지도 않고요…. 그래도 어떻게든 기어올라가려고 안간힘을 쓰다가… 계속 미끄러져서… 지치고… 포기했어요….

김 : 그때의 생각과 느낌들을 떠올려보세요. 편안하게 떠올릴 수 있습니다….

전 : (떨리는 목소리로) 너무 무서워요…. 죽음이 두렵고… 아… 도와달라고 소리를 많이 질렀어요…. 혼자 들어온 걸 후회했고… 가족들 얼굴이 보이기도 하고요…. 어둠 속에서 평소에 느끼던 기분과 똑같아요…. 네! 바로 이 느낌이에요…. (흥분하여 말소리가 떨린다.)

김 : 시간이 가는 대로 진행합니다. 다음의 중요한 순간으로 가보세요.

전 : (힘 없는 목소리로) 거기서 죽었어요…. 등에 메고 있던 비상식량은 잃어버리지 않았어요…. 그걸 먹고… 바닥에 있는 물을 마셨어요…. 갇힌 지 17일 만에 죽었어요….

김 : 그동안 어떤 일들이 있었나요?

전 : 완전한 어둠 속에 혼자 누워 있었어요…. 너무 무섭고 외로웠어요…. 제가 죽어가는 걸 느끼면서요.

김 : 죽은 다음에는 어디로 갔죠? 죽는 순간부터 느낄 수 있을 겁니다.

전 : (안정된 목소리로) 몸에서 빠져나왔고… 마음이 아주 편해요…. 동굴 밖으로 나와서… 꽃이 많이 피어 있는 언덕을 지나가요…. 햇빛이 아주 밝아요…. 걷는 것이 아니고… 그냥 공중에

떠서 가고 있어요…. 제가 죽었다는 사실을 잘 모르는 것 같아요…. (놀란 듯) 저 앞에 누가 있어요…. 제 약혼자가 저를 마중 나왔어요….

김 : (뜻밖의 상황에 잠시 침묵한 뒤) 그 사람이 어떻게 마중을 나왔나요?

전 : (슬픈 목소리로) 그는 2년 전에 죽었어요…. 몸이 아팠었는데… 저는 언제나 탐사 여행을 떠나거나 친구들과 어울려 돌아다니느라 잘 보살펴주지 못했어요…. 그가 죽은 후 늘 죄책감을 갖고 살았죠…. 저를 무척 사랑했는데… 언제나 저를 기다리기만 했었거든요….

김 : 두 사람이 만나 어떤 얘기를 나누나요?

전 : …그가 제 손을 잡고 '이제 괜찮다. 당신을 마중 나왔다'고 말해요…. 저도 그에게 '미안하다. 보고 싶었다.'고 했어요….

김 : 그다음엔 어디로 가죠?

전 : …빛이요…. 둘이 손을 잡고 밝은 빛이 있는 쪽으로 가요….

그는 깨어난 후 한참 마음을 진정시키고 나서야 얘기를 시작했다.

"정말 믿을 수가 없어요… 제가 꾸며낸 이야기가 아닐까요? 그렇지만 그때의 그 느낌들은… 아… 말로는 도저히 설명할 수가 없네요…. 제가 평소 느끼던 두려움들을 한꺼번에 다 느꼈어요…. 이제 제 증상들은 없어질까요?"

"두고 봐야죠. 그런 기대는 되도록 하지 말고 자연스럽게 생활하세요. 정말 이 장면들이 그 증상의 원인이라면 어느 정도는 완화될 수도 있어요. 혹시 그 약혼녀는 현재 아는 사람 중에 없나요?"

"확실하지는 않지만, 지금 사귀는 사람이라는 생각이 들어요. 요즘도 제가 바빠서 별로 신경을 못 써주는데… 앞으로는 더 잘해줘야겠다는 생각이 드네요…."

이런 얘기들을 나누고 헤어진 후 두 주일 만의 다음 시간에 그는 밝은 얼굴로 나타났다.

"그동안 아무 불편없이 지냈어요. 지하철도 택시도 마음대로 탔고… 정말 믿기 힘들어요…. 이렇게 자유로운 것 처음이에요. 사귀는 사람과의 관계가 더 좋아졌어요…. 지난번 최면 치료에서 그 사람에 대해 제가 느꼈던 것은 미안함과 후회였는데… 그 사람이 죽고 나서야 저는 그 사람을 그리워했던 것 같았어요. 지난번에 본 장면들 때문인지는 몰라도, 요즘은 전보다 그 사람에게 더 따뜻한 마음이 생기고 더 잘해줘야지 하는 마음이 생겨요."

두 주일 동안 공포 증상이 한 번도 없었다는 얘기는 반가웠지만, 나는 속으로 재발 가능성을 생각하며 담담하게 얘기했다.

"아직 너무 성급하게 생각하진 마세요. 대개 치료를 진행하면서 증상이 서서히 없어지는 경우가 많은데, 정말 빨리 없어졌네요. 재발이 없으면 좋겠지만 더 두고 봐야 하니 전에 얘기한 대로 지나친 기대는 하지 말고 자연스럽게 지내면서 지켜보세요."

환자의 증상이 갑자기 좋아지거나 나빠졌을 때 정신과 의사는 흔들리지 않아야 한다. 증상은 언제든 심하게 변동할 수 있기 때문에 어떤 가능성에도 준비되어 있어야 한다. 이 환자처럼 단 한 번의 치료 후에 완전히 좋아졌다고 하는 경우에도 다시 나빠질 경우를 대비해야 한다. 그러나 환자 자신이 치료 결과에 크게 만족했고 시간적으로도 여유가 없어 더 이상의 치료는 하지 않고 지내보기로 했다. 평소 긴장을 풀어주는 자기최면의 요령을 가르쳐주고 나서 언제라도 재발하거나 치료가 더 필요하다고 생각되면 찾아오도록 주의를 준 후 돌려보냈다. 그 후 8개월이 지났을 때 증상의 재발 없이 잘 지낸다는 환자의 전화를 받았고 그 이후에는 연락이 없었다. 만약 불편한 것이 있었다면 다시 연락하기로 약속했었으니 무소식을 희소식으로 생각하고 있다.

그는 10년 넘게 여러 병원을 들락거렸지만 어떤 치료로도 이처럼 분명하고 만족스런 결과를 얻지 못했었다. 정말 전생의 그는 동굴 바닥이 무너져 칠흑 같은 어둠 속에서 굶주림과 공포에 지쳐 죽었던 것일까? 아니면 전생을 부정하는 사람들이 주장하는 대로, 자신의 내적 갈등을 전생 드라마로 꾸며낸 것일까? 현재로서는 대답할 길이 없다. 그러나 분명한 것은, 그 장면들을 회상하고 당시의 느낌들을 재경험한 후 고질적인 공포 증상이 없어졌다는 사실이다. 꾸며낸 환상들이 이런 치료 효과를 낼 수 없다는 점은 많은 학자가 인정하고 있으니, 그 기억들이 사실일 가능성이 높다고 생각하는 것이 논리적이다.

죽은 약혼녀가 마중 나온 대목도 흥미롭다. 이와 비슷한 경우는 전생퇴행 중 자주 만나는데, 죽은 부모나 형제, 연인, 친구가 가까운 사람의 죽음의 순간에 찾아오는 일은 세계적으로 널리 알려진 임사체험자들의 경험 속에서도 많이 보고되고 있다.

전생퇴행요법의 부수적인 효과로 자주 보고되는 것 중에는 가까운 사람과의 관계 개선이 있다. 평소에 불편하던 관계가 전생의 기억 회상 속에서 이해되고 받아들여져 해결되는 경우를 자주 보게 되는데 이 환자도 비슷한 경험을 한 셈이다. 그 기억 속의 약혼녀가 정말 지금 사귀는 사람인지는 모르지만 환자 자신이 그렇다고 믿어 두 사람의 관계가 전보다 가까워졌고 더 깊은 애정을 느낀다면 굳이 사실 여부를 따질 필요는 없을 것이다.

야뇨증
"친구가 저를 밀었어요"

'야뇨증'은 말 그대로 밤에 자면서 오줌을 싸는 병이다. 어린아이들은 자라면서 대소변을 스스로 가리게 된다. 그러나 일반적으로 소변을 가릴 나이가 훨씬 지났는데도 계속 오줌을 싸는 경우는 병적인 것이다. 대개는 나이를 먹으면서 저절로 좋아지지만 청소년기나 성인이 된 다음에도 지속되는 경우에는 문제가 심각해진다. 이 병의 원인은 아직까지 정확하게 밝혀지지 않아 여러 가지로 추정되지만 신체적 요인보다는 정신적인 원인이 훨씬 많고 복잡하며, 여성보다 남성에게서 두 배 이상 흔하고, 치료도 까다롭다.

박정선 환자는 21세의 여대생으로, 어릴 때부터 야뇨증으로 고생을 해왔다. 자라면서 한 번도 소변을 제대로 가리지 못했고, 치료를 시작할 당시에도 밤에는 기저귀를 차고 잤다. 매일 밤 예외 없이 오줌을 쌌고 한방과 민간요법을 포함한 갖가지 치료를 해봤지만 소용이 없었으며 정신과 치료는 처음이라고 했다. 예쁘고 총명해 보이는 얼굴이었지만 오랜 야뇨증으로 사회성이 위축되어 보였고 자신의 병에 대한 수치

심으로 늘 긴장하고 있는 듯했다.

"정말 불편해요. 수련회나 여행을 가기도 힘들고, 친구네 집에서 잘 수도 없어요. 자신감이 없어지고 남의 눈치를 늘 살피게 돼요. 대인관계는 원만하고 친구도 많지만, 누구도 제가 속으로 이런 고민을 하고 있는지는 몰라요. 얘기할 수도 없고요. 정신과에서 이 병을 치료하는지 몰라서 내과에 많이 다녔어요."

가정환경도 괜찮았고 성장 과정이나 성격에서도 별다른 문제는 발견되지 않았다. 다른 신체적 질병이나 비뇨기과적 이상이 있을 가능성에 대해서는 다니던 내과에서 여러 검사를 통해 확인했다기에 일단 접어두고 바로 치료에 들어갔다. 먼 거리를 통학하고 있었고 여러 가지 동아리 활동으로 시간이 없어, 짧고 지지적인 정신 치료와 함께 약물 요법을 시작했다. 약을 먹기만 하면 증상이 씻은 듯이 사라져 불편 없이 지낼 수 있었지만 약을 끊기가 무섭게 재발했다.

이런 과정을 반복한 약 8개월 동안의 치료 끝에, 환자와 어머니를 불러 "약을 끊으려면 원인을 찾아내야 되겠고, 그러기 위해서는 최면 치료를 해보는 것이 좋겠다."고 제안했다. 두 사람은 지푸라기라도 잡고 싶은 심정이라 반대 없이 내 제안을 따르기로 했다. 다음 면담부터 최면 치료에 대한 교육과 한두 번의 최면 유도를 연습한 후 치료에 들어갔고, 최면 상태에서 환자의 잠재의식은 "병의 뿌리가 과거의 기억 속에 있으며 신체적으로도 약간의 문제가 있다."는 대답을 했다. 그렇지만 과거의 기억을 찾으면 증상은 호전될 것이라고 했다. 이어서 야뇨증의 원인이 된 기억 속으로 가보라는 내 암시에 따라 환자는 다음과 같은 기억들을 떠올렸다.

박 : 흰 드레스를 입고 있어요…. 공원처럼 넓은 곳인데… 울타리도 보이고… 사람들이 많아요…. 저는 누군가를 기다리고 있는 것 같아요…. 잔디가 깔려 있고… 나무들이 있어요…. 저는 크고 챙이 넓은 모자를 썼고, 외출복 차림이에요….

김 : 누굴 기다리나요?

박 : 잘 모르겠어요…. 그냥… 어떤 남자라는 생각이 들어요….

김 : 시간이 가서 그를 만나는 장면으로 갑니다.

박 : 누군가가 왔어요. 키가 큰 남잔데 검은 양복을 입었어요….

김 : 두 사람은 어떤 관계인가요?

박 : 아주 잘 아는 것 같지는 않아요. 친근한 느낌은 드는데… 저를 좋아하는 사람인 것 같아요….

김 : 시간이 흐르면서 다른 장면을 봅니다.

박 : 걸어가고 있어요…. 그 사람과 나란히 걸어가요…. 거리 풍경이 보이고요….

김 : 당신 이름은 뭔가요? 몇 살인지도 알 수 있을 겁니다….

박 : '에밀리'요. 저는… 열여섯 살이에요….

김 : 그 남자는 이름이 뭐죠?

박 : 리차드… 리차드라고 불렀어요.

계속 진행하며 떠오른 기억들은 자기 집 거실에서 리차드와 얘기하는 장면과, 온 식구가 모여 식사를 하는 장면이었다. 그의 이름은 '에밀리 로스터'였고, 18세기에 런던의 교외 지역에서 살았다고 했다. 어머니는 어릴 때 돌아가셨고 언니와 여동생, 아버지와 함께 살았으며 어머니 대신 집안일을 도와주는 친척 할머니 한 분이 같이 사셨는데, 까다롭고 잔소리가 심해 싫었다고 했다. 집안은 부유한 편이라 하녀를 한 명 두고 있었고, 집 안에서 작은 개를 길렀고, 당시의 여동생은 이번 삶에서 고등학교 시절의 가장 친했던 친구라고 했다. 첫날엔 이런 식으로 전체 삶의 윤곽과 몇 가지 장면들을 본 뒤에 마쳤으며, 다음 치료에서부터 흥미로운 기억들을 찾아볼 수 있었다.

김 : 뭐가 보입니까?

박 : (혼란스러운 듯) 움직이고 있어요. 마차 안에 타고 있는데… 달리는 중이에요….

김 : 어딜 가는 건가요?

박 : 파티요….

김 : 누가 같이 있나요? 자기 모습은 어떤가요?

박 : 친구들이 같이 있어요. 모두 화려한 드레스를 입고 있어요…. 다 같이 파티에 가는 중이에요….

김 : 다음의 중요한 장면을 봅니다.

박 : …누군가의 집인데… 파티가 열리고 있어요. 사람들이 많고 음악도 연주하고… 춤을 추는 사람들도 있어요.

김 : 또 다른 장면을 봅니다….

박 : 언니가 먼저 와 있었는데… 일찍 돌아갔어요. 저는 여러 사람들과 춤을 추며 늦게까지 있었던 것 같아요….

김 : 어떤 일들이 있었는지 계속 진행합니다. 다음의 중요한 장면을 보세요….

박 : (놀란 듯) 갑자기 캄캄해졌어요. 아마 집 밖으로 나온 것 같아요.

김 : 왜 밖으로 나왔죠?

박 : 집 뒷마당의 어두운 곳이에요. 친구들이 같이 나왔는데… 싸우고 있어요….

김 : 누가 싸우죠? 무슨 일로 싸우나요?

박 : (흥분하며) 친구들이 제게 뭐라고 막 화를 내요….

김 : 무슨 일 때문인지 알 수 있을 겁니다….

박 : 친구들보다 제게 춤을 추자는 남자들이 많아서… 질투하고 있어요. 같이 온 친구가 좋아하는 사람이 있는데… 그 사람이 저한테만 자꾸 춤을 추자고 해서 그 친구가 무척 화가 났어요…. 그 일 때문에 다투는데… 다른 아이들이 그 친구 편을 들어요….

김 : 어떤 일들이 일어나는지 계속 진행합니다….

박 : (흥분한 목소리로) 저는 잘못한 것이 없다고 생각했기 때문에 화가 나서 막 소리를 지르면서 따졌는데… 아… 제 앞에 서 있던 그 친구가 저를 밀어버렸어요….

김 : 그래서 어떻게 됐죠?

박 : (기막히다는 듯) 뒤로 밀리며 주저앉아버렸어요…. 물이 고여 있

는 진흙탕 속으로 주저앉는 바람에 아랫도리가 다 젖어버렸고… 저는 놀라고 기가 막혀서 입을 벌린 채 아무 말도 못하고… 그냥 앉아 있어요….

김 : 친구들은 뭘 하고 있죠?

박 : 그 아이들은 그냥 돌아서서 집 안으로 들어가버렸어요….

김 : 다음의 상황들을 천천히 진행해보세요.

박 : 기가 막혀서 한참을 멍하니 앉아 있다 일어섰지만… 옷에 진흙이 묻고 젖어서 엉망이 되어버렸기 때문에 다시 집 안으로 들어갈 수는 없었어요….

김 : 그런 상황에서 어떤 생각들을 했나요?

박 : (격앙된 목소리로) 말할 수 없이 분하고 억울하고… 친구들에게 너무나 실망했고… 마음에 큰 상처와 충격을 받은 것 같아요….

김 : 그다음에는 어떻게 되었나요?

박 : (작은 목소리로, 지친 듯) 걸어가고 있어요…. 아까 마차를 타고 왔던 길인데… 젖은 옷을 입은 채 걸어서 집으로 돌아가고 있어요….

김 : 무섭지 않았나요?

박 : (작고 지친 목소리로) 무섭지는 않았는데… 몹시 추웠어요…. 달이 밝았고… 온몸이 얼어버릴 것처럼 추워서… 덜덜 떨면서 간신히 집으로 돌아갔어요…. 제가 문을 두드리자 하녀와 아버지께서 나오셨고… 아버지는 제 모습을 보시고 너무나 놀라 입을

다물지 못하세요…. 저는 그대로 문 앞에 쓰러져버렸고… 온 식구가 일어나서 소동이 벌어졌죠…. 물을 끓이고… 마른 옷으로 갈아입히고…. 뜨거운 차를 마시며 몸을 녹였어요. 정신을 차린 다음 어떻게 된 일인지 얘기하자 아버지께서는 노발대발하셨어요…. 다음 날 아버지께서는 그 친구들의 집을 찾아가 야단을 치고 사과를 받아내셨지만… 저는 그날부터 독감에 걸려 꼬박 두 주일 정도를 누워 있었어요…. 열이 많이 나고 기침이 심해 폐렴이 될까 봐 모두 걱정했어요…. 다행히 회복되었지만 몸이 많이 쇠약해졌어요…. 회복된 다음에도 한참 동안은 집 밖에 안 나가고 사람들을 멀리하면서 지냈어요…. 친구들에게 너무 큰 배신감을 느껴서 사람들을 만나기가 싫었던 것 같아요….

젖은 진흙 웅덩이에 주저앉았던 사건의 충격과 후유증이 꽤 컸던 모양이다. 원래는 명랑한 성격이었지만 그 사건 이후로 말수가 적어져 내성적이고 조용한 사람이 되었다고 했다. 나는 이 기억들이 야뇨증과 관련이 있을 것이라고 생각하고, 환자에게 어떤 변화가 있는지 기다려보기로 했다. 일주일 후의 다음 면담에서 그는 "지난주에는 약을 전혀 먹지 않았는데도 증상이 한 번밖에 없었어요. 마음도 편했고… 이제 자신감이 조금 생기는 것 같아요…."라며 기뻐했다. 이날의 최면 치료에서 나는 다시 야뇨증과 관련된 또다른 사건이 있으면 가보라고 지시했다.

박 : 강기슭의 얕은 언덕에 서 있어요. 모자를 쓰고… 긴 치마를 입

고 있어요….

김 : 거기서 무슨 일이 있었나요?

박 : (놀란 듯) 갑자기 바람이 세게 불어서 제 모자가 날아가 강으로 떨어졌어요. 저는 엉겁결에 모자를 잡으려다 강물에 빠졌어요. 몹시 당황해서 어쩔 줄 모르고 있는데… 허우적거리다 간신히 밖으로 나왔어요…. 몸이 다 젖었고… 정신이 하나도 없어요. 이웃에 사는 남자가 저를 도와주려고 달려왔는데… 그가 도착하기 전에 제 힘으로 나왔어요…. 그 사람이 걱정스런 눈빛으로 저를 보고 있어요….

이 기억도 물이 고인 진흙 웅덩이에 주저앉은 것과 비슷한 것이었다. 둘 다 갑자기 일을 당했고, 옷을 입은 채 몸이 물에 젖는 불쾌한 경험이었다. 이 기억들이 환자에게 어떤 의미가 있었는지는 두고 봐야 할 일이었다. 야뇨증 증상이 무의식에 새겨진 두 가지 사건에 의해 크게 지배를 받아 왔다면 분명히 어떤 변화가 있어야만 했기에, 다음 면담 시간까지 두 주일간 지켜보기로 했다.

다음 면담 시간에 환자는 상기된 얼굴로 "한 번도 증상이 없었어요. 약을 먹지 않았는데도요. 이런 적은 한 번도 없었어요." 하면서 기뻐했다. 나는 목표로 삼았던 증상이 없어졌으니 일단 치료를 중지하기로 결정했다. 좋아진 상태가 얼마나 지속되는지를 관찰하려는 것이었다.

그 후 두 달 동안 환자는 한 번의 재발도 없이 아주 만족스럽게 생활했고, 두 달이 지난 어느 날 아주 소량이었지만 한 번 재발이 있었다고 얘기했다. 전에는 옷을 적시는 소변의 양이 많았지만 이번에는 약간 젖는 정도였다고 했다. 특별한 스트레스가 없었느냐는 내 질문에, 당시의 학교생활이 무척 힘들었고 여러 가지 신경 쓸 일이 많았다고 했다. 나는 다시 한번 면담을 통해 방광 기능을 조절할 수 있는 자기최면 암시를 가르쳐주고 방광 근육을 강화시킬 수 있는 최면 훈련도 같이 하도록 조언했다.

그 후 1년이 넘는 시간 동안 환자는 약을 전혀 먹지 않고도 불편 없이 지내고 있다. 심한 스트레스를 받거나 몸이 몹시 피곤할 때 가벼운 증상이 한두 달에 한 번 정도 있었지만, 하루도 거르지 않고 많은 양의 소변으로 옷을 적시던 과거와는 비교할 수 없이 좋아졌고, 환자 스스로도 이 정도 증상은 신경 쓰이지 않는다고 했다.

약물요법과 면담을 치료 초기에 같이 쓰기는 했지만, 약을 끊고도 오랜 기간 증상이 재발하지 않은 것은 과거 삶의 두 가지 기억을 떠올린 다음부터였다. 만일 이 기억들이 사실이었다면 그 두 사건이 어떤 식으로든 환자의 무의식에 깊이 남아 야뇨증을 일으키는 데 영향을 주었다고 볼 수 있다. 치료 초기에 환자의 무의식은 신체적으로도 문제가 있다고 대답했다. 이 부분을 분명히 밝혀보기 위해 나는 환자와 보호자에게 비뇨기과를 찾아가서 방광 근육 기능에 대해 검사를 받아보라고 몇 번 얘기했지만, 현재 큰 불편 없이 지내는 탓에 차일피일 검사를 미루고 있다. 가끔이지만 가벼운 재발이 있으니 아직 완치되었다고 볼 수는 없지만 더 치료받아야 할 필요성을 거의 못 느낄 정도로 호전되었기 때문이다.

만성 우울증과 공포 증상
"거기 갇힌 채 굶어 죽었어요"

　아주 어렸을 때부터 어두운 성격과 우울감 때문에 고생했다는 이민숙 씨는 30세의 전업주부다. 자상하고 착한 남편과 두 아이와 함께 남보기에 전혀 문제가 없는 생활을 하고 있지만 언제나 성격의 바닥에 깔린 우울감과 절망감, 자살 충동 때문에 한시도 마음이 편치 않다고 했다. 어둡고 좁은 곳에서 느끼는 폐소공포증도 심하고, 남편에 대한 알 수 없는 거부감도 큰 부담이 된다고 했다. 여러 해 동안 정신과 상담도 받고 약물도 써봤지만 별 도움이 되지 못했고, 무력감과 허무감에 빠져 일상생활을 제대로 할 수 없는 날이 많아 고민이 컸다.

　우선 얼마 동안은 면담과 함께 가벼운 신경안정제 처방으로 지내면서 관찰한 후 최면 치료 여부를 결정하기로 했다. 그러나 몇 달간 약을 썼음에도 만족할 만큼 증상이 호전되지 않아 결국 최면 치료로 들어갔다. 어린 시절의 기억 속에는 별다른 문제가 없어 "증상의 원인이 된 경험 속으로 가보라."는 암시를 했을 때 다음과 같은 기억들을 찾아볼 수 있었다.

이 : 저는 열세 살 정도의 여자아이예요⋯. 집 앞에 서 있어요⋯. 작고 낡은 집인데⋯ 아주 가난한 것 같아요⋯.

김 : 이름이 뭐죠?

이 : '루시나'요⋯.

김 : 가족들과 함께 있는 장면을 봅니다⋯.

이 : 엄마와 아버지, 남동생이 있어요⋯. 집 안에 앉아 있고⋯ 엄마는 아프신 것 같아요⋯.

김 : 어떤 옷들을 입고 있죠? 그때가 언젠가요?

이 : 오래 전인 것 같아요⋯. 옷은 서양식이고⋯ 중세기라는 생각이 떠올라요⋯.

김 : 가족 중에 지금 아는 사람이 있는지 살펴보세요⋯.

이 : (반가운 듯) 엄마요⋯ 지금의 엄마와 같아요⋯.

김 : 시간이 흐르며 중요한 기억의 장면으로 갑니다.

이 : (두려운 듯) 어떤 아저씨가 찾아왔어요. 수염이 많이 난 사람인데⋯ 밖에서 아버지와 얘기하고 있어요. 나와 동생은 집 안에서 내다보고 있어요⋯.

김 : 무슨 얘기들을 나누나요?

이 : (불안한 목소리로) 확실치는 않은데⋯ 저에 대한 얘기를 하는 것 같아요⋯.

김 : 얘기의 내용을 알 수 있을 겁니다. 잘 들어보세요.

이 : (두려운 듯) 저를 데려가려고 하나 봐요⋯. 아버지가 그와 함께 집으로 들어오고 계세요⋯.

김 : 그래서 어떻게 되죠?

이 : (울먹이며) 그 사람과 함께 집을 떠나고 있어요…. 처음에 저는 가지 않으려고 했지만… 아버지께서 어쩔 수 없다며 저를 설득했어요…. 어머니의 병 치료를 위해 아버지가 돈을 받고 저를 팔았어요…. 남동생은 집 안에서 울고, 저도 뒤돌아보면서 울어요…. 어머니는 많이 아프신지… 보이지 않아요. 아버지는 저를 외면한 채 묵묵히 고개를 숙이고 계세요….

김 : 시간이 가면서 다음의 중요한 기억을 볼 수 있어요.

이 : (체념한 듯) 저는 하녀로 팔려 간 거예요…. 그 집은 부잣집인데… 저 말고도 일하는 사람들이 있었지만… 제가 제일 어렸어요…. 수염 난 사람은 그 집의 주인이에요. 저는 안주인의 심부름을 많이 했지만 다른 일도 많이 했고… 너무 외롭고 가족이 그리웠어요….

김 : 지금 상황과 관계있는 기억이 있으면 떠오를 겁니다….

이 : (작은 소리로) 제가 갇혀 있어요…. 캄캄한 곳인데… 춥고 축축해요….

김 : 왜 갇혔죠? 어떤 일들이 있었는지 알 수 있을 겁니다.

이 : 안주인의 보석반지가 없어졌는데… 그 수염 난 사람이 제가 훔쳤다고 하면서 다그쳤어요. 저는 아니라고 완강히 맞섰지만 지하실에 저를 가뒀어요…. 그 사람은 저를 미워했고, 건방지다고 생각하고 있었거든요…. 언젠가 밤중에 저를 찾아와 집적거렸는데… 제가 거부했어요…. 그는 굉장히 화를 내면서 냉정한

얼굴로 돌아갔는데… 그때부터 저를 못살게 굴었어요….

김 : 그 집에 얼마 동안이나 있었죠?

이 : 3년이요.

김 : 거기 갇혀서는 뭘 생각하고 어떻게 지내고 있나요?

이 : 처음에는 당황하고 무서웠어요…. 자백하면 내보내주겠다고 했지만 그럴 수는 없었어요. 제가 고집을 부린다고 생각했는지 음식도 주지 않았어요. 나중에는 심한 분노와 증오감 때문에 괴로웠고… 외로움과 슬픔이 너무 컸어요….

김 : 다음의 장면으로 갑니다.

이 : (작은 소리로 담담하게) 결국… 저는 거기 갇힌 채 굶어 죽었어요…. 제가 바닥에 웅크리고 누워 있는 모습이 보여요…. 아주 초췌하고 더러운 몰골이에요…. 갇힌 지 며칠 지나서부터 몸이 아팠는데… 죽기 전의 여러 날 동안 그 집 사람들은 제게 와보지도 않았어요….

김 : 죽은 후에는 뭘 느끼나요?

이 : (잠시 침묵 후) 죽기까지 저는 그 남자와 그 부인을 많이 원망했어요. 그 사람들을 증오하고 저주하면서 혼자 많이 울었고요. 저는 그 삶에서 용서와 인내를 배워야 했어요…. 죽은 후에는 마음이 편해졌지만 슬픔과 외로움은 남아 있었어요….

깨어난 후 그는 이렇게 말했다.

"그 수염 난 남자는 교활하고 이중인격적인 사람이었어요. 이런 얘기하면 저를 이상하게 보실지 모르지만, 그 사람은 지금의 제 시아버님이세요. 제게 잘해주시려고는 하는데 왠지 껄끄럽고 거부감이 드는 분이에요. 그 수염 난 사람과 닮은 점이 많은데… 아마 남편에 대한 알 수 없는 거부감도 시아버님 때문이 아닌가 싶어요. 그때의 제 어머니는 바로 지금의 엄마인데… 저는 이상하게 어릴 때부터 '엄마가 아파서 일찍 죽을 것 같다.'는 두려움이 심했어요. 엄마는 잔병치레가 많은 편이셨지만 그렇게 염려할 만큼 몸이 약한 건 아니었는데도요. 그때의 아버지는 지금의 큰오빠예요. 저와 가깝고 항상 제 걱정을 많이 해주세요. 갇혀 있을 때의 느낌들이 제가 평소에 가지고 있는 우울감이나 절망감과 아주 비슷했어요. 어둠에 대한 두려움도 그때 생긴 것 같아요."

그 삶의 인물 중 세 사람이 현재 자신의 주위에 있다는 얘기가 흥미롭지만 이런 경우는 다른 환자들에서도 흔히 볼 수 있다. 우리에게 익숙한 전통 윤리관으로는 지금의 아버지가 다른 삶에서 오빠도 되고 남편도 된다는 사실이 받아들이기 어렵지만, 한 무리의 영혼이 여러 번의 만남 속에서 역할을 바꾸어가며 갈등을 극복하고 서로의 성장을 도와 결국은 이해하고 사랑하는 관계로 발전해가는 합리적이고 평등한 과정이라고 생각할 수도 있다.

이 기억들을 떠올린 후 환자는 스스로 만족할 만큼 모든 면에서 좋아졌다. 그러나 완전히 나았다고 할 수는 없었고, 환자도 강한 흥미를 보이며 더 치료하기를 원해 두 개의 다른 삶을 더 찾아냈다. 그 삶의 모습들도 앞에서 보았던 루시나의 삶과 공통점이 있었다.

17세기의 '데이비드'라는 청년의 삶에서는 전쟁에 참가해 한쪽 다리를 잃었다. 전쟁이 끝나고 고향으로 돌아왔을 때 마을은 적군의 공격으로 폐허가 되었고 가족들은 어딘가로 모두 떠나버렸다. 어려서부터 사귀던 여자친구도 찾을 수 없어 절망과 실의에 빠진 채 도시의 거리에서 구걸하는 생활을 몇 년 하다가 스물세 살의 젊은 나이에 근처의 호수로 걸어 들어가 스스로 목숨을 끊었다. 그 삶에서의 자포자기한 심정과 끊임없는 자살 유혹이 현재의 자기 상태와 비슷하며, 물에 대한 두려움도 그때의 죽음이 원인이 된 것 같다고 했다. 자신이 물을 두려워한다는 얘기는 치료 시작부터 그때까지 한 적이 없었다.

조선 시대의 삶에서는 어린 처녀의 몸으로 마을 청년과의 관계에서 임신을 하여 어머니에게 심한 추궁과 모욕을 당하고 고민하다 목을 매어 자살한 기억을 떠올렸다. 여기서도 죽기 전의 막막한 절망감이 현재의 삶에서 느끼던 절망감과 같은 것이라고 했다.

이 세 번의 삶의 모습을 보면 이 사람은 왜 이런 삶만 되풀이하는 것일까 하는 의문이 생긴다. 그러나 최면을 이용하여 잊혀진 기억들을 찾을 때에는 현재의 상황과 관계가 깊고 비슷한 유형의 기억들을 자동적으로 찾아내기 때문이지, 이 환자의 모든 삶이 그랬기 때문은 아니다. 그렇긴 해도 거듭된 이 불행한 삶들 역시 사실이었다면 그 경험의 부정적이고 파괴적인 기억들이 겹쳐져 현재의 증상들을 일으켰다고 추측할 수 있다.

이 기억들을 떠올린 후 환자는 심한 공포감과 우울감을 더 이상 호소하지 않았다. 원래의 예민한 성격으로 인해 때때로 약간의 불안을 느꼈지만 혼자 충분히 소화시킬 정도여서 더 이상 치료의 필요성을 느끼지 않았다. 일주일 정도 더 관찰한 후 괜찮으면 치료를 일단 종결하자는 내 말에 선뜻 응하고 돌아간 그는 그다음 주의 약속 시간에 나를 찾아와 이렇게 말했다.

"태어나서 처음으로 이렇게 밝은 기분을 느껴보는 것 같아요. 남편과의 관계도, 제가 따뜻하게 대해주니까 참 부드러워졌어요. 생명이 무엇인지에 대해서도 다시 생각하게 되었구요. 죽음에 대한 두려움도 없어졌고, 전생이 있다는 것도 믿어요. 제가 본 장면들은 분명히 저의 모습이었어요. 이제는 작은 문제들 때문에 고민하지 않고 더 대범해졌고, 죽고 싶은 생각이나 절망감도 사라졌어요."

나는 몇 가지 자가치료에 대한 조언을 해주고 혹시라도 증상이 재발하거나 다른 증상이 나타나면 언제라도 연락하라는 주의를 끝으로 면담을 마쳤다. 집으로 가던 길에 그는 꽃가게에 들러 커다란 꽃다발을 사 가지고 병원으로 다시 돌아와서는 "원장님께 감사하다는 말과 함께 전해달라."며 간호사에게 맡기고 돌아갔고, 1년 반이 지난 시점까지 증상의 재발 없이 잘 지내고 있었다.

자궁 속의 기억
"영양실조였고, 괴로웠어요"

프로이트가 최면 시술을 포기하고 정신분석 이론을 만든 큰 이유 중의 하나는 논리적으로 설명할 수 없고 자신이 감당하기 힘든 현상들이 최면 상태에서 곧잘 일어났기 때문이라고 한다. 현대의 학자들도 설명하지 못하는, 최면 상태에서 겪게 되는 특이한 경험들은 그에게도 무척 부담스러웠을 것이다.

지금 소개하는 사례는 출생 전 자궁 내 태아로서 자기 상황과 장차 태어난 후에 겪게 될 삶에 대해 가지고 있던 생각과 느낌의 기억을 되찾은 후 극적으로 좋아진 환자의 이야기다. 이 환자처럼 자궁 내 태아 시절의 기억 속에서 여러 증상의 원인을 찾아 해결하는 경우는 꽤 많다.

신형준이란 이름의 25세 청년은 나를 찾아올 당시에도 지방의 어느 대학병원에서 몇 년째 약을 복용하며 상담을 받고 있었다. 마르고 병약해 보이는 체격과 긴장된 표정의 그에게 여러 병원에서 붙여준 진단명은 편집형 조현병, 경계성 인격장애, 단순 편집증 등이었지만 실제 그의 증상들을 살펴보면 어느 한 가지 진단에 딱 들어맞지 않는 복잡한 양상을 띠고 있었다. 가장 두드러진 증상으로는 의심이 지나치게 많은 것, 타인에 대한 강한 공격 욕구와 증오심, 심한 열등감, 사회성 결핍, 폐소공포증 등이었다. 심할 때는 환청 증상도 나타난다고 했다. 내게 최면 치료를 받는 것에 대해 당시의 주치의도 동의했다고 하면서 최면요법에 대한 기대가 컸지만, 조현병의 증상이 심해 혼란 상태의 환자에게는 최면 치료를 주의 깊게 결정하고 조심스럽게 시행해야 한다. 이 환자는 그런 경우에 해당되지 않아 일단 최면 상태에서의 반응을 본 후 방향을 결정하기로 마음먹었다.

첫 시간에는 환자의 병력을 자세히 들은 후 최면 치료를 위한 사전 교육과 준비를 시키고 다음 시간부터 치료에 들어갔다. 연령퇴행으로 어린 시절의 평범한 기억 몇 가지를 찾아보고, 계속 시간을 앞으로 거슬러서 태어나기 전 어머니 자궁 속에 있던 때로 돌아갔다.

김 : 주위가 어떻습니까?
신 : 캄캄합니다….
김 : 자신의 모습은 어떤가요?
신 : 아무것도 입지 않았고… 웅크리고 있는데요….
김 : 어떤 마음인가요?
신 : (괴로운 듯) 편치가 않습니다. 영양실조에 걸린 것 같고… 불편하고 불안합니다….
김 : 왜 영양실조에 걸렸나요?

신 : 가난해서… 어머니가 제대로 먹지 못해서입니다….

김 : 배고픔을 느끼나요?

신 : 그런 건 아니지만… 몸이 편치 않고… 괴롭습니다.

김 : 그 안에서 어떤 생각들을 하면서 있었나요?

신 : 저는… 부모님의 결점을 모두 갖고 태어날 것을 알고 있었습니다….

김 : 그걸 어떻게 알게 되었죠?

신 : 누군가가 제게 그렇게 얘기했습니다. 어릴 때 고생할 것과… 병에 시달릴 것도요…. 제 의지와는 관계없이 억지로 태어났습니다…. 그들이 저를 보냈습니다…. 태어나서 복수를 하라고 했습니다….

김 : 시간을 거슬러서… 어머니 배 속으로 들어오기 전으로 갑니다…. 자신이 어디에 있는지 둘러보세요….

신 : (잠시 침묵 후) 어딘지 잘 모르겠습니다. 허공에 그냥 떠 있는 것 같아요….

김 : 주위에 누가 있나요?

신 : 네… 그들이 있습니다….

김 : 그들이 누구죠?

신 : (잠시 침묵 후) 잘 모르겠습니다.

김 : 그들이 뭐라고 합니까?

신 : 내려가서 복수를 하라고 합니다….

김 : 무슨 복수죠?

신 : …잘 모르겠습니다….

김 : 다시 자궁 속으로 돌아갑니다…. 돌아왔나요?

신 : 네….

김 : 이 삶에서 당신이 배워야 할 것이 뭔지 느껴봅니다…. 자기 내면에서 대답이 떠오를 겁니다….

신 : (장시간 침묵한 후 비장하고 엄숙한 어조로) 용서입니다. 주고도 대가를 바라지 않아야 하고… 저는 언제나 남을 원망했는데… 증오심을 버려야 합니다…. 지금의 힘든 일들은… 제가 겪어야 할 일입니다…. 그들이 제게 남을 미워하라고 했지만… 그래서는 안 됩니다…. 저는 더 용서해야 합니다…. (격한 감정을 보이며 잠시 흐느껴 운다.)

김 : 누구를 미워했나요?

신 : 저보다 나은 사람들이요….

김 : 이제는 그렇지 않나요?

신 : 네….

깨어난 후 그는 이렇게 말했다.

"엄마 배 속에 있을 때도 의식이 또렷했어요. 정말 저를 임신했을 때 제대로 못 잡수셔서 몸이 약해졌다고 들었는데, 저도 그걸 느꼈고 영향을 받았어요. 태어난 후에 괴로운 삶이 기다리고 있다는 것을 알고 마음이 편치 않았어요. 어떻게 그런 걸 알 수 있죠? 제가 마음대로 생각해낸 건 아닌데… 신기했어요."

치료 중에 얘기한 '그들'이 누구냐고 묻자 "누군지 모르지만 어떤 영적인 존재 같았어요. 별로 좋은 느낌은 아니었는데… 악한 존재인 것 같아요." 하고 대답했다.

최면 상태에서는 선하거나 악하게 느껴지는 어떤 영적 존재를 감지하거나 대화를 하게 되는 경우가 있다. 이들의 실체는 분명하지 않지만 종종 일어나는 현상이고, 환자가 어떻게 받아들이는가에 따라 치료자는 상황에 맞는 적절한 조언을 해줘야 한다. 태내에서의 기억은 무척 정확한 듯하다. 연령퇴행의 과정에서 나는 자궁 내 태아 시절의 기억을 자주 떠올리게 하는데, 이 경험을 통해 평소 알 수 없었던 여러 문제의 원인을 찾아 해결하는 경우가 많기 때문이다.

열흘 후에 밝은 얼굴로 나타난 그는 웃음 띤 얼굴로 "남들에 대한 증오심과 공격 욕구가 없어졌어요. 병이 난 뒤 처음으로 지하철과 버스를 갈아타고 다닐 수 있었어요."라고 말했다. 내 눈에도 긴장감과 불안감이 많이 줄어 보였고, 표정과 태도는 믿기 어려울 정도로 느긋해져 있었다. "자신이 이렇게 갑자기 좋아진 이유가 뭐라고 생각하는가"라는 내 물음에는 이렇게 말했다.

"지난번 최면 치료 때 '이 삶에서 배워야 할 것이 뭐냐?'는 질문을 받고 가만히 마음속에서 어떤 대답이 나오는지 기다리는데, 갑자기 제가 그동안 너무 남을 원망만 했다는 마음이 들면서 내 처지를 받아들여야 한다는 생각이 아주 강하게 들었어요. 용서와 인내라는 말도 떠올랐구요. 그것밖에는 없는데, 집에 가면서부터 마음이 편해지고 화가 안 나더라구요. 그 상태가 오늘까지 계속되고 있네요."

지난 치료 시간까지는 마스크를 쓴 것처럼 무표정하게 굳어 있던 그의 얼굴이 완전히 변해 말끝마다 부드러운 미소를 지었다. 이 날도 최면 상태에서 그의 잠재의식에게 이 삶의 의미를 묻고 자신감을 강화하는 암시를 주었다. 작업은 지난 시간과 거의 같은 식으로 진행되었지만, 감정의 분출이 더 많았고 조금 더 복잡하고 세부적인 기억들을 몇 가지 더 찾아냈다. 그날 이후 두 주일간 계속 잘 지내면 치료를 종결하기로 의논했다. 다행히 다음 면담 시간까지 편안한 상태가 유지되어 그는 만족스런 상태에서 치료를 종결했다. 그 후 6개월 이상 재발 없이 잘 지내고 있었다.

이 환자처럼 자궁 내 태아 시절 기억과 태아 상태에서 느끼던 생각과 감정을 찾아 들어가보면, 태아 상태에서도 사람들은 많은 것을 생각하고 느끼며 어머니를 포함한 다른 가족들의 정서와 상호관계는 물론 주변의 사회적 환경까지 민감하고 정확하게 감지하고 있는 듯하다. 뇌가 형성되기 이전의 기억이 존재한다는 사실을 아직 과학으로는 설명할 수 없지만, 인간의 본질이 영혼이고 그 영혼이 새로운 삶에 대한 여러 계획과 정보를 가지고 미래 어머니의 배 속에 들어오는 것이라면 설명이 가능하다. 이런 환자들이 빠른 시간 안에 회복될 수 있었던 이유도, 표면의식의 차원에서는 잊고 있었던 '주어진 삶에 대한 자각과 수용'의 태도를 최면 상태에서 되찾았기 때문이라고 볼 수 있다.

홍반성 결절
"두 다리가 썩고 있어요"

전생요법은 정신적 문제만 해결하는 것이 아니다. 신체적 질병이나 통증의 원인을 찾아내 치료하는 경우도 꽤 자주 있고, 신체와 정신 증상을 같이 치료하게 되는 경우는 더 많다. '홍반성 결절(Erythema Nodosum)'은 피부 증상의 하나로, 피부 밑에 단단하고 둥근 혹 같은 결절들이 불거져 나오는 것이다. 작게는 손톱만 한 것부터 큰 것은 달걀만 하게 부풀어 오르며 통증도 무척 심하다. 정확한 원인은 아직 모르지만 여러 가지 질병으로 인해 피부에 나타나는 과민성 증상 중 하나이다. 특별한 치료법도 없고 증상에 따라 스테로이드제이나 항생제, 소염제를 처방하는 것이 전부다.

27세의 이정숙 씨는 고등학교 3학년 때 갑자기 두 다리에 여러 개의 홍반성 결절이 생겼다. 입시 준비 중이라 무척 불편했는데, 심할 때면 걸음을 못 걸을 정도로 붓고 아팠다. 어느 대학병원의 피부과에서 계속 치료를 받았고 여러 가지 검사와 조직검사까지 했지만 원인을 찾을 수 없었다. 담당했던 피부과장은 "감기처럼 생각하고 증상이 있을 때마다 치료하는 수밖에 없다. 완치는 어렵다."고 했다. 심할 때는 종아리에 먼저 생기고 온 다리에 퍼져나가며 여러 개의 결절이 보기 흉하게 부풀어 오르는 경우도 있었다. 결절이 생기면 병원에서 처방한 항생제를 며칠 먹어야 가라앉기 시작했다.

면담 당시에도 처음 발병했을 때보다는 상태가 좋아졌지만 조금만 피곤하거나 지치면 두어 개씩 결절이 솟아올라왔고, 평균 잡아 한두 달에 한 번은 생겼다 없어졌다 해 무척 불편하게 지내고 있었다. 이 환자는 다른 증상으로 내게 왔었지만 혹시나 하는 마음으로 이 병에 대한 원인을 최면 상태에서 찾아보길 원했고, 나 역시 가능할 것이라는 생각에 최면 치료에 들어갔다. "홍반성 결절의 원인이 된 사건으로 돌아가보라."는 내 암시에 따라 환자는 중세 유럽에서 성직자로 살았던 기억을 떠올렸다.

이 : 첨탑이 있는 성당 앞에 어린아이가 서 있어요….

김 : 뭘 하고 있나요?

이 : '자라서 저 집의 주인이 되겠다.'는 생각을 해요….

김 : 이름이 뭐죠? 거기는 어딥니까?

이 : 제가 그 꼬마인데… 이름은 '세바스찬'이고… 리옹이란 곳이에요. 프랑스요….

김 : 다음의 장면을 봅니다.

이 : (긴장하며) 총사(銃士) 복장을 한 사람이 제 팔을 뒤로 꺾었고, 한 사람은 제 무릎을 꿇렸어요….

김 : 무슨 일이죠? 왜 그러는지 알 수 있습니다.

이 : 저는 신부(神父)고… 스물일곱 살이에요. 귀족들이 농민들에게 세금을 많이 걷는 것에 반대했고… 농민들의 시위를 선동했기 때문에 귀족들이 저를 잡아 가두었어요….

김 : 잡혀가서는 어떤 생각을 하나요?

이 : '누구도 내가 하는 일을 막을 수 없다.'는 말이 떠올라 와요.

김 : 갇혀서는 어떻게 되었나요?

이 : 갇힌 지 6개월쯤 됐을 때… 단식투쟁을 해서 아주 마르고 쇠약해졌어요…. 갇혀서 20년을 지냈고, 거기서도 신부로서의 직분을 수행했어요.

김 : 살아서 나왔다면 석방되는 때로 가보세요.

이 : …작은 보퉁이를 들고… 햇빛에 눈이 부셔서 얼굴을 찡그리고 있어요. 감옥에서 나온 후에 건강이 아주 나빠졌어요. 두 다리가 썩어 들어가고… 푸른 반점들이 생겨서 보기에도 흉측해요…. 걸을 때도 절뚝거리는데… 의사는 다리를 절단해야 한대요…. 저는 '하느님 뜻대로 될 것'이라며 거절했어요. 점점 건강이 나빠지고 다리도 더 절어서… 사람들에게 비웃음도 자주 당했어요. 누워 있는 저를 동료 신부들이 내려다보며 '한심한 인생'이라고 해요. 침대에서 떨어지면 일어서지를 못해서 기어다녀야 했어요….

이후에는 걷지도 못하는 상태에서 종교개혁 운동에 가담했다는 혐

의로 다른 신부들과 함께 다시 투옥되었고, 평소에 그를 존경하던 한 귀족의 도움으로 간신히 다시 석방될 수 있었다. 석방된 후에는 성직에 회의를 품고 교회를 떠났지만, 결국 다시 신앙인으로 돌아와 교회 밖에서 농민들을 상대로 설교를 하다가 농민들을 선동하는 이단자라는 오해를 받고 화형에 처해졌다.

최면 치료 도중 이 환자의 잠재의식은, 당시에 두 다리가 썩어 들어가던 기억이 지금 증상의 원인이 되었으며, 앞으로 서서히 증상이 없어질 것이라고 대답했다. 충분한 시간을 두고 기다려보는 것 외에는 확인할 길이 없겠지만 한두 달에 한 번씩 재발하여 괴롭히던 증상이 치료를 마친 후 1년 이상 심한 스트레스를 받는 상황에서조차 한 번도 나타나지 않았다. 첫 1년간 증상이 없는 경우, 오랜 기간이 지나서 증상이 과거처럼 돌아오는 경우를 내 환자들에게서는 본 적이 없다.

가까운 인간관계의 장애
"담장 사이로 누가 보고 있어요"

전생요법의 큰 효과 중 하나는 '어려운 인간관계의 해결'을 들 수 있다. 과거의 삶에서 상대방과의 관계를 기억해냄으로써 현재의 갈등과 충돌의 원인을 이해하고 받아들이며 해결해나갈 수 있는 경우가 많기 때문이다. 이런 예는 너무나 많아 일일이 언급하기가 힘들 정도다. 부모와 자식, 부부, 형제, 친구 간의 많은 문제가 이 방법으로 풀린다.

오진희 씨는 36세의 여성으로, 남편에 대한 알 수 없는 거부감이 늘 문제였다. 결혼한 지 10년이 되었고 아이도 둘이 있지만 남편에 대한 거부감과 불편함은 세월이 가도 줄어들지 않았다. 남편은 헌신적이고 성실한 사람이었지만 아내가 늘 자신을 거부하고 거리를 두는 것 때문에 괴로워했다. 그런데도 이상하리만치 불평 없이 잘 참고 지내며 아내의 눈치를 살폈다. 객관적으로는 남편을 그렇게 싫어할 이유가 없고, 중매로 만나 별 애정 없이 결혼했다는 것 정도가 이유라면 이유였다. 그러나 환자는 이 문제 때문에 오래 전부터 이혼을 생각하고 있었고, 처음 나를 방문했을 당시에도 다른 정신과 의원에서 우울과 불안 증상에 대해 지속적인 치료를 받고 있었다.

최면 상태에서 찾아낸 과거의 삶에서 두 사람은 한 마을에 사는 처녀와 총각이었다. 환자는 어머니와 단둘이 살았고, 지금의 남편은 마을에서 자주 문제를 일으키던 불량스런 청년이었다. 그는 처녀를 짝사랑하여 늘 주위를 맴돌며 집 안을 자주 엿보았고, 길에서 마주치면 짖궂은 장난과 농담으로 곤란하고 당황하게 만들며 받아들여지지 않는 자신의 사랑을 비뚤어진 방법으로 표현했다. 청년의 사랑은 순수하고 진지한 것이었지만 처녀는 그를 마치 벌레 보듯 피하고 노골적으로 혐오감을 드러내곤 했다. 세월이 흘러 같은 마을의 성실하고 따뜻한 마음을 가진 젊은이와 결혼한 처녀는 행복하게 살았지만, 그 청년은 죽을 때까지 혼자 살며 짝사랑하던 처녀를 잊지 못했다.

환자는 최면에서 깨어난 후 상기된 얼굴로 이렇게 말했다.

"지금 본 것들이 사실이라면… 남편을 좀 이해할 것 같아요. 그 사람은 제가 아무리 냉정하게 굴어도 어두운 표정으로 묵묵히 참기만 하는데… 그러다가도 제게 짖궂은 심술을 부리는 때가 가끔 있어요. 제가 뭐라고 하면 '당신이 내 마음을 몰라주니까 답답해서 그런다.'고 해요. 어쩌다 잘해주면 어린애같이 좋아하구요. 밖에서는 거칠고 화도 잘 내는 사람인데 저와 아이들에게는 전혀 그러지 않아요. 지금 본 그 청년과 성격이 아주 비슷한 것 같아요. 그때의 남편은 제가 결혼하기 전에 사귀었던 사람이에요. 서로 좋아했는데 사정이 있어 헤어졌죠.

헤어진 다음에도 편지를 자주 주고받았어요."

그 삶에서 자기는 행복한 결혼 생활을 했고, 그 청년이 자기를 잊지 못해 결혼도 하지 않고 살다가 죽은 사실은 전혀 몰랐다고 했다. 이번에 만난 것이 그때의 인연 때문이라면 자기도 뭔가를 주어야 할 것 같다며 생각에 잠긴 얼굴로 돌아갔다. 일주일 후 다시 만났을 때 "남편을 가만히 지켜보니까 정말 최면 상태에서 봤던 그 청년과 많이 닮았어요. 성격과 행동이 말이에요. 제 마음속에도 이상하게 따뜻한 마음이 생기고요. 최면 상태에서 봤던 것들을 얘기했더니 무척 좋아하면서 제 얘기를 전부 믿는다고 했어요. 자기도 우리 관계를 잘 이해하지 못했었는데 그 얘기를 들으니 이해가 간다고 하면서요. 지난주는 정말 좋았어요. 결혼 후 처음으로 그 사람을 편하게 대한 것 같아요. 제가 먼저 따뜻하게 대해주니까 어찌나 좋아하는지… 집안 분위기가 달라졌어요. 이젠 그 거부감도 하루하루 줄어드는 것 같아요." 하며 무척 만족해했다.

그 후 두 번의 짧은 면담을 끝으로 치료를 종결했고, 환자는 복용하던 약도 완전히 끊었다. 치료가 끝난 후 1년 반 이상 우울이나 불안 증상의 재발이 없었고, 부부관계도 무척 원만해져 행복하게 잘 지내고 있다.

동성애
"제가 그를 찔렀어요!"

　　유진희 씨는 29세의 미혼 여성으로, 동성애적 성향 때문에 병원을 찾았다. 특히 고등학교 시절부터 한 친구와의 복잡한 관계 때문에 고민이 많았고, 지금까지 이어지는 그 친구와의 애증의 감정과 잦은 불화로 괴로워하고 있었다. 동성애의 대상으로는 그 친구 외에도 과거에 사귀었던 다른 두 명의 친구들이 더 있었는데, 다른 여성들에 대해서는 그런 감정을 느끼지 않는다고 했다. 어릴 때부터 남성적인 성격이나 태도를 보일 때가 더 많았고, 지금도 남자에 대해서는 별 관심이 가지 않는다고 했다. 집안 식구들과의 관계도 좋지 않아서 아버지, 언니, 오빠와의 불화가 어린 시절부터 있었다고 했다. 아버지는 환자가 하는 모든 일에 대해 못마땅해하고, 언니와 오빠는 지나친 간섭과 걱정으로 숨 막히게 한다고 했다. 최면 상태에서 찾아낸 과거 삶의 모습 속에서 그가 느끼는 문제들에 대한 몇 가지 해답을 얻을 수 있었다.

　　유 : 제 이름은 '켄타추'라고 해요. 여기는 중국이고… 머리를… 옆

은 완전히 밀었고 뒤에는 길게 묶어 올렸어요. 젊은 남자인데… 아내와 말다툼을 하고 있어요. (흥분한 목소리로) 아내는 지금의 그 친구예요.

김 : 왜 다투죠?

유 : (괴로운 듯) 아내가 다른 남자를 좋아하고 있어요. 제가 화를 내기도 하고 설득하기도 하는데… 아내는 막무가내예요. 오히려 제게 심하게 화를 내면서 덤비고 있어요….

김 : 그래서 어떤 일이 있는지 보세요.

유 : (눈물을 흘리며 몹시 괴로운 목소리로) 아… 제가 칼로 아내의 배를 찔러버렸어요…. 거듭 찔렀어요.

김 : 많이 다쳤나요?

유 : (울먹이며) 죽었어요….

김 : 그래서 어떻게 되었나요?

유 : 아내는 피를 흘리며 죽어 있고… 저는 멍하니 그 옆에 앉아 울고 있어요. 아이들이 저를 보며 울고 있어요….

김 : 계속 진행합니다.

유 : 사람들이 와서 저를 데리고 가요…. 재판을 받았는데… 살인죄로 처형을 당하게 되었어요…. 제게는 아이가 둘 있는데, 지금의 언니와 오빠예요…. 처형당하는 장면이 보이는데… 목이 매달렸어요. 사람들이 많이 모여 있고… 저는 어머니와 아이들 걱정을 하면서 죽었어요. 제가 죽은 다음에 어머니는 굶어서 돌아가셨고… 아이들도 살인자의 자식이라고 따돌림받고 거리에서

구걸하며 살다가 얼마 안 가서 죽었어요. 죽은 다음에… 다른 세상에 가서… 여러 사람 앞에서 또 재판을 받고 야단을 많이 맞았어요. 그때 죽은 아내가 제게 와서 '나와 함께 살기 힘들었을 것'이라며 제 얼굴을 만져주었어요.

김 : 그 삶에서 배울 것은 무엇이었나요?

유 : (잠시 침묵 후) 저도 아내도 '사랑하는 법'을 몰랐어요. 그걸 배웠어야 해요.

환자는 처음부터 끝까지 심한 감정의 동요와 함께 눈물을 계속 흘렸다.

"아내는 저에 대한 반감을 그렇게 나타냈어요. 저는 강압적이고 지배적인 남자였는데 그게 싫었던 거죠. 그 친구는 지금도 저에 대한 심한 반감을 가지고 있어요. 언니와 오빠가 저에 대해 불안해하고 간섭하는 것도 이해가 가요."

다음 시간에 만났을 때 그는 이렇게 말했다.

"언니와 오빠와의 관계가 참 좋아졌어요. 제 태도에 변화가 있어요. 옛날처럼 짜증을 부리지 않으니까 다들 좋아해요. 그 친구와의 문제는 현실적으로 풀려야 하는데… 전에 본 장면에서 제가 칼로 배를 찔렀는데… 그 친구는 저와 심하게 싸울 때마다 괴로운 표정으로 배를 움켜쥐고 몸을 웅크렸어요. 지난번에는 미처 그 생각을 못했었어요….”

　두 번째 최면에서는 미국 오클라호마주에서 남자로 살았던 삶을 기억했다. 역시 환자는 일방적이고 독선적인 남편이었지만 나름대로 아내를 사랑했다. 그 친구는 말없이 눌려 지내던 아내였고 남편을 깊이 사랑하지 않았다. 불만에 찬 남편은 집에 있던 여성 흑인 노예와 관계를 맺었고, 그 문제로 인한 부부싸움 도중 아내는 격렬하게 화를 내며 “내가 싫으면 노예를 데리고 살아.” 하면서 칼을 들고 와 남편을 찔렀다. 놀란 남편은 그 길로 집을 나와버렸다. 여러 지역을 떠돌던 남편은 다른 여성과 동거하며 딸을 하나 낳고 살다 죽었고, 그를 찔렀던 아내는 살던 집에서 끝까지 혼자 살았다. 이 삶에서도 두 사람은 애증이 얽힌 복잡한 관계였다. 나중에 만났던 여성은 지금의 삶에서 과거에 사귄 적이 있는 동성애 상대 중 하나였다.

　세 번째 치료에서 찾아낸 삶은 조선 시대 광대의 삶이었다. 환자는 여러 명으로 구성된 '청나루'라는 광대패에서 네 명의 여성 중 리더였고, 줄타는 재주가 있어서 수입 면에서 가장 중요한 위치에 있었다. 당시 같이 지냈던 여성들과 동성애 관계를 맺어 그들은 서로 질투하며 환자를 가운데 두고 싸웠고, 결국은 광대패의 우두머리까지 그 사실을 알게 되어 그는 모두에게 비난을 받으며 떠날 수밖에 없었다. 그는 무리를 떠나 산골에 정착하여 화전을 갈고 약초를 캐며 혼자 살다 죽었다. 광대패를 떠날 때 그 친구가 무척 말렸지만 뿌리치고 나왔으며 자신이 떠나고 얼마 후 광대패는 뿔뿔이 흩어졌다고 했다. 광대 시절의 여성들이 현재 삶에서 자신이 동성애 관계를 맺었던 사람들이라고 했고, 그중 가장 관계가 깊고 복잡했던 여성이 그 친구이며, 다른 두 여성은 오클라호마주에서 살았던 삶에서 나중에 만나 동거했던 여성과 그 딸이라고 했다. 또 광대패의 우두머리 남성은 현재의 아버지라고 했다.

    치료를 계속하면서 환자는 자신의 문제에 대해 이해하기 시작했고, 그 친구와의 반복되는 애증 관계에 대해서도 깊이 생각하게 되었다. 그 친구와 마음을 터놓고 많은 얘기를 나누고 자신이 찾은 전생의 기억들에 관해서도 대화할 수 있는 기회를 몹시 갖고 싶어 하는데 상대방은 무조건 피하려고만 해 무척 답답해하고 있었다. 생활 전반과 감정 상태, 가족 관계는 치료 후 많이 좋아졌지만 현재까지도 그 친구와의 관계 회복은 이루어지지 않고 있다. 그 관계가 풀리지 않는 한 환자는 만족을 느끼지 못하겠지만 그 점을 제외하고는 현재 별문제 없이 지내고 있다.

    전생퇴행에서는 이 환자와 친구처럼 비슷한 형태의 관계로 거듭 만나는 경우를 자주 볼 수 있다. 그 이유는 아마도 두 사람 사이에 풀어야 할 어떤 카르마가 한 번의 삶으로 풀리지 못하고 남은 숙제처럼 다음 삶으로 넘어가기 때문인 듯하다. 두 사람이 함께 깨닫고 그 매듭을 풀기 전에는, 즉 어려운 관계 속의 경험을 통해 배워야 할 것들을 배우지 못하면, 마치 성적이 나쁜 학생들이 재시험을 보는 것처럼, 거의 같은 구도의 삶을 반복하며 같이 깨닫고 배워 그 굴레를 벗어날 때까지 거듭 만나는 듯하다.

흔히 악연은 악연으로, 좋은 인연은 다시 좋은 인연으로 만난다고 하지만 그렇지 않은 경우도 많은 것 같다. 불화와 증오의 관계가 선의와 사랑의 관계로 바뀌는 경우도 자주 볼 수 있기 때문이다. 과거에 서로 죽고 죽인 관계에 있던 사람들이 부부나 부모 자식 관계로 만나는 경우도 무척 흔하다. 이들은 지금의 관계에서도 큰 갈등을 겪는 경우가 많은데, 과거의 가해자가 헌신적 희생이나 양보로 상대에게 보상하는 경우도 흔히 볼 수 있다. 한 환자는 조선 시대에 살았던 자기 삶을 본 후 이렇게 말했다. "당시에 저를 고문하고 죽였던 사람이 지금의 제 어머니예요. 저한테 정말 잘해주시죠. 저는 오히려 말도 안 듣고 속을 썩이는데, 어머니는 무조건 헌신적이세요. 아마 그 삶에 대한 보상을 하시는가 봐요." 이 환자는 또 다른 두 번의 삶에서도 현재의 어머니가 다른 모습으로 보상하는 삶을 사는 것을 보았다.

이처럼 누군가를 죽이거나 큰 피해를 입힌 경우 그 보상이 한 번의 삶으로 다 이루어지지는 않는 것 같다. 여러 번의 만남 속에서 그 잘못을 갚아나가 결국 서로 이해하고 사랑하는 사이로 발전해나가는 모습을 보여주는 관계들이 이런 사실을 보여준다. 자신들이 얽매여 있는 애증의 관계에 대한 이해와 깨달음을 통해 서로를 진정으로 이해하고 사랑하는 법을 배운다면, 반복되는 그 힘든 만남의 고리를 이번 삶에서 최대한 끊어낼 수 있을 것이다.

폐소공포증
"아! 발을 헛디뎌 떨어졌어요"

정인지라는 이름의 25세 여성 환자는 좁은 곳에 들어가면 온몸에 식은 땀이 나고 숨이 막힐 것같이 불안해져 도망치듯 뛰어나와야 하는 '폐소공포증'을 앓고 있었다. 당연히 지하철, 엘리베이터도 못 타고 높은 건물을 걸어 올라가거나 길이 막혀도 지상교통만 이용할 수 있었다. 여러 해 동안 정신과에서 분석상담 치료도 받았고 약물도 꾸준히 복용하고 있었다. 약을 하루만 중단해도 불안 증상이 심해 견디기 어려워 나를 찾아왔고, 이미 다른 치료는 할 만큼 했으니 환자가 원하는 대로 최면 치료를 시도해보기로 했다.

최면 상태에서 환자의 잠재의식은 '증상의 원인이 전생의 경험 속에 있으며, 그 기억들을 떠올리게 되면 증상들이 없어질 것'이라는 대답을 했다. 잠재의식과의 대화란, 환자의 손가락을 통해 나타나는 자율신경의 반응을 이용해서 환자 내면으로부터 질문에 대한 답을 이끌어내는 방법이다.

다음 주 치료 시간에는 전생의 기억을 되살릴 준비가 되어 있는가를 확인한 후 환자를 서서히 퇴행시켰다. 그는 약 300년 전 중국에서 살았던 기억을 떠올렸다. 도적 떼에게 쫓겨 산중의 동굴 속으로 깊숙이 피신했다가 돌아오는 길에, 어둡고 낯선 산길에서 발을 헛디뎌 가파르고 좁은 계곡으로 굴러떨어져 움직일 수 없을 만큼 다쳤다. 인적이 없는 그곳에서는 도움을 받을 방법이 없다는 사실을 깨닫는 순간부터 극심한 공포를 느꼈고, 어둠 속에서 잠시 살려달라고 소리를 지르다 곧 힘이 빠져 심한 추위 속에서 서서히 죽어갔던 기억을 찾아냈다.

이 한 번의 전생퇴행 후에 환자의 고질적이었던 공포증이 사라지기 시작했다. 그 비참했던 죽음의 기억이 처음에는 불쾌하고 충격적이었지만 시간이 가면서 오히려 '나는 불멸하는 영혼을 가진 존재'라는 자각으로 이어졌고 폭넓은 시각으로 매사를 바라보는 여유를 가지게 되었다.

이 환자처럼 특정 대상과 상황에 대한 공포증을 가진 사람 중 전생퇴행을 통해 과거 삶의 기억을 찾고 짧은 기간 안에 증상이 호전된 사례는 많이 있다.

벌레 공포증
"벌레가 너무 무서워요"

38세 주부인 이정숙 씨는 흔히 볼 수 있는 파리, 모기 등을 포함하여 크고 작은 모든 곤충에 대해 극도의 혐오감과 공포심을 가지고 있었다. 최면 치료의 첫 시간에 그는 이렇게 말했다.

"방 안에 모기 한 마리만 보여도 스프레이 모기약을 반 병 정도 뿌려야 안심이 돼요. 가족들이 저 때문에 아주 힘들어하고 약 냄새 때문에 방 안에도 못 들어가지만 그렇게 하지 않으면 불안해서 못 견디겠어요. 전에 다른 가족과 캠핑을 가서 야외에 텐트를 쳤는데, 혹시 벌레들이 들어갈까 걱정되어 살충제를 뿌렸는데, 제가 스프레이 살충제를 너무 많이 뿌려놓아서 그 가족들이 저를 아주 이상한 사람 취급을 하는 바람에 관계가 멀어진 일도 있었어요. 안 그러려고 늘 마음먹는데 잘 안 되네요. 뭔가 이유가 있을 것 같아 치료를 받으려고 해요. 추운 겨울에도 집 안에 수시로 살충제를 숨 막히도록 뿌려놓으니 가족들이 못 살겠다고 해요. 저도 제 자신이 이해가 안 됩니다. 이 문제 말고 다른 불편함은 없어요. 대인관계도 좋고 성격도 무난하고요."

대상이 무엇이건 별다른 이유 없이 그것에 대해 지나친 두려움을 느끼는 상태는 '공포증'으로 볼 수 있다. 이 환자는 어릴 때부터 벌레 때문에 놀라거나 고생한 일도 없었기 때문에 아무리 생각해도 원인을 모르겠다고 하면서 "혹시 전생의 기억 속에 원인이 있을지도 모른다고 생각해서 선생님을 찾아왔어요."라고 말했다. "글쎄요. 뭔가 원인이 있으니 그런 두려움이 생기겠죠. 최면 치료로 그 원인을 찾아볼 수는 있겠지만 전생의 기억이 원인일 것이라고 단정하면 안 됩니다. 여러 가지 다른 이유가 있을 수도 있어요." 이렇게 설명해주고 최면 치료를 시작했고, 환자의 긴장이 적당히 풀린 것을 확인한 후 전생의 기억 속으로 들어갔다.

김 : 지금의 증상과 연관되어 뭐든 떠오르는 생각이나 장면이 있으면 얘기하세요⋯.

이 : ⋯(조금 놀란 목소리로) 제가 남자예요⋯ 체격이 건장한 사람인데⋯.

김 : 그 사람에 대해 좀 더 알 수 있을 겁니다. 어떤 사람인지, 어떤 상황에 있는지⋯ 느껴지는 대로 계속 얘기해보세요⋯.

이 : ⋯저는 공사를 감독하는 사람인 것 같아요⋯. 손에 채찍을 들고 있고⋯ 많은 사람이 큰 집을 짓는 공사를 하고 있어요⋯. 아주 옛날의 이집트인 것 같아요⋯. 저는 직접 일은 하지 않

고… 사람들에게 지시를 하고 있어요…. 공사장의 하위 감독
관인 것 같아요…. 공사장은 사막처럼 건조하고 더워요…. 햇
볕이 아주 강해 머리에 뭔가 쓰고 있어요…. 옛날 이집트 사람
들 그림에 나오는 그런 거예요….

김 : 시간이 가면서 그 사람에게 일어났던 중요한 일들을 알 수 있
을 겁니다. 생각나는 대로 얘기해보세요….

이 : …가족이 있는지는 잘 모르겠고… 공사장에서 혼자 사는 것
같아요…. 밤에 혼자 자는 숙소가 있는데… 거기서 지내요….
(괴로운 듯) 어느 날 밤에 자다가 독충에게 물린 것 같아요….
독이 강한 전갈이 많은 곳인데 어떤 벌레인지는 잘 모르겠어
요…. 다음날부터 몸이 붓기 시작하고 열이 심하게 나요…. 공
사장에도 못 나가고 누워서 앓고 있는데… 갈증도 심하고…
건강한 몸이라 회복될 거라 생각하고 있었는데… 경련도 일어
나고… 점점 힘들어져요…. 도와주는 사람도 없고 혼자 끙끙
거리면서 앓고 있어요…. 무척 괴롭고 고통스러워요….

김 : 시간이 가면서 그 상태가 어떻게 되는지 알 수 있을 거예요….

이 : (괴로운 목소리로) 그렇게 혼자 앓다가 7일 만에 죽었어요…. 죽
을 때까지 무척 두려웠고 고통도 심했어요….

환자는 누운 상태에서 몸을 떨며 괴로운 듯 뒤척였고, 그 7일 동안
의 고통을 다시 경험하는 것처럼 힘들어했다. 나는 그의 긴장을 풀어
주며 그 고통스러웠던 시간 동안 그 영혼의 내면에 깊이 스며든 어둡

고 부정적인 에너지들을 없애고 건강한 에너지로 채워 넣는 작업을 이어나갔다. 환자는 곧 안정되었으며, 과거 그 남자의 고통과 죽음으로부터 현재의 그에게도 이어져 있는 어둡고 파괴적인 에너지들을 모두 제거하고 치료를 마쳤다. 깨어난 후 그는 얼떨떨한 표정으로 "이게 정말 제 전생일까요? 제가 남자였다니 상상도 해본 적 없는 일이에요. 천천히 죽어가면서 느꼈던 극심한 공포감이, 벌레에 대해 제가 느끼는 두려움과 완전히 같았어요."라고 말하면서 치료 시작 전보다 훨씬 마음이 편해졌다고 했다. 나는 그에게 집에 돌아가서도 치료 시간에 했던 작업을 꾸준히 연습하도록 당부하고 그날의 치료를 마쳤다.

  3주 후 다음 치료 시간에 그는 들뜬 얼굴로 "선생님, 저 완전히 다 나았어요. 지난번 치료 후 집에 간 후부터 벌레에 대한 두려움이 완전히 사라졌어요. 모기약을 뿌리고 싶은 생각 자체가 없어졌어요. 너무 신기해요."라며 기뻐했다. "그래도 방심하지 마시고 자주 스스로 치료하는 방법을 연습해야 합니다. 일단 증상이 없어졌다 해도, 남아 있는 상처와 부정적 에너지가 있기 때문에 스스로 치유하는 방법을 알아야 해요. 오늘 치료를 마치고 일단 좀 지켜보죠. 혹시 재발하면 다시 치료하면 되니까요." 두 번째 치료에서는 새로운 기억들을 찾지 않고 첫 시간에 봤던 힘들었던 시간들을 반복적으로 치료하는 데 집중했고, 남아 있는 문제들을 스스로 치료할 수 있는 자기최면 방법들을 더 훈련시켰다. 그날 이후 그는 증상의 재발 없이 여러 해 동안 잘 지내고 있다.

여러 진단명이 붙은
'신수미'라는 환자

　　전생퇴행 최면 치료를 하면 한두 번 만에 간단히 문제가 해결될 것으로 기대하는 사람이 많다. 실제 그런 경우도 꽤 있지만, 다른 심리치료와 마찬가지로 지속적이고 충분한 치료가 필요한 경우가 더 많다. 특히 여러 증상의 원인들이 여러 번의 힘든 삶 속에서 쌓인 것이라면 치료는 더 길고 복잡해진다. 여기 소개하는 환자의 이야기는 그런 길고 힘들었던, 그러나 만족스럽고 감동적인 결과를 가져왔던 치료 과정의 요약이다.

　　2003년 9월, '신수미'라는 이름의 31세 여성 환자가 방문했다. 최면 치료를 예약해둔 상태였지만 한동안 차례를 기다려야 해서 우선 힘든 증상 완화를 위한 약 처방이 필요해 미리 방문한 것이다. 차분하고 수려한 외모의 그는 조용하고 조리 있는 말투로 긴장과 불안, 공포, 심한 불면과 깊은 우울감 등 여러 정신 증상과 함께 가슴 조임, 소화불

량, 원인을 모르는 여러 부위의 통증 등 자신이 늘 겪고 있는 증상들을 몹시 긴장된 모습으로 이야기했다.

"스물다섯 살부터 정신과에 다녔는데 가는 곳마다 진단명이 달라졌어요. 약도 이것저것 오래 먹었는데 몸이 너무 처지고 효과도 잠시뿐이라, 근본적인 치료에 도움이 될 거라고 아버지께서 권유하셔서 선생님을 찾아온 거예요."

그동안 자기를 치료했던 정신과 의사가 모두 열 명이 넘는다고 했고, 그들이 내렸던 진단명은 조현병, 우울증, 조울증, 해리장애, 공포증, 경계성 인격장애, 강박장애 등 여러 가지였다. 자살 시도도 두 번 있었다고 했다. 가는 병원마다 진단명이 달랐다는 의미는, 이 환자의 문제와 원인이 종합적으로 파악되지 않아 의사마다 제각기 두드러져 보이는 증상에 따라 이름을 붙인 결과였다. 여러 종류의 항정신병 약물과 우울증 약을 오래 먹은 결과 체중 증가와 함께 다른 부작용도 많이 겪었다고 했다. 나는 그에게 현재의 주변 상황과 가족관계, 성장 과정, 증상의 시작 등에 대해 이야기할 시간을 주었다.

"4~5년 전에 선생님 병원에 온 적이 있어요. 직원 분이 최면 치료 예약은 너무 오래 기다려야 한다고 해서 다른 병원에서 계속 약을 먹었어요. 대학을 졸업한 후 중소기업에 들어가 관리부서에서 4년째 일하고는 있는데, 숨기고 있었지만 여러 증상 때문에 혼자서는 많이 힘든 상태로 지내고 있었고요. 집에서는 제가 맏이고, 한 살 아래인 여동생과 좀 더 어린 남동생이 있고 부모님도 같이 살고 계세요. 부모님은 깊은 정성으로 저희를 키우셨고, 저는 맏딸로서 특히 아버지의 전폭적인 믿음과 지지를 받으면서 자랐어요. 아버지는 직업군인이셔서 훈육도 군대식으로 강압적이었고 온 집안 친척들 사이에서도 호랑이 같은 어른으로 소문이 날 정도였지만 저에게만은 전폭적인 믿음과 사랑을 보이셨고 저 또한 아버지를 마음 깊이 사랑하고 존경했죠."

단정한 매무새에 감정을 억누르는 듯한 긴장된 태도로, 조용하고 부드럽지만 단어 하나하나를 정확하게 발음하며 그는 이야기를 이어나갔다.

"아주 어릴 때부터 마음이 편한 적이 없었던 것 같아요. 학교에서도 항상 너무 조용했고 다른 아이들과 거의 말을 안 하고 지냈어요. 늘 가족들의 건강과 안전에 대해 지나치게 걱정하고 불안해했고요. 어릴 때부터 지금까지, 부모님이 집안의 결혼식 같은 행사나 다른 일로 먼 지역에 다녀오실 일이 생기면, 저는 떠나시기 며칠 전부터 몹시 두렵고 불안해져 전전긍긍했고, 혹시 뜻밖의 사고가 나서 돌아오시지 못하면 어떡하냐고 울면서 매달려 못 가시도록 졸랐던 적이 많았어요. 부모님은 그런 저를 달래주려 무척 애를 쓰셨지만 어떻게 해도 제 불안이 가라앉지 않아 결국은 아버지께서 심하게 화를 내시고 '그만 징징거려.'라고 큰 소리를 지르셔야 마지못해 물러섰어요. 그렇지만 부모님이 돌아오시는 날까지 저는 밤잠을 제대로 못 자고 온갖 불안한 상상에 시달렸죠. … 그리고 아주 어릴 때부터 저는 여동생이 마치 제 딸인 것처럼 느껴졌어요. 밖에 나가 아이들하고 같이 놀 때도 저는 동생을 보호해야 한다는 생각이 지나치게 커서 노는 데 집중하지 못했어요. 학교 다닐 때도 아버지의 부대 이동이 잦아 이사를 여러 번 다녔는데 전학 갔을 때마다 한 학년 아래인 동생의 교실 옆으로 쉬는 시간마다 찾아가 그 아이가 잘 있는지를 확인해야 마음이 놓였어요. 그 아이가 어딜 갔는데, 비가 많이 오는 날은 우산과 갈아 신을 운동화를 들고 그 아이가 올 시간 전부터 버스정류장으로 마중을 나가 기다렸어요. 아버지는 그런 저를 보시고 유난스럽다며 혀를 차셨죠. … 언제나 사람이 많은 곳에 있으면 두려워져요. 사람들이 저를 거부하는 느낌이 들고 낯선 사람들은 저를 때리고 협박하거나 고문할 것 같은 공포감이 올라와요. 전에는 밤에 자려고 누우면 천장에 머리 벗겨진 노인의 모습이 보일 때가 있었어요. 얼굴을 일그러뜨리고 못마땅하게 노려봤는데 지금은 안 보여요."

내가 보기에 그는 조현병이나 조울증이 아니었다. 단편적 증상들만 보면 조현병으로 진단할 수 있겠지만 전체적으로 조현병의 특징적인 모습들이 보이지 않았고, 그의 태도와 말하는 내용도 일관되게 지적이고 논리정연했으며, 조금 긴장하긴 했지만 표정에 드러나는 감정도 무척 생생하고 자연스러웠기 때문이다. 우울증이나 조울증으로 보기엔 적절하지 않았고 오히려 불안신경증에 더 가까워 보였다. 내가 자신의 이야기를 주의 깊게 듣고 있다는 확신이 들었는지 조금씩 더 긴장을 풀고 편하게 말을 이어나갔다.

"오늘 이렇게 제 이야기를 들어주셔서 감사해요. 다른 의사 선생님들은 아무도 제 이야기에 귀를 기울여주지 않으셨거든요. 잠시 듣다가 서둘러 약을 처방해주시고 서로 다른 진단명을 말씀하셨죠. 언제는 보호자를 데려오라고 해서 아버지를 모시고 같이 갔는데, '따님은 조현병입니다.'라는 말을 듣고 돌아오는 길에 아버지 어깨가 깊이 처져 보여서 제 가슴이 너무 아팠던 기억이 나요. 어떤 약은 좀 도움이 됐지만 다른 약들은 부작용이 심했어요. 상담치료도 받아봤는데 도움이 안 됐고요. 저의 복잡한 증상들에는 분명 어떤 원인이 있을 거라고 생각해요. 정말 이 괴로움으로부터 완전히 벗어나고 싶어요. 예약하고 기다리는 동안 선생님의 책 부록인 최면 연습 테이프를 들었는데 신기하게도 불면과 우울이 많이 가벼워졌어요."

지나친 긴장감과 계속되는 불면증에 도움이 될 가벼운 안정제와 수면제만 소량 처방해주고 그날의 상담을 마쳤다. 환자는 그 이후 첫 최면 치료를 시작하기 전까지 같은 처방으로 비교적 잘 지냈고, 첫 최면 치료는 2004년 6월 18일에 시작하였다. 그동안 어떻게 지냈는지, 또 다른 하고 싶은 이야기나 질문이 있으면 하라는 내 말에 그는 이렇게 말했다.

"그동안 약을 먹으면서 상당히 편하게 지냈어요. 중간중간 불안이나 우울이 더 심해지기도 했지만 시간이 가면서 저절로 나아졌고요. 사실 최면 치료를 마지막으로 선택했을 때 희망을 가지고 적극적으로 한 것은 아니었어요…. 너무 많은 곳을 헤매 다녀서 지칠 대로 지쳐 있었고 어딜 가나 비슷할 거라는 생각이 가득했죠…. 최면 치료가 무엇인지도 전혀 몰라서 향이 피어오르는 어두운 방에서 푸른 유리구슬을 앞에 둔 선생님이 망토를 두른 채 앉아 있을지도 모른다고까지 생각했었죠. 아무래도 상관없다는 심정이었는데, 자포자기 상태였던 저를 다시 움직이게 한 것은 아버지의 한마디였어요. '집을 팔아서라도 꼭 너를 고쳐줄게.' 아버지는 그렇게 말씀하셨어요. 평생을 절약하며 살아온 아버지는 집 한 채가 전 재산이에요. 가지고 있는 유일한 재산을 헐어서라도 저를 살리고 싶은 아버지 앞에서 저는 희미하게 정신이 들었어요. 어버지께서 건네주신 병원 전화번호를 들고 비틀거리며 무작정 여길 찾아왔었죠."

최면 치료와 다른 상담치료의 차이점, 최면 현상의 이해에 필요한 기초지식을 설명해주고 간단히 긴장을 푸는 연습을 한 후 바로 치료에 들어갔다. 치료 의자에 누워 잠시 긴장을 푼 다음 "건강해지기 위해 떠올려봐야 할 생각이나 기억이 있는가?"라는 나의 단순한 질문에, 처음부터 과거 삶의 힘든 기억들 속으로 쉽게 들어갔다.

19세기 초 조선, '순덕'의 삶

김 : 편하게 긴장을 풀고… 지금의 증상이나 다른 문제들과 관련 있는 기억이나 느낌들을 떠올려봅니다…. 자유롭게 어디든 갈 수 있고, 뭐든 필요한 것들을 보거나 느낄 수 있어요…. 마음속에서 조금이라도 지나가는 생각이 있으면 그대로 이야기합니다….

잠시 호흡을 고르며 긴장을 더 푼 후 그는 작고 떨리는 목소리로 지금과는 전혀 다른 과거 삶의 장면들을 이야기하기 시작했다. 과거와 현재의 시점을 오가면서 이야기했기 때문에 아래에 그대로 옮겨 적었다. 최면 치료 시 환자의 의식은 과거와 현재의 시점을 이처럼 자유롭게 오가는 경우가 많다.

신 : (작고 긴장된 목소리로) 저는 열여섯 살이에요…. 머리는 길게 땋아서 허리까지 내렸고… 폭이 좁은 붉은색 댕기를 묶고 있어요…. 좁고 구불구불한 논두렁길을 걸어가는데… 옆구리에 잔가지를 엮어 만든 바구니를 끼고 있어요…. 한 남자를 따라가네요…. 그 사람은 저 앞에 가고 있는데 이름은… '성'이에요…. 저보다 몇 살 위고… 제 이름은 '순덕'이에요…. 그 사람은 남자답고 착해요…. 우리는 서로 좋아하고 있어요…. 그 사람과 같이 있으면 저는 행복해요…. 제 걸음이 늦어서 많이 뒤처지면 걸음을 멈추고 저를 기다려줘요…. 제가 거리를 좁히면 돌아서서 또 앞서가요…. 저를 쳐다보진 않지만… 기다려줘서

고마운 마음이에요…. 저희는 곧 결혼할 거예요…. 이미 양가 부모님의 허락도 받아놨어요….

김 : 또 어떤 일이 있었나 보세요…. 다른 중요한 순간으로 갈 수 있습니다….

신 : …저는 대여섯 살쯤 된 어린아이예요…. 마을에서 다른 아이들과 놀고 있어요…. 모두들 가까운 친구예요…. 저와 동갑인 남자아이가 저를 아주 많이 좋아해요…. (웃음) …자기가 자라면 저와 결혼할 거래요…. 우리는 신랑신부 놀이나 어머니 아버지 역할놀이를 자주 했어요….

김 : 그 아이는 이름이 뭐죠?

신 : …'영식'이예요.

김 : 다음의 장면으로 가보세요…. 어떤 일들이 일어났는지 더 알 수 있을 거예요….

신 : 영식이와 저는 동갑이고 같은 마을에 태어나서 자랐어요…. 우리가 열 살이 되었을 때 성이네 가족이… 무슨 일 때문인지 모르지만 다른 곳에서 우리 마을로 옮겨왔어요…. 성이는 그때 열세 살이었는데… 아주 예의 바르고 부지런해서 마을 사람들이 모두 칭찬했고… 그 가족들도 마을에서 자리를 잘 잡았어요…. 성이가 저보다 나이가 많아서 저는 '성이 오빠'라고 불렀어요…. 저와 영식이, 성이 오빠는 일도 놀이도 같이 하면서 컸어요…. 소를 몰고 산과 들을 돌아다니면서 같이 놀았죠…. 그런데 더 나이를 먹으면서 같이 어울릴 수가 없게 되었어요….

마을에서는 다 큰 남자아이와 여자아이가 어울리는 것을 허락하지 않았기 때문이죠. 마을의 규칙이 아주 엄격했어요…. 저는 어머니께 집안일과 살림하는 법을 배웠고… 성이 오빠와 영식이는 자라면서 힘도 세고 믿음직한 청년들이 되었어요…. 마을 사람들 모두가 두 청년을 무척 좋아하고 사랑했죠…. 영식이는 저를 좋아한다고 자주 말했고, 자기와 결혼하자고 여러 번 졸라댔어요…. 그렇지만 그때마다 저는 확실하게 거절했어요…. 제 마음은 성이 오빠에게 기울어 있었고, 양가 부모님들께서도 저희 결혼에 대해 이미 의논하고 계셨어요….

김 : 그다음 중요한 장면으로 갑니다….

신 : (경직되고 곤두선 목소리로) 늦은 밤인데… 보름달이 떠서 밝아요…. 저희 집에서 제사를 지내서… 저는 인근의 집집을 돌면서 제사 음식을 나눠 드리고 있어요…. 외진 곳에 있는 마지막 집까지 들렀다 서둘러 내려오는 길인데… (더 작고 떨리는 목소리로) 누군가 갑자기 나무 뒤에서 튀어나와 제 앞을 막아섰어요…. 영식이예요…. 깜짝 놀라 뒤로 물러서는 제 손목을 난폭하게 잡아끌며… '넌 내 각시가 되기로 했었어.'라고 소리쳤어요…. 그건 어릴 적 소꿉놀이할 때였다고 항의하며 손을 빼려는데… 그의 힘이 너무 세요…. 씩씩거릴 때마다 술 냄새를 심하게 풍기면서 저를 힘하게 밀어 길 옆 풀숲에 넘어뜨렸어요…. 강제로 저를 끌어안으려 해서 비명을 지르면서 그와 엎치락뒤치락하고 있는데… 누군가 영식이를 붙들어 올려 길 위로 메다꽂

앉어요…. 성이 오빠예요…. 늦게까지 일하다 소에게 먹일 풀을 베어 오는 길인지 세워놓은 지게 위에 마른 풀덩어리가 가득해요…. 처음엔 영식이가 당황했는데, 상대가 성이 오빠라는 것을 알고는 손에 잡히는 대로 길에서 돌을 집어 들고 덤벼들어요…. 저는 어찌할 바를 모르고 양쪽을 번갈아 바라보며 제발 멈추라고 애원했어요…. 영식이가 돌을 내리쳤고… 성이 오빠의 머리에 맞아 피가 흘러요…. 성이 오빠는 머리에 피를 흘리면서 저벅저벅 지게 쪽으로 걸어가더니, 풀을 베던 낫을 들고 거침없이 영식이에게 다가가요…. 둘 다 불 같은 성격이에요…. 제가 기겁을 해서 달려갔는데 성이 오빠의 팔을 붙들 사이도 없이 낫을 크게 휘둘러 영식이의 목을 그었고… 달빛 아래 피가 샘처럼 솟아올랐어요…. (울면서) 눈 깜빡할 사이에 일어난 일이라 제가 할 수 있는 게 없었어요…. 영식이의 건장한 몸이 쿵 하고 쓰러졌고 피가 빠르게 주위로 번져나가요…. 갑자기 주위가 캄캄해지고 저는 잠시 정신을 잃었었나 봐요…. 정신을 차려보니 성이 오빠는 도망도 가지 않고 그 자리에 돌처럼 앉아 있었어요…. 저는 집으로 달려갔고, 집에 도착하자마자 정신을 잃었어요….

성이 오빠는 그날 밤 달아나지 않고 그 자리에 있다가, 새벽에 일 나가던 마을 사람에게 발견되었고, 날이 밝은 후 관가에서 나온 사람들에게 잡혀 끌려갔어요…. 저는 그날부터 부모님의 명에 따라 집 밖으로 나가지 못했어요…. 마치 꿈을 꾸고 있는 듯한 날들이 흘러갔어요…. 마을은 숨 막힐 듯 고요했는데… 초상을 치르는 영식이네 집에서 나는 비통한 울음소리는 마을 어느 집에서든 들렸어요…. 사람들은 침묵한 채 아무도 입을 열지 않았고… 사람들이 피해 다녀서 저희 집은 마치 고립된 섬처럼 되었어요…. 어떻게 날짜가 흐르는지도 잊은 채 저는 수시로 정신이 아득해져 꿈속에서 사는 것처럼 지냈어요….

너무 큰 충격을 받아 순덕은 해리 증상을 겪었던 것으로 보인다. 해리 현상은, 맨 정신으로는 견디기 어려운 현실의 충격과 고통을 잠시라도 회피하기 위해 우리 마음이 만들어내는 자기보호 장치의 일종이다. 너무 놀라 얼이 빠져 정신이 멍해진 상태나 기억상실증도 해리의 한 형태인데, 이런 증상은 짧은 시간 안에 끝나기도 하지만 상당 기간 지속되기도 한다.

그의 이야기는 계속 이어졌다.

신 : 얼마나 시간이 흘렀는지 모르겠어요, 어느 날 갑자기 누군가 가슴이 찢어지듯 날카롭고 고통스런 비명을 지르는 소리가 집 밖에서 들렸어요…. 그 소리에 저도 모르게 방 밖으로 나와 마당에 내려섰어요…. 낮은 담장 너머로 사람들이 한 방향으로 우르르 몰려가는 것이 보였어요…. 저는 아무 생각 없이 밖으로 나가 사람들이 달려가는 방향으로 같이 뛰었어요…. 부모님은 제가 집 밖으로 나간 줄도 모르셨죠…. 마을 입구 쪽에서 황소

가 끄는 달구지가 들어오고 있었는데… 달구지 옆에까지 먼저 뛰어간 사람들이 일제히 비명과 탄식을 쏟아내면서 울기 시작했어요…. 달구지는 계속 굴러가는데… 그 위에는 가마니가 덮여 있고, 그 밑으로 시퍼렇게 삐어져 나온 두 발이 보였어요…. (말하기 힘든 듯 작은 소리로 흐느끼며) 달구지는 성이 오빠의 집 앞에 멈추었어요…. 동네 남자들이 가마니를 걷어내자, 웃옷이 벗겨진 몸통 위에 성이 오빠의 잘라진 머리가 올려져 있어요…. 그의 어머니는 너무 큰 충격에 비명을 지르며 땅바닥에 주저앉더니 울부짖기 시작했고 그 울음소리는… 모여든 사람들이 절망과 분노로 질러대는 소리와 합쳐졌어요…. 저는 성이 오빠 집 흙담 옆에서 이 광경을 모두 지켜보았어요…. 저와 결혼을 약속했던 사람이 머리가 잘리고 피에 젖어 산발이 된 모습으로 집에 돌아왔어요…. 그의 몸을 땅에 내려놓았는데… 더러워진 두 발이 시퍼런 색으로 변해 있어요…. 그리고… 모든 것이 또 아득한 꿈처럼 멀어졌는데… 어떻게 집까지 돌아왔는지 모르겠어요….

충격과 절망 속에서 스며 올라오는 듯한 그의 이야기를 듣는 것은 내게도 힘든 일이었다. 치료실의 공기도 슬픔과 고통으로 더 무거워진 듯했고, 표정 하나하나와 의자에 기대 누워 계속 몸을 움직이며 힘들어하는 그의 자세에도 그 고통은 낱낱이 드러났다. 나는 긴장을 풀고 모든 장면을 다 지우라고 말하며 그가 최면에서 깨어나는 것을 도와주었다. 깨어난 그는 깊은 생각에 잠긴 듯 잠시 침묵하다 "어릴 때부터 겪은 제 증상 일부를 이제 좀 이해할 수 있을 것 같아요."라고 말했다.

다음 치료는 2주 후였다. 치료를 시작하기 전, 그는 지난번 치료 시간과 지난 2주 동안 알게 된 것들에 대해 이야기했다. 최면 치료 중 환자가 말로 표현할 수 있는 내용은 실제 경험하고 느끼는 것의 일부밖에 되지 않는다. 위에 적은 대화들은 실제 최면 치료 중 그가 겪은 생각과 느낌의 극히 일부에 지나지 않는다는 뜻이다. 최면 치료가 끝나고 집에 돌아간 후에도 새로운 내용들이 저절로 올라오거나 느껴지는 것은 흔히 있는 일이다.

"순덕이가 살았던 때는 19세기 초였어요. 경상남도 지방이었고, 그 마을에는 50호 정도의 집이 있었는데 대부분 자기 소유의 논이 있었고 가축을 키우는 집도 꽤 있어서 가난하지 않았어요. 치료 시간에 본 무서운 일들은 실제로 제가 겪은 일이라고 믿어져요. 왜냐하면 그것들이 저의 여러 문제들을 설명해줄 수 있기 때문이죠. 지난번 치료가 끝났을 때 저는 그 일들이 정말 저의 과거 삶에서 겪은 일이라고 믿어졌어요. 그런데 이삼 일 지나면서부터 좀 혼란스럽고 의심이 들기 시작했는데, 그러면서도 날이 갈수록 저와 순덕이의 닮은 점들을 더 많이 깨닫게 되었어요. 왠지 모르겠지만 치료 전보다 마음이 좀 가벼워진 것 같고, 전반적으로 생활이 더 편해졌어요."

나는 "어떤 결론도 성급하게 내리지 말고 일단 지켜보세요. 치료를 계속하면서 더 많은 것을 느끼고 알게 될 겁니다. 치료 시간에 다 말하지 못한 내용이나 끝난 후에도 저절로 올라오는 자세한 기억이나 새로운 느낌과 정보들을 메모해놓으면 이 치료 작업을 더 깊이 이해하게 될 겁니다."라고 말한 후 치료를 시작했다.

순덕이의 힘든 삶은 두 번째 치료 시간에도 계속 이어졌다.

신 : (체념한 듯 차분한 목소리와 슬픈 표정으로) 제가 집으로 겨우 돌아온 후 얼마 지나지 않아 온 동네 사람들이 저희 집으로 몰려왔어요…. 마을 사람 모두가 아끼고 사랑하던 힘센 두 장정을 갑자기 잃은 충격과 노여움이 전부 저에게 쏟아졌어요…. 부모님이 손이 발이 되도록 빌고 눈물로 호소했지만 소용없었어요. 사람들 손에 붙들려 집에서 끌려 나온 저는 마을의 구석구석을 끌려 다녔어요…. 돌이 여기저기서 날아오고 욕설과 오물, 탄식이 쏟아졌어요…. 사람들은 '멀쩡한 사내 둘을 잡은 계집'이라고 소리치면서… 제 머리채를 잡고 어두워지도록 온 동네를 끌고 다니며 분풀이를 했어요…. 온몸이 만신창이가 되었는데… 그 모든 일을 겪으면서도… 저는 마을 사람들의 행동이 부당하다고 생각하지 않았어요…. 모두가 한 식구처럼 지내 온 작은 마을에서 귀한 장정 둘이 죽어나갔으니까요…. 두 집안의 양친은 그 날벼락 같은 일을 어떻게 감당할지… 짐작하기도 두려웠어요…. 저는 혼자 살아남은 것이 괴로웠고… 다시는 마을 사람들 앞에 머리를 들고 설 자격이 없다고 생각했어요…. 그날 이

후, 사람들의 차가운 시선과 모진 말들이 자꾸 떠올라서 안으로 안으로 움츠러들었고 여간해선 집 밖으로 나가지 않았어요…. 두 사람을 모두 잃은 후 제 삶도 점점 망가졌어요…. 영식이도 아주 어린 시절부터 좋은 친구였으니까요….

김 : 시간이 가면서 또 어떤 일들이 일어났는지 볼 수 있어요. 긴장을 풀고 영화를 보는 것처럼 편하게 마음먹으면 너무 힘들지 않게 볼 수 있을 거예요…. (지나치게 강렬하고 고통스러운 기억의 부담으로부터 그를 보호하기 위해 이런 암시를 주었다.)

신 : (눈물을 보이며 괴로운 목소리로) 부모님 두 분 모두 마음을 크게 다치셨어요…. 마을 사람들에게 말을 걸거나 다가가려고 하실 때마다 사람들은 등을 돌려 피했고… 저희 집 주변을 지나다니는 것조차 피했어요…. 두 분은 저를 무척 걱정하셨는데… 깊은 상심과 저에 대한 걱정으로 날이 가면서 두 분 모두 병을 얻으셨어요…. 아버지께서 먼저 돌아가시고 얼마 안 있다 어머니도 화병으로 돌아가셨어요…. 저 혼자 남았지만… 마을을 떠날 수 없었어요…. 부모님과 조상님들의 묘가 마을 뒷산에 있고… 살면서 마을 밖으로 한 번도 나가본 적이 없어 바깥 세상을 전혀 몰랐으니까요…. 집에서 혼자 살면서도 밖에 나가야 할 때마다 사람들의 경멸의 눈빛과 등 뒤에서 수군대는 소리를 견뎌야 했어요…. 그렇지만 저는 그곳에서 계속 사는 것이 모두에게 속죄하는 길이라고 생각했어요….

김 : 혼자 어떻게 살아갈 수 있었어요?

신 : 아버지께서 돌아가신 후 저희 소유의 논은 그대로 방치되었는데 다른 사람들이 마치 자기 것인 양 차지하고 모를 심었어요…. 제 처지를 동정하던 몇몇 아주머니가 저를 도와주기 위해 집안일을 시키거나 잔심부름을 시키고… 돈 대신 곡식이나 음식을 줬어요…. 저는 몹시 가난했어요…. 산에서 약초와 열매들을 모았고 집 마당과 주변 땅에 콩을 심었어요….

김 : 다음의 중요한 장면으로 가보세요.

신 : (몹시 경직되며) 어느 날 밤… 동네 남자 넷이 집에 침입했어요…. 다들 술에 취해 있었고, 제가 혼자 살면서 모두에게 손가락질받고 아무도 저를 신경 쓰지 않는다는 것을 알았기 때문에… 별 죄책감도 없이 저를 범했어요…. 그리고… 얼마 지나지 않아… 아이를 가지게 된 것을 알았어요…. 누구의 아이인지 짐작조차 못 하면서도… 제 몸 안에 깃든 생명에게 애정을 느꼈어요…. 차츰 배가 불러오면서… 두려움보다 기쁨이 더 커졌고… 아주 오랜만에 살아야 하는 이유를 가지게 되었어요…. 그렇지만, 불러오는 제 배를 눈치챈 마을 여자들은 더 저를 괴롭혔고 등 뒤에서의 수군거림도 더 노골적이 되었어요…. 저는 늘 고개를 숙인 채 사람들을 피해 다니면서… 어떤 모욕도 가만히 참아가며 아기가 태어나기를 기다렸어요…. 이제 나는 혼자가 아니라는 생각, 아기를 키우면서 둘이 함께 살아가겠다는 새 희망이 모든 것을 감당하게 했어요…. 집에서 혼자 아이를 낳았고… 사내아이였어요…. 저는 모든 아픔을 잊었고…

다시 한번 생기를 얻었어요…. 아이를 어르고 씻기고 재우면서 행복했고, 먹이고 입히기 위해 분주히 움직이면서 생기를 찾았어요…. 동네 사람들의 수근거림은 마음에 담지 않았고… 이제 내 아이와 함께라는 생각이 저를 미소 짓게 했어요….

아이가 서너 살 되었을 무렵 먼 곳으로부터 시작된 역병이 저희 마을에도 들어왔어요…. 며칠 열에 시달리던 아이의 상태가 점점 나빠지는 것 같아… 더럭 겁이 나서 약을 구하러 한밤중에 집을 뛰어나왔어요…. 초조하게 마을을 돌면서 집집마다 문을 두드리고 애걸해보았지만… 차가운 냉대만 받았죠…. 마을에도 이미 병이 돌아 이 집 저 집 사람이 죽어나가는 상황이라 누구도 제 호소에 도움을 주지 않았어요…. 모든 집에서 거절당한 저는, 뒷산 너머에 있는 좀 더 크다는 이웃 마을을 향해 달리기 시작했어요…. 보름달이 커다랗게 뜬 가을밤이었는데… 비탈진 산길이 달빛을 받아 돌맹이 하나하나까지 환하게 보였어요…. 숨이 끊어지게 달리고 있는 제 마음에 자꾸 두려운 생각이 올라와요…. 길 옆의 나무들이 바람에 요란한 소리를 내고… 저는 옷고름이 풀어지고 머리카락은 이마에 엉겨붙은 채… 한쪽 신발이 벗겨진 것도 모르고 달리고 또 달려 산을 넘었어요…. (비통한 목소리로) 그러나 어렵게 도착한 그 마을도 역병이 한바탕 휩쓸고 지나간 뒤라 우리 마을보다 더 황폐했어요…. 거기서도 저는 아무 약도 구하지 못했고… 높이 떠 있던 달이 기우는 것을 보고야 정신이 들어, 왔던 길을 허겁지겁 내

달리기 시작했어요…. 너무나 초조한 마음에 계속 울면서 달렸어요….

집 앞에 도착했을 때는 아직 날이 밝지 않은 이른 새벽이었어요…. 사립문을 열고 방 안으로 뛰어들어가자… 괴로워 뒤척이던 아이가 의외로 잠잠했어요…. 열이 내려 잠이 들었나보다 생각하며 조심스레 아이를 들어 품에 안았어요…. 오른팔로 작은 어깨를 안아 드는 순간 아이의 머리가 뒤로 툭 떨어졌어요…. 그럴 리가, 이렇게 쉽게 떠날 리가 없어…. 믿어지지 않아서 가만가만 아이의 몸을 흔들어봐요…. 코끝에 귀를 대보고 뺨을 쓸어봐요…. 숨결도 기척도 느껴지지 않고 따뜻하고 보드랍던 아이의 몸이 서늘하게 식어가고 있어요…. 저는 아이를 꼭 안고 흐느끼기 시작해요…. '가여운 것, 미안하다. 미안하다.' 이렇게 되뇌면서 작은 흐느낌이 점차 울부짖는 짐승의 울음처럼 높아지고… 가슴을 마구 두드리면서 울고 또 울었어요…. 오랫동안 가슴속에 눌러두었던 슬픔과 절망감이 한꺼번에 솟구치며… 이제 더 이상 잃을 게 없다는 마음에… 벼랑 끝에서 정신줄을 놔버린 것 같아요…. 그 후 며칠 동안… 죽은 아이를 품에서 내려놓지 않은 채 자장가를 불러주고, 옷을 갈아입히고 머리를 빗기고 다독이며 재우는 일을 반복했어요…. 아이가 살아 있을 때와 똑같이 보살피다가 문득 정신이 들면 가슴을 치며 울부짖는 일이 계속되었어요…. 어느 날 밤, 아이를 품에 안은 채 마당에 내려서서 양손을 번갈아가며 밭 갈던 연장으로 깊은 구덩이를 팠어요…. 그 안에 아이를 눕히고 산짐승들이 파헤칠까 두려워 무거운 돌을 수없이 가져와 작은 봉분을 쌓았어요….

아이를 보낸 후 순덕은 감정과 감각을 함께 잃었어요. 추위와 배고픔, 아픔에 대한 감각이 무디어졌고 더 이상 두렵지도 슬프지도 그립지도 않았어요. 둔탁하고 먹먹한 정신 상태로 낮에는 맨발로 아무 곳이나 쏘다니며 보이는 대로 집어먹고 밤에는 아이의 봉분을 베고 누워 잠을 잤죠. 몸을 씻거나 옷을 갈아입는 것도 멈추었어요. 사람들은 순덕이 실성했다고 수근거렸고… 마을 아이들도 저를 따라다니며 침을 뱉고 돌을 던졌어요…. 이십 대 중반에 순덕은 그렇게 자기 자신을 놓아버렸어요….

움막처럼 무너져내린 오래된 초가집… 저희 집에 누워 있어요…. 방문이 반쯤 떨어져나가 바람에 덜그럭거리고… 열린 방문 밖으로 함박눈이 펄펄 날리는 어느 겨울밤… 찬바람에 휘날리는 눈이 방 안까지 몰아칠 때마다 몸이 더 아파요…. 스스로 움직여 방문을 닫을 수가 없어요…. 오래 굶었고, 움직이지 못한 채 냉기 가득한 방에서 몸이 얼었어요…. '누가 저 문을 좀 닫아주었으면…' 하는 생각이 간절하면서도… 곧 죽게 될 것임을 알아요…. 오래 손보지 못한 초가의 지붕이 썩어내려 하늘이 보이고 그 사이로도 커다란 눈송이가 몇 개 떨어졌어요…. 부모님과 성이 오빠, 영식이… 그리고 불쌍한 아기의 모습이 차례로 스쳐 지나가요…. 모두가 가장 행복했던 모습으로 눈앞에 나타났다 사라지곤 해요…. 저도 천천히 몸에서 벗어났어요…. 어두운 방에 누워 있는 제 몸은 삭정이처럼 말랐고… 산발이 된 머리카락은 한데 엉켜 뭉쳐 있어요…. 겨우, 겨우 마친 힘든 삶이었어요….

되도록 정해진 시간 안에 잘 마무리해야 하지만, 최면 치료에서는 고통스러운 기억들을 계속 떠올리다 시간이 모자라 그대로 끝내야 하는 경우가 더러 있다. 환자가 떠올리는 힘든 기억 속의 어둡고 파괴적인 에너지를 충분히 제거하지 못한 채 집으로 돌아가야 하는 것이다. 이런 경우, 계속 올라오는 그 에너지가 환자를 힘들게 하고 일상생활에도 지장을 줄 수 있기 때문에 치료자는 환자 혼자서 언제 어디서든 그 고통스러운 기억의 에너지를 스스로 중화해 없애며 지속적으로 치료를 이어갈 수 있는 방법을 알려주고 훈련시켜야 한다. 순덕의 기억을 떠올리기 시작했던 첫 치료가 끝난 후부터 그는 이 자가치료 방법을 수시로 실천하며 지내고 있었다. 최면 치료가 끝나고 시간이 갈수록 더 많은 장면과 기억들이 계속 떠올라오거나, 치료 시간에는 미처 느끼거나 말하지 못했던 것들을 더 강하게 느끼는 경우가 많이 있기 때문에 나는 그에게 뒤늦게 떠올라오는 내용이나 의문들에 대해 적어 이메일로 보내도록 했다. 이 방법은 제한된 치료 시간 안에 충분히 다룰 수 없는 내용이나 복잡한 감정들을 이해하고 처리하는 데 큰 도움이 된다. 치료 시간만으로는 세부적 기억이나 감정을 충분히 표현하고 해결하기에 늘 부족했기 때문에 이메일의 활용은 치료에 큰 도움이 되었다.

다음 시간에 마주 앉은 그는 지난 치료 후 생각하고 느낀 것들에 대해 이야기했다.

"저에게 한 살 아래 여동생이 있다고 말씀드렸는데 정확히는 저와 15개월 차이가 나요. 그 아이에게 늘 지나친 애정과 걱정을 갖고 살았는데, 크는 동안 우린 같은 방을 쓰면서 모든 것을 함께했죠. 지난 시간 순덕의 삶을 돌아보면서 그때 죽은 아이가 지금의 여동생이라는 것을 알게 되었어요. 제가 늘 엄마 같은 마음이었던 이유가 밝혀진 거죠. 너무 무거운 사랑은 힘이 드는데, 그걸 알면서도 짊어지려고 자꾸만 뛰어들었던 이유를 이제 이해하게 되었어요. 순덕의 삶이 주는 영향력에서 어느 정도 벗어나자 신기하게도 동생에 대한 저의 무거운 애정도 한결 가벼워지는 것 같아요. 동생에게 무슨 일이 생길까 애태우고 전전긍긍하는 부자연스러움도 점차 줄어들고 있어요. 그리고 제가 십대 시절부터 겪기 시작했던 이상한 증상도 원인을 이해하게 되었어요.

저는 초등학교 시절이 거의 끝날 때까지 어린 시절을 내내 시골에서 살았는데, 버스가 하루 한 대 정도밖에 들어오지 않는 벽촌이라 자연은 가득했지만 사람은 구경하기 힘들었어요. 초등 6학년 때 온 가족이 서울 생활을 시작하면서부터 문제가 생겼어요. 큰 도시에는 갑작스럽게 울리는 날카로운 소음이 있고, 그런 소음을 들을 때마다 저는 미칠 것 같은 고통을 느꼈어요. 여러 사람이 동시에 내뱉는 소음에도 제가 몹시 취약하다는 사실을 그때 처음 알았어요. 같은 반 친구들이 빠르게 주고받는 말들도 알아듣기 힘들었고, 말을 몹시 더듬어서 아이들이 놀리거나 답답해했어요. 다행히 학업에서는 서울 아이들에게 밀리지 않았어요. 저는 반에서 점점 더 외톨이가 되어 혼자 조용히 앉아 책을 보거나 공부만 하는 아이가 되었죠. 하루 종일 한 마디도 입을 열지 않은 채 귀가하는 일이 잦아졌고, 친구 하나 없는 채로 중학교 3년을 보내고 고등학교에 진학했을 때부터 전에 없던 증세가 나타나기 시작했어요. 멀쩡히 생활하다가도 갑자기 꿈인 듯 현실이 아득해지면서 몸의 감각이 떨어지고 모든 감정이 둔탁해지는 일이 자주 생겼어요…. 늘 다니는 길을 걷다가도 갑자기 그런 상태에 들어가면 방향을 찾을 수 없게 되곤 했죠. 마치 조용한 발작이 온 듯 내 존재를 둘러싼 모든 것이 꿈처럼 느껴지는 거죠. 그 상태를 벗어나 다른 차원에서 마치 '아, 모든 게 꿈이었구나.' 하면서 다시 깨어날 것 같았어요. 제가 둘 이상으로 분리되어 각각 다른 곳에 한 발씩을 담그고 있는 기분이랄까요…. 고등학교에서 《장자》의 '호접몽'을 배울 때, 장자 역시 나와 같은 병을 앓았던 환자였구나 생각하며 반가웠던 기억이 있어요. '나는 누구인가? 나는 지금 어디에 있는 것인가? 이 꿈이 끝나면 진짜 현실에서 눈을 뜨지 않을까?' 아득한 느낌이 너무 생생해서 자주 그런 생각을 했는데, 엄마의 성화에 못 이겨 들렀던 한의원에서는 입시를 앞둔 고등학생이 중압감 때문에 기가 약해져서 생기는 일시적 현상이라고 해석했어요. 순덕의 삶을 보고 나니 제 나름대로 다른 해석을 하게 되었는데, 십대의 순덕에게 벼락처럼 들이닥친 그 일들은 어린 순덕이 감당하기에는 너무도 큰 충격이었다고 생각해요. 받아들일 수도 피할 곳도 없는 상황에서 순덕은 스스로를 보호하기 위해 자기도 모르게 모든 것이 꿈인 양 아득하게 만드는 보호막을 쳤던 거라고 생각해요. 감정이 둔해져야 내면의 날카로운 고통을 피할 수 있었으니까요. 십대의 순덕이를 덮쳤던 그 충격이 제 안에 강력한 힘으로 머무르다 제가 순덕이와 비슷한 나이가 되었을 때 표면으로 뚫고 나왔다고 생각해요."

자기 증상에 대한 그의 해석은 내가 앞에서 잠시 언급했던 해리 증상에 대한 설명과 일치한다. 너무 힘든 고통을 잊고자 마음의 일부가 스스로 떨어져 나와 다른 영역으로 도피하는 것이다. 낫지 않은 깊은 상처의 에너지는 오래도록 내면에 잠복해 있다가 특정 자극이나 환경에 의해 표면으로 다시 올라오는 경우가 많다. 순덕의 고통은 십대에 시작되어 죽을 때까지 이어졌고, 그 영혼에 새겨진 괴로운 기억들은 환자가 현재 삶에서 순덕과 비슷한 나이에 이르자 해리, 우울, 긴장과 불안 등의 모습으로 나타나기 시작했다. 환자의 내면을 깊이 파고들어 가는 최면 치료에서는 여러 생애에 걸쳐 경험한 상처와 충격이 현재 삶의 상처들과 복잡하게 얽혀 여러 증상의 뿌리를 이루는 경우를 자주 볼 수 있다.

위에 적은 것 외에도 치료와 관련된 질문과 대답을 몇 가지 나누다 시간이 모두 흘러 최면은 시도하지 않고 치료를 마쳤다. 치료를 마치면서 나는 환자 스스로 치료하는 기법의 중요성을 다시 한번 강조하고 틈날 때마다 연습할 것을 권유했다. 많은 대화가 필요한 날은 최면 치료를 준비했다가도 이렇게 대화만으로 시간이 채워지는 경우가 가끔 있다.

다음 시간에 그는 훨씬 안정된 모습으로 "지난번 치료 후 집에 돌아가면서 많은 생각을 했어요. 순덕이가 잘못한 게 도대체 뭐지? 그 시간 그 자리에 존재하고 있었다는 것 외에는 잘못이 없어 보였어요. 역사적으로 알려진 인물도 아니고 특별한 재능이나 굳센 의지가 있는 여성도 아니고요. 존재했던 흔적조차 남지 않을 시골의 평범한 처자가 왜 그토록 무지막지한 인생을 겪어야 했나 싶었어요. 흔히 말하는 인과응보의 법칙에 따른 것이라면 순덕이가 그 이전의 삶에서 엄청난 죄를 저지른 일이 있어야 앞뒤가 맞을 것 같았어요. 앞으로 더 치료하면서 뭔가 이유를 알 수 있겠죠?"라고 말했다.

나는 "꼭 큰 죄를 갚기 위해 어려운 삶을 사는 것은 아니에요. 인과응보나 카르마는 그렇게 단순하지 않아요. 과거나 현재의 삶에서 머리로는 도저히 이해할 수 없는 힘든 경험들을 파고들어가보면 반드시 납득할 수 있는 이유들이 드러납니다. 수많은 사람이 그런 과정을 거치며 더 깊이 자신과 주변을 이해하게 되고 삶의 어려움을 감당하게 되죠. 어떤 결론도 내리지 말고 치료 시간에 올라오는 기억과 느낌들을 그대로 따라가다 보면 더 많은 것을 이해하고 풀어가게 될 겁니다."라고 대답하고 최면 유도를 시작했고, 이번에는 순덕이 아닌 다른 삶의 기억 속으로 들어갔다.

제2차 세계대전 중 폴란드에서의 '마리'의 삶

김 : 뭐든 마음속에서 올라오는 장면이나 느낌이 있으면 그대로 이야기합니다….

신 : …제 이름은 '마리'예요.

김 : 어디에 있나요? 어떤 사람인가요?

신 : 저는 열일곱 살이고 여기는 폴란드예요…. 남부의 플로낙?… 그 비슷한 이름이에요.

김 : 자기에 대해 느껴지는 것들을 뭐든 이야기해보세요….

신 : 앞머리 한가운데에 긴 가르마를 탔고 짙은색 금발을 양갈래로 땋아내렸어요…. 동그랗고 통통한 얼굴에 주근깨가 조금 있는, 순진하고 멍해 보이는 표정을 하고 있어요…. 사람들의 말을 알아듣기는 하는데 저 스스로 말을 하는 일은 거의 없어요…. 가벼운 집안일을 하거나 창가에 앉아 길을 오가는 사람들을 구경하며 시간을 보내는 일이 많아요…. 나는 학교에 다니지 않고, 아버지가 집에서 저의 선생님이에요…. 아버지는 유쾌하고 활발한 사람이고… 저의 완벽한 보호자예요…. 어릴 때부터 저는 어머니가 없었어요…. 어린 시절 어느 날인가 아버지가, 죽은 친구의 어린 아들을 집으로 데려오셔서 같이 살게 되었어요…. 그 아이가 저의 새 가족이 되었는데, 이름은 '레온'이고 저보다 세 살 정도 많았어요…. 그가 저의 두 번째 보호자가 된 거죠…. 저는 두 사람의 절대적인 애정과 보살핌 안에서 조용하고 평화로운 생활을 하고 있어요…. 집 밖으로 나가는 것을 두려워해서 거의 집 안에서 생활해 왔고, 꼭 필요한 경우에만 아버지나 레온과 함께 외출했다 되도록 빨리 돌아오곤 했어요…. 집 밖에서 가끔 들리는 커다란 소음은 저를 몹시 괴롭혔어

요…. 말은 안 했지만 저도 아버지와 레온을 깊이 사랑해요…. 레온은 아버지처럼 활동적이진 않았지만 따뜻하고 자상한 사람이었고, 저를 측은해하고 사랑했어요…. 아버지는 우리가 좀 더 자라면 결혼시키고 싶어 하셨고… 우리 역시 그렇게 알고 자랐어요…. 집 밖의 세상을 무서워했지만 그 두 사람만은 저의 작은 세계를 완벽하게 지켜주는 보호자들이었어요…. 두 사람과 함께 있을 땐 이따금 웃고 말을 하기도 했어요….

어느 날 밤, 제게 들리지 않도록 목소리를 낮추어 아버지와 레온이 테이블 앞에서 무언가를 의논하는 모습을 보았어요…. 그 무렵 집 안으로 천이나 가죽에 싸인 총이 한 자루씩 들어왔고, 낯선 남자들이 늦은 밤에 조용히 찾아와 아버지와 레온을 중심으로 무언가를 의논하는 일이 점점 잦아졌어요…. 밤늦게 이층에 있는 제 방에서 나와 어두운 계단 난간에 기대어 아래층에 모여 있는 남자들의 모습을 구경하곤 했어요…. 집 안 어딘가에 여러 종류의 무기가 계속해서 모이고 있다는 것을 알고 있었고 무엇에 쓰려는 것인지 궁금했어요…. 낮이 되면 아버지와 레온은 제가 아무것도 모르는 줄 알고 한밤의 심각했던 표정을 감추고 유쾌하고 다정하게 저를 대했죠….

어느 깊은 밤 레온이 제 방문을 두드렸어요…. '어딜 좀 다녀오려고 해. 지금 출발해야 해서 깨웠어. 며칠 걸릴 거야. 곧 돌아올게.' 그는 잠을 자다 일어나 잠옷 차림에 긴 머리를 풀고 맨발로 서 있는 저를 꼭 안아주었어요…. (긴장한 목소리로) 레온이 떠나고 며칠 지난 어느 날 아침, 현관문이 부서질 듯 열리며 한 무리의 군인이 집 안에 들이닥쳤어요…. 그들은 저항하는 아버지의 머리를, 거꾸로 세워 든 총으로 사정없이 내리쳤어요…. 저는 피 흘리는 아버지를 보며 질식할 것 같은 공포에 휩싸였어요…. 무언가 말하고 싶은데 입만 벙긋거릴 뿐 소리가 되어 나오지 않았아요…. 아버지는 끌려가시며 제게 소리쳤어요…. '괜찮아, 금방 돌아올 거야. 꼼짝 말고 집에서 기다려. 밖으로 나가지 마….' 저는 식탁 밑으로 들어가 웅크리고 숨었어요…. 두 팔로 무릎을 끌어안은 채 움직이지 않았어요….

밤이 오고, 다시 날이 밝고, 또다시 밤이 되었어요…. 저는 기다리고 또 기다렸어요…. 돌아온다고 했던 아버지와 레온의 말을 계속 생각하면서요…. 이틀 혹은 삼 일 정도 지났을까… 문이 요란하게 열리면서 몇 명의 남자들이 집 안으로 들어왔어요…. 여전히 테이블 밑에 웅크리고 있는 제 팔을 잡아 끌어낸 후 차에 실었어요…. 그 사내들은 저택으로 보이는 큰 건물로 저를 끌고 갔어요…. 군사용으로 지어진 것이 아닌, 커다랗고 제법 웅장한 저택이었어요…. 그들에게 양팔이 잡힌 채로 이층으로 올라가는 계단을 거의 끌려 올라갔어요…. 계단은 한 걸음 올라갈 때마다 삐걱거리는 소리를 냈어요…. 사내들의 걸음은 빠르고 거칠어서 저는 뛰다시피 끌려 올라가 어느 방 안에 밀어넣어졌어요…. 캄캄한 그 방은 창가에 두꺼운 암막 커튼이 쳐 있어 빛이 전혀 들지 않았어요…. 그들은 작은 알전구 하나가 켜져 있는 책상 앞 의자에 저를 앉혔어요…. 주위를 둘러보니 방 안에 네 명의 남자가 있어요…. 그중 한 명은 군인인 듯 장교 복장을 하고 있고 나머지 셋은 사복 차림이에요…. 무섭고 혼란스러우면서도 어쩌면 그들에게 아버지의 소식을 들을 수 있을지 모른다는 희망적인 생각도 잠깐 스쳤어요…. 군복을 입은 장교가 군화 발소리를 크게 내며 천천히 다가왔어요…. 그는 저에게 두 가지를 물었어요…. 아버지의 지시에 따라 집에 차곡차곡 모았던 무기들을 싣고 떠난 레온의 행방, 그리고 깊은 밤이면 은밀히 집에 모여들어 아버지와 레온을 둘러싸고 수근거리던 사람들의 이름을 말하라고 했어요…. 저는 몰라요…. 모여들었던 사람들의 낯선 얼굴은 어렴풋이 기억하지만 이름은 몰라요…. 아버지와 레온은 자신들이 하려는 일에 대해 제게 어떤 이야기도 해준 적이 없어요…. 그들은 늘 제게 다정했고 제가 이해하기 어려운 이야기는 하지 않았어요…. 집 밖으로 거의 나가본 적이 없는 저는 움직이는 정물처럼 그들 주위를 맴돌며 지내왔어요…. 저는 멍한 표정으로 그 장교의 질문에 아무런 대답을 하지 못하고 있어요…. 잠시 후 세 남자가 다가와 옷을 모두 벗기고 몇 차례인가 채찍으로 때렸어요…. 아픔과 공포 때문에 몸이 얼어붙었어요…. 이 고통에서 벗어나려면 뭐라도 말해야 하는데… 무엇을 말해야 하는지 혼란스러워요…. 할 수 있는 말이 없어요…. 제가 대답할 수 없는 것들을 묻고 있어요…. 사내들은 제 발목을 묶고 두 손목을 등 뒤로 돌려 세게 묶었어요…. 큰 방의 한구석에 도르래처럼 보이는 기계가 하나 놓여 있어요…. 저를 그리 끌고 가 제 손목을 뒤로 묶은 밧줄에 고리를 걸고 도르래를 감아올려 제 몸을 공중에 매달았어요…. 두 팔이 뒤로 꺾이면서 엄청난 통증이 덮쳤어요…. 잠시도 견딜 수 없는 고통에 큰 소리로 울부짖었어요…. 장교가 같은 내용을 다시 물어요…. 대답하지 않으면 도르래의 줄을 풀겠다고 말해요…. 저는 뭐라도 대답하고 이 고통에서 벗어나고 싶은데… 아는 것이 없어요…. 몸이 허공에서 흔들릴 때 초조함과 두려움이 마구 휘몰아쳐요…. 허공에 매달린 마지막 1~2분, 그리고 마침내 밧줄이 휘리릭 소리를 내며 풀리는 순간 나의 몸이 산산조각 난 유리창처럼 부서질 모습이 온 정신을 짓눌러요…. 바닥으로 떨어질 때 몸을 최대한 웅크렸어요…. 떨어지자마자 오른쪽 허리와 골반에 극심한 통증을 느끼며 정신이 아득해졌어요…. 너무 아파 크게 소리를 질렀고… 잠시 후… 다리 사이로 따뜻한 피가 흘러나와 바닥에 고였어요…. 옆에 서 있던 장교가 독한 냄새를 풍기는 시가를 피워 물고 다가왔어요…. 지독한 냄새를 풍기는 그 불 붙은 시가를 천천히 제 다리에 눌러 지졌고… 바닥에 떨어진 채 움직이지 못하는 저는 그대로 기절해버렸어요….

시간은 계속 흐르는데… 밤인지 낮인지 알 수 없어요…. 꿈처럼 몽롱한 상태로 시간이 흘러가요…. 며칠의 시간이 흐른 것 같아요…. 갑자기 방문이 열리고 '끌어내라.'는 말이 들렸어요…. 양쪽에서 남자 둘이 제 팔을 끼워 질질 끌다시피 데리고 나갔어요…. 내려가는 계단 하나하나마다 저의 꺾인 무릎이 쿵쿵 소리를 내며 부딪혀요…. 저택의 밖은 캄캄한데… 밤인지 새벽인지 알 수 없어요…. 저택 입구에 포장을 친 트럭이 한 대 서 있어요…. 저는 이미 올라탄 사람들 사이로 내던져지다시피 태워졌어요…. 바람이 차갑고… 색이 변한 잎사귀들이 바닥으로 떨어지고 있어요…. 1942년 10월경으로 느껴져요….

정해진 치료 시간을 10분 이상 넘기며 계속 진행되는 그의 이야기를 나는 끊지 않고 들어주었다. 몇 번 숨을 고르기 위해 멈춘 것을 제외하고는 일사천리로 여기까지 이야기가 이어졌다.
나는 치료를 마무리하며 "순덕을 치료했던 것과 같은 방식으로 마리를 치료해주세요. 집에서 혼자 틈날 때마다 자주 하면 혼자서도 많은 부분을 치료할 수 있어요."라고 말해주었다. 최면에서 깨어난 그는 무척 지친 모습으로 착잡한 표정을 지으며 집으로 돌아갔다.
다음 시간에 치료 시작 전 그는 이런 말을 했다.

"마리가 그런 모습이었던 것은 순덕이 삶의 영향이 컸다고 생각돼요. 현실에 적응하기 힘들고, 모르는 사람들이 두려워 밖으로 나가는 것을 몹시 싫어하고, 수시로 몽롱한 상태에 빠져드는 것이 아주 비슷해요. 지금의 저까지, 세 개의 삶이 모두 얽혀 영향을 받는 것 같아요…. 마리의 아버지는 지금의 제 아버지이고, 레온은 순덕이 삶에서의 성이 오빠예요…. 그냥 단번에 알 수 있었어요…. 혼자 꾸준히 치료했는데도 마리의 두려움과 고통이 수시로 올라와서 며칠 동안 좀 힘들었어요…. 매년 가을이 되면 별 이유 없이 아랫배가 아파서 산부인과 진료를 받은 적이 여러 번 있었어요…. 검사해도 이상은 없었고요…. 소변에 피가 섞여 나오는 출혈성 방광염도 그 계절에 걸려 비뇨기과에 다닌 적이 있고, 허리가 심하게 아파 정형외과에도 여러 번 갔어요…. 마리가 바닥에 떨어지면서 골반뼈가 부러졌고… 부러진 뼛조각에 몸속을 찔려 출혈도 많았어요…. 그 상처들은 치료받지 못한 채 방치되었고, 마리가 죽을 때까지 제대로 낫지 않고 계속 고통을 주었어요."

이어서 진행된 최면 치료의 무대는 폴란드의 아우슈비츠에 있던 나치 독일의 강제수용소였다.

신 : (체념한 듯 힘 없는 목소리로) 여기는 수용소예요…. 우리는 줄지어 유령처럼 걷고 있어요…. 차갑고 습한 안개가 가득 낀 이른 아침이에요…. 똑같은 모습을 한 사람들이 고개를 숙인 채 줄지어 걸어가요…. 식당 앞을 지나갈 때 저만치 안개 속에 뭔가 축 늘어진 채 매달린 것이 보여요…. 임시로 설치한 듯 보이는 엉성한 교수대예요…. 그리 높지 않게 만들어진 교수대를 향해 우리 대열이 조금씩 가까워져요…. 교수대에 매달린 사람들의 형상이 점점 더 분명해져요…. 앞으로 숙여진 목에는 커다

란 나무판이 걸려 있어요…. 나무판에 휘갈겨 쓴 하얀 글자들을 읽을 수 있어요…. '제국의 적'이라고 적혀 있어요…. 대열이 교수대에 점점 가까워져 그 밑을 천천히 지나갈 때 저는 고개를 들어 죽은 이들의 얼굴을 봤어요…. (울기 시작한다.) 시퍼렇고 검게 변한 얼굴의 아버지가 그들 중에 있어요…. 교수대 밑을 천천히 지나가는 대열 속에서 저는 눈을 커다랗게 뜨고 너무 놀라 몇 번이고 몇 번이고 그 얼굴을 다시 봐요…. 아버지의 시퍼렇고 검게 변한 얼굴과 두 개의 맨발이 안개 속에 떠 있어요…. 마치 벼락을 맞은 것처럼 저는 정신이 아득해져서 주저앉았어요…. 옆에서 바짝 붙어 걷던 사람이 얼른 제 팔을 붙들어 일으켜 세워요…. 저는 허덕거리며 간신히 걸어요…. '떠나면 다시 돌아올 수 없어.'라는 말이 계속 마음속에 맴돌며… '아버지가 죽었다…. 이제 다시는 내 곁으로 오지 못한다…. 이제 다시는 만날 수 없다…. 나도 더 이상 살고 싶지 않다.'라고 입 속으로 계속 말해요….

순덕과 마리의 처참한 삶의 기억들에 나도 말문이 막혔다. 위로와 공감이 전혀 와 닿지 못할 어두운 시간과 공간 속을 그 홀로 걷고 있는 것 같았다.

신 : 병원처럼 보이는 곳에 누워 있어요…. 침상 같은 것은 없고 모두가 맨바닥에 누워 있어요…. 저는 사람들과 같이 지내던 곳

에서 끌려 나와 이곳에 내던져졌어요…. 치료를 위해 온 것 같지는 않아요…. 더 이상 저는 혼자 힘으로 걸을 수 없고… 온 몸에 열이 펄펄 끓고 있어요…. 담뱃불에 지져진 상처가 곪았고, 제대로 먹지도 치료받지도 못해 몸속 상처의 염증들도 걷잡을 수 없이 심해졌어요…. 왼쪽 아랫배에 심한 통증이 항상 있고… 몸이 썩고 있는 것같이 느껴져요…. 건초와 볏짚 같은 마른 풀더미가 군데군데 바닥에 깔려 있고, 더러운 천 조각을 휘감듯 걸친 사람들이 아무 데나 누워 있어요…. 저처럼 아픈 사람들이에요…. 제가 누운 위치에서 고개를 돌리면 멀리 작은 창이 하나 보여요…. 창밖으로 새파란 작은 하늘이 그림처럼 걸려 있어요…. 눈을 감을 때마다 집에서 생활하던 나날들이 눈앞을 지나가요…. '아버지와 레온, 그들은 이제 내 옆에 없다. 다시는 만나지 못한다. 나는 혼자다. 이젠 아무래도 상관없다.'라는 생각이 들어요….

저는 지금 절뚝거리는 걸음으로 간신히 몸을 옮기며 걷고 있어요…. 비틀거리며 넘어질 듯 휘청거리자 옆에 있던 어떤 부인이 제 팔을 붙잡아주었어요…. 제 옆으로 많은 사람이 천천히 걸음을 옮기며 곧게 쭉 뻗은 길을 함께 걷고 있어요…. 바람이 따뜻하고 하늘이 맑은 화창한 날씨예요…. 저는 자꾸 넘어지고 주저앉아요…. 허리를 제대로 펴지 못하고 다리를 끌며 걸어요…. 주위가 흐릿하게 보이고… 땅바닥에 머리를 박다시피 구부린 채 한 걸음 한 걸음 걷고 있어요…. 제 팔을 잡아준 부인은 아무 말이 없어요…. 이따금 시선이 부딪히면 흐릿하게 미소 지어줄 뿐이에요…. 죽기 위해 가는 길이라는 것을 우리는 알고 있어요…. 곧 끝난다는 것을 알아요…. 커다란 건물 앞에 도착했고… 이미 긴 줄이 늘어서 있어요…. 우리는 긴 줄을 따라 차례차례 밑으로 내려가요…. 넓고 큰 공간에 많은 사람이 여기저기 서서 옷을 벗고 있어요…. 이제 사람들이 아주 많아졌어요…. 저는 혼자 옷을 벗지 못해요…. 오는 동안 제 팔을 잡아준 부인이 다시 다가와 벽에 머리를 기대고 서 있는 저를 도와줘요…. 벌거벗은 사람들이 움직이고… 어떤 방으로 밀려 들어가요. 누군가 큰 소리로 알 수 없는 말을 외쳐요…. 갑자기 사람들이 웅성거리기 시작하더니… 날카로운 비명과 기도가 섞인 울음소리와 고함 소리… 저는 눈앞이 흐릿해졌어요…. 사람들이 서로를 밀치며 이리저리 뛰기 시작해요…. 옷을 입은 한 무리의 건장한 사람들이 들어와 벌거벗은 사람들을 방으로 몰아넣어요…. 그들에게 잡히지 않으려고 달아나는 사람들의 비명과 몰아넣는 사람들이 질러대는 고함 소리가 마구 뒤섞여요…. 그리 크지 않은 방에 사람들을 끝없이 밀어넣고 있어요…. 저는 뛰지도 걷지도 못한 채 한구석에 서 있다가 거의 마지막에 방 안으로 밀어넣어져요…. 사람들이 빽빽이 들어찬 사이로 마지막으로 밀려들어가자 등 뒤로 커다랗고 무거운 문이 꽝하고 닫혀요…. 그리고 무언가를 가로질러 문을 봉하는 소리가 나요…. 나는 닫힌 문 바로 앞에 있어요…. 작은 울음소리와 중얼거리는 기도 소리, 누군가를 부르는 소리가 섞여 들려요…. 어떤 냄새가 방으로 들어와요…. 머리 위에서… 제 옆에 있던 사람들이 문을 마구 두드려요…. 비명을 지르면서 벽을 박박 긁어대요…. 힘이 있는 사람들은 서로를 밀치고 밟으면서 문 쪽으로 나오려고 애써요…. 저는 오래 버티지 못해요…. 곧 바닥에 쓰러져요…. 쓰러진 제 몸 위로 누군가의 몸이 쓰러지고 그 위로 누군가 발악하며 밟고 지나가는 무게가 느껴져요…. 사방이 연기 같은 것으로 자욱해요…. 내 얼굴이 놓인 바닥에서도 냄새가 올라오는 것 같아요…. 나는 천천히 몸에서 빠져나와요…. 몸에서 나온 나는 약간 위쪽에 머물면서 뒤를 돌아보듯 내려다봐요…. 사람들 대부분이 차곡차곡 쓰러져 움직임이 없고 몇몇만이 아직 살아 꿈틀거리며 기어가려 애쓰고 있어요…. '사람이 사람에게 왜 이런 짓을 하지?' 이런 질문이 제 안에서 느껴져요….

최면에서 깨어난 후 그는 "제가 죽은 날은 1943년 5월의 어느 날이었어요…."라고 덧붙였다.

제2차 세계대전 당시 나치 독일이 운영했던 여러 강제수용소 중 '아우슈비츠'는 가장 많이 알려진 이름이다. 1940년 5월부터 1945년 1월까지 운영되었으며 유대인과 집시, 범죄자, 정치범, 장애인 등 여러 나라의 수많은 사람이 이런저런 이유로 감금되어 대부분 가스실에서 죽었다. 이곳에서 죽은 사람의 숫자만도 130만 명이 넘는 대표적인 집단

수용소로, 그곳에 갇힌 사람들의 평균 생존 기간은 6주에서 3개월 사이에 불과했다고 한다. 나치 독일의 야만성과 폭력성의 상징으로 지금도 세계 각지로부터 추모객이 끊이지 않는 곳이다. 그곳에서 죽었다는 마리의 기억이 사실인지 아닌지 객관적으로 확인하기는 어려울 것이다. 그러나 마리의 기억들과 이 환자의 현재 삶이 어떻게 얽혀 있는가를 잘 들여다보면 그 기억이 사실일 가능성의 정황 증거들을 찾아낼 수도 있을 것이다.

치료가 끝나고 집으로 돌아가 다음 치료 시간까지의 2~3주 사이에, 환자는 혼자서 더 많은 기억들을 떠올렸고 그 기억들과 현재 증상들 사이의 연관성을 더 깊이 실감하고 이해하게 되었다. 나는 그에게 그런 내용들을 글로 적어보라고 권유했고, 그는 그 내용들과 질문할 것들을 적어 자주 내게 이메일을 보냈다. 나는 하루를 넘기지 않고 빠른 답장을 보내 새로 떠오르는 기억과 느낌을 이해하고 다루는 자가치료 방법을 설명해주었다. 이 방법은 언제나 부족한 치료 시간을 보충하는 데 큰 도움이 되었다.

다음 시간 최면을 시작하기 전 그는 지금까지의 치료에 대한 여러 가지 생각을 이야기했다.

"부모님이 멀리 가실 때마다 그렇게 불안했던 마음은 마리의 경험 탓인 것 같아요…. '지금 이 순간밖에 없다.', '다시는 돌아오지 못해. 다시 볼 수 없어.'라는 공포감은, 마리가 아버지와 레온을 한꺼번에 잃어버린 충격 때문이에요…. 순덕이 사랑하는 사람들을 차례로 모두 잃어버린 기억도 합쳐져 있는 것 같아요…. 자세히 말씀드리지 않았지만, 저는 오랫동안 위염과 식도염 등 소화장애로 고생하고 있어요…. 음식을 삼키는 것이 힘들고… 음식을 보면 긴장해요…. 마치 제 존재의 모든 것이 그 음식에 매달려 있는 느낌이랄까요…. 이해가 안 됐는데… 마리의 수용소 생활을 보니 이해가 돼요…. 거기서는 음식을 빨리, 최대한 많이 먹어야 했어요…. 기회를 놓치면 다시 먹기 힘들어서요…. 빨리 먹고 싶은데 잘 넘어가지 않았어요…. 음식은 다음 식사 때까지 버티기엔 늘 부족했고… 거의 목숨과 같이 아주 소중한 것이었어요…. 지금도 자주 음식을 넘기기가 힘들어요…. 맛은 상관없어요…. 빨리 최대한 많이 먹어야 한다는 강박이 지금도 있어요….

아버지가 잡혀가시고 저도 잡혀간 가을 날씨… 잎이 물들고 추워지는 계절이 오면 공포감과 함께… 우울과 초조함이 심해지고… 완전히 혼자 남아 모든 것을 감당해야 한다는 막막한 생각이 올라와요…. 고문의 후유증은 지금도 많이 힘들어요…. 불에 지져진 다리의 염증과 골절된 뼈에 찔린 배 속 상처가 죽을 때까지 낫지 않았으니까요…. 가을에서 겨울로 넘어갈 무렵이 되면 항상 아랫배와 허리의 통증이 심해지고 혈뇨와 방광염도 자주 생겼고요…. 전쟁에 대한 지나칠 정도의 공포증도 있어요…. 북한과의 관계가 긴장될 때마다… 전쟁이 나면 어쩌나 하는 공포가 심해져서 동생들이 출근하거나 잠시 외출해도 집에 돌아올 때까지 긴장이 돼요…. 마리는 온전한 아이가 아니었어요…. 자폐적 성향에다 지능도 조금 문제가 있었고… 말을 하는 것에도 강한 거부감이 있었어요…. 최면 치료 때 마리의 상태에 강하게 몰입되면 소리를 내기가 어려웠어요…. 눈앞에 보이는 것들과 들리고 느껴지는 많은 정보가 한꺼번에 쏟아지는데도 입만 벙긋거릴 뿐 소리를 내기 힘들어졌어요…. 만약 마리가 평범한 소녀였다면… 그래서 집 밖의 세상이 어떻게 움직이는지, 자신이 처한 상황이 어떤 것인지를 분명하게 이해했었다면 비참한 일을 겪었더라도 마음속으로는 상황을 더 잘 견뎌냈을 것도 같은데…. 마리의 마지막 나날들은 인간에 대한 막연한 공포뿐이었어요….

순덕에 이어 마리의 비참한 삶까지 보고 나니 정말 제가 과거에 흉악한 범죄를 저지른 것은 아닐까 하는 생각이 들었어요…. 모든 일에는 이유가 있다는데, 한 번도 아니고 이렇게 힘든 삶을 여러 번 겪었다면… 이유가 뭔지 알고 싶어요…."

이어서 진행된 최면 치료는 또 다른 삶을 보여주었다.

김 : 어디에 있는지 둘러보세요…. 느껴지는 것이 있으면 자유롭게 이야기합니다.

신 : (담담한 목소리로) 아홉 살 정도 된 남자아이예요…. 가무잡잡한 피부를 가진 동남아 지역의 외모를 가지고 있어요…. 주위 모래 위에서 같은 또래의 아이들이 여러 가지 놀이를 하면서 놀고 있는데… 저는 그 아이들이나 놀이에 관심이 없어요…. 눈빛은 멍하고 바다를 향해 쪼그리고 앉아 두 손으로 무릎을 바짝 끌어당겨 몸을 최대한 조그맣게 만든 채 웅크리고 있어요…. 그

아이는 세상과의 소통을 전혀 원하지 않아요…. 혼자만의 세상에서 안전하게 있기를 원하지만… 찌르는 듯한 공포감이 계속 괴롭혀요…. 무언가 캄캄한 에너지가 그 아이 주위를 가득히 감싸고 있어요…. 그렇게 날마다 바다를 바라보며 앉아 있다가… 어느 날 모래밭에서 일어나 천천히 바닷속으로 걸어 들어갔어요…. 몸에서 벗어나 영혼의 눈으로 그 삶을 돌아봤을 때, 용기를 내어 삶을 다시 시작했지만… 계속 살아가기는 무리였다는 느낌을 받았어요…. 제 영혼이 회복할 시간이 좀 더 필요했다고나 할까요….

순덕과 마리의 삶과는 달리 이 소년은 주어진 삶을 아주 어린 나이에 스스로 마감해버렸다. 이름도 모르고 구체적인 주변 상황도 보지 못했지만, 그 아이의 마음을 느껴보는 것만으로도 그 내면에 마리의 상처들이 아물지 않은 채 그대로 남아 있음을 알 수 있었다. 하나의 삶이 끝난 후 몸에서 빠져나온 영혼은, 그 삶의 경험들이 가졌던 의미와 목적을 영혼의 관점에서 되돌아보면서 더 깊이 이해하게 되고, 살면서 저지른 자신의 실수나 잘못에 대해서도 여러 각도에서 깨닫고 반성하며 후회하는 것을 자주 볼 수 있다. 다음 삶에서도 같은 잘못을 되풀이하지 않기 위해 필요한 과정이라고 생각된다.

최면에서 깨어난 후 그는 이렇게 말했다.

"마리의 삶을 본 이후, 어릴 때부터 통증을 극도로 두려워했던 저의

마음이 그 시절에 겪었던 고문과 고통스러운 죽음 때문이라는 것을 알
게 되었어요…. 육신을 가졌을 때 영혼이 입은 상처는 다음 삶을 선택
하는 데도 영향을 주는 것 같아요…. 고통스런 기억을 가지고 있는 영
혼이 다시 한번 몸을 가진다는 것은 그 자체만으로도 커다란 모험이거
든요…. 몸을 가지고 있는 이상 육신의 고통에서 도저히 도망칠 수 없
다는 불안을 항상 가지고 있었고, 어딘가 조금이라도 통증이 생기면
극심한 우울로 빠져들곤 했어요…. 그때마다 감각으로 뒤덮인 몸에서
도망치고 싶다는 강한 충동을 느꼈죠…. 제 영혼은 마리의 힘든 삶이
끝난 후 또다시 용기를 내어 삶을 시작하는 일을 몇 차례 반복했던 것
같아요…. 이 소년의 삶도 그렇게 선택했다가 이내 포기한 것이
죠…."

순덕과 마리, 동남아 소년, 그리고 지금의 삶에서 영혼의 내면에 반
복적으로 새겨지고 축적되어 현재의 여러 가지 힘든 증상을 만들어내
는 어둡고 파괴적인 에너지를 점차 줄여나가는 자기최면 치료를 계속
할 것을 당부하고 나는 그날의 치료를 마무리했다.

다음 치료 시간에 환자는 또 다른 삶의 색다른 기억을 되살렸다.

김 : 마음에 떠오르는 기억이 있으면 자유롭게 이야기합니다….
신 : (조금 혼란스러운 듯) 저는 위에서 내려다보고 있어요…. 커다랗
고 헐벗은 산의 풍경이 보여요…. 마치 새가 되어 날고 있는 느
낌이에요…. 두 명의 군인이 산등성이를 오르고 있어요…. 앞

서가는 사람은 젊은 장교고… 뒤를 따르는 사람은 병사예요…. 장교는… 이십 대로 보이는 현재의 아버지예요…. 저는 그들의 얼굴이 선명하게 보이는 위치에서 계속 그들을 따라가고 있어요…. 젊은 아버지의 앳된 얼굴을 보면서… 그립고 슬픈 마음이 들어요…. 주위의 산들이 헐벗고 황량해 보여서… 겨울인 것 같아요…. 아버지는 팔에 작은 하얀 베개 같은 것을 안고 계시고… 뒤따르는 병사는 삽을 들고 있어요…. 그 삽자루에 그어진 빨간색 줄이 선명하게 보여요…. (놀란 듯) 저는 이미 죽어서 영혼의 상태로 그들의 뒤를 따라가고 있는 거예요…. 산등성이를 따라 얼마쯤 오르다가… 아버지는 길도 아닌 것 같은 그 좁은 길을 벗어나 덤불 속으로 들어갔어요…. 한참을 들어가서… 바람이 좀 적게 부는 아늑한 자리에 멈추자… 병사가 다가와 삽으로 그 자리에 땅을 팠어요…. 그동안 아버지는 팔에 하얀 베개를 안은 채… 먼 산을 바라보고 계세요…. 저는 계속 그 주위를 맴돌며… 두 사람이 하는 일을 자세히 지켜보아요…. 병사가 제법 깊게 작은 구덩이를 파놓고 물러서자… 아버지는 단단하게 여며져 있는 하얀 베개 같은 것을 조심스럽게 구덩이 안에 내려놓아요…. 바로 흙을 덮지 못하고 잠시 머뭇거리는 아버지의 모습을 저는 옆에서 바라보아요…. 아버지는 조심조심 흙을 덮고 손으로 여러 번 눌러 흙을 다지고는 주위의 돌을 주워 모아 가지런하게 한 겹을 깔고 그 위에 다시 흙을 덮어요…. 봉분은 없이, 무덤인 것이 표가 나지 않을 만큼 자연스럽게 덤불로 위장시켜놓은 후 아버지는 자리에서 일어나요…. 저는 그 모든 것을 지켜본 후에야 아버지에게서 천천히 멀어져요….

김 : 시간을 더 앞으로 갑니다. 이전에 어떤 일들이 있었는지, 지금 본 것이 무엇인지 알 수 있을 거예요….

신 : …(작은 소리로) 저는 반쯤 파랗게 죽어서 태어났어요…. 난산이었는데… 엄마 배 속에서 이미 해서는 안 될 일을 했어요…. 태어나기 전… '감당할 수 없다.'는 결정을 내리고… 무서웠지만… 탯줄로 제 목을 감아 조였어요…. 세상에 나와서 하루도 못 버티고 죽었어요…. 의사 같은 남자가 저를 흰 천에 말아서 아버지에게 넘겨줬고… 아버지가 저를 안고 나갔어요…. 저는 위로 빨려 올라갔는데… 가슴이 무겁고 아파요…. 어딘가로 숨어버렸으면 좋겠어요…. 부모님은 둘 다 너무 어려요…. 저는 다른 차원의 공간으로 가요…. 광대무변한 곳인데… 넓고 환한 길 앞에 서 있어요…. 길 입구에 잠시 서서 '집으로 가야 하는구나.' 생각해요…. 그 길을 따라 계속 가면, 제가 처음 왔던 곳… 생겨난 곳… 영원히 남아 있는 곳으로 가요…. 그 길에는 그렇게 집으로 돌아가려는 많은 존재들이 저를 스쳐 지나가요…. 그들은 망설임이 없어요…. 가볍고 산뜻한 그들 생명의 파장을 볼 수 있어요…. 모두가 아주 자연스럽고 가벼워요…. 천천히 앞으로 가면서 저는 망설이고 있어요…. 제 모습을 보고 싶지 않아요…. 집으로 가거나 되돌아가야 해요…. 제

앞에 누군가 다가와 '집으로 가자.'고 해요…. '그대로 돌아가면 많이 힘들 것'이라고 해요…. 그는 제게 스승과 같은 존재예요…. 저는 그에게 '숨을 수 없다면 되돌아가서 제가 잃어버린 것들을 느껴보고 싶다. 어느 정도 힘으로 다시 살아갈 수 있을지 시험해보고 돌아오고 싶다.'고 말해요…. 스승은 '그것은 몹시 힘든 일, 너는 여러 번 시도하고 포기하는 실수를 했었다. 같이 돌아가자.'고 말해요…. 저는 '이렇게 심하게 훼손된 모습으로 집에 가고 싶지 않아요. 소중한 것을 잃고 이대로 돌아갈 수는 없어요.'라고 대답해요…. 잃은 것을 다시 찾아야겠다는 마음인데… 두 가지 모두 자신이 없어요…. 영원히 숨고 싶고… 그러면서도, 잃어버린 뭔가 중요한 것을 찾아야 한다는 마음이 있어요…. 스승은 '그것이 너의 뜻이면 존중해주겠다. 그러나 힘들 것이다.'라고 염려해주세요…. 가까이 다가오지 않고 저를 못 본 척해주면서 '네가 원하는 대로 안 될 수도 있다.'고 경고를 여러 번 하고, '그렇지만 네가 회복되길 원한다.'고 말한 후 뒤돌아가요…. 저는 그 길에서 나와서 다른 방향으로 빨려 들어가고… 그리고 같은 부모에게서 다시 태어나요.

김 : 왜 같은 부모에게서 또 태어났나요?

신 : (망설임 없이) 아버지가 여기 계시기 때문이에요….

최면에서 깨어난 후 그는 무척 혼란스럽다고 말했다.

"지금의 제 아버지는 마리의 아버지였어요. 마지막 순간까지 그리워했고, 다시 그 곁에 있기를 원해서 아버지의 자식으로 태어나는 삶을 선택했지만 삶을 이어가기에는 무리였던 것 같아요. 두려움이 너무 컸어요."

나는 그가 태어나기 전에 부모님이 잃어버린 자식이 있었는가를 물었다.

"제 앞에 태어났던 아이가 하나 있었다고 들었어요. 태어나자마자 죽은 그 아이에 대해 아버지는 일체 말씀이 없으셨어요. 여자아이였다는 것과 눈이 머루알처럼 까맣더라는 것, 두 가지만 엄마를 통해 들었어요. 태어난 후 몇 시간 만에 죽었다던 그 아이가 살아서 내 언니로 있었더라면 얼마나 좋았을까 하는 생각을 살면서 종종 했어요. 맏딸 노릇을 하기가 버겁게 느껴질 때 이따금씩이요. 그런데 지금 본 것이 사실이라면, 죽은 그 아이가 바로 저였다는 말이 되네요."

혼란스러운 표정으로 이렇게 말하고 생각에 잠긴 채 그는 집으로 돌아갔다. 죽은 언니에 대해 이미 알고 있었다면 이 기억은 그의 무의식이 만들어냈을 가능성이 있다고 생각했지만 지금의 그가 정말 그 죽은 아이였을 가능성이 더 크다고 나는 생각했다.

최면 치료를 하다 보면 이 환자처럼 태어나기 이전부터 자신에게 주어진 삶을 두려워하거나 피하고 싶어 하는 경우를 종종 볼 수 있다. 영혼의 상태에서부터 부모를 선택하고 태반 속으로 들어가는 것을 주저하거나 부담스러워 하는 경우도 있는데, 이런 경우는 대부분 자신이 앞으로 살아야 할 삶이 무척 힘들 것이라고 예상할 때이다. 태아로 지내는 열 달 동안도 부모의 정서 상태와 외부 환경 등에 크게 영향을 받아 태어나기 전부터 심한 불안이나 우울을 겪기도 한다. 이 환자의 기억처럼 '태어나는 것이 두려워 탯줄을 목에 감고 자살을 시도했다.'는 상황은 흔하지 않겠지만 충분히 가능하다고 나는 생각했다.

다음 치료 시간은 지난 치료 후 그의 생각과 부모님을 통해 새롭게 알게 된 사실들에 대한 이야기로 채워졌다.

"집으로 돌아가면서 최대한 확인해봐야겠다는 생각이 머릿속에 꽉 차 있었어요. 그날 저녁 부모님과 저녁식사를 하면서 기회를 보아 두 분이 잃어버린 첫 아기에 대해 물어볼 타이밍을 찾느라 계속 눈치를 봤어요. 두 분이 함께 견뎌낸 가슴 아픈 추억일 테니 그에 관한 질문을 던지는 것이 조심스럽고 어려웠죠. 최대한 가볍게 두 분이 첫 아이를 잃었던 곳이 어디였냐고 묻는 것으로 시작했어요. 몇 십 년이 지난 일이라 두 분의 기억이 조금씩 다른 부분도 있었지만 번갈아가며 들려주신 이야기를 종합해보면 깜짝 놀랄 만큼 제가 치료 시간에 본 정황과 일치했어요.

1970년경 아버지는 육군 대위로 강원도 구철원에서 복무 중이셨대요. 어머니는 20대 초반이었는데, 집안 어른들이 계시는 곳과는 멀리 떨어진 최전방이라 첫 임신을 하고도 도움받을 곳이 없었고 조언을 해줄 이웃 어른들도 계시지 않았다고 해요. 당시 구철원에는 군부대가 큰 규모로 주둔해 있었지만 제대로 된 산부인과가 없었다고 하셨어요. 산전 진료도 받은 적이 없고, 갑자기 한밤중에 산통이 시작되어 당황한 젊은 부부는 아이를 받아줄 만한 곳을 찾아 헤매다가 겨우 조산원을 찾아 들어갔대요. 어머니는 첫 출산인 데다 골반이 작아서 난산이었다고 해요. 조산원에는 제대로 된 장비나 도구가 없었고, 아기는 어머니가 탈진할 때까지 배 속에서 나오지 않았대요. 아이의 위치도 거꾸로 되어 발이 아래쪽을 향해 있었대요. 아이의 위치를 돌리는데도 긴 시간이 걸렸다고 하는데, 겨우 태어난 아기는 목에 탯줄이 감겨 온몸이 파래져 있었고 머리에도 상처가 있었다고 해요. 분명히 무리한 방법으로 아이를 끌어내다 머리에도 상처를 입힌 거라고 아버지는 새삼 분개하셨어요. 새파란 채로 태어난 아기는 몇 시간 동안 어머니 곁에 누워 있다가 숨을 거두었대요. 아버지는 진작 춘천 쪽의 산부인과에 가지 않은 것을 두고두고 후회하셨다고 해요.

부모님께 확인한 사실들은 제게 큰 충격을 주었어요. 조금 과장되게 말한다면, 믿어 의심치 않았던 기존의 믿음들이 완전히 뒤집어지는 순간이었죠. 그전까지 제겐 전생이 있느냐 없느냐를 따질 여유가 없었어요. 최면 중에 떠오르는 상처를 치유하는 이 요법을 통해 긴 세월 동안 어디서도 치료되지 못했던 증상들을 호전시킬 수 있다면 그것만으로도 제겐 충분했으니까요. 그래서 마리와 순덕의 삶을 살펴보면서도 이것이 실제 저의 전생이었을까에 대해 너무 신경 쓰지 않으려고 했어요. 아무러면 어떠랴 싶었죠. 그렇지만 치료 중에 봤던 내용과 제가 태어나기 전 부모님의 기억이 거의 일치하는 것을 확인한 후 저는 그동안 끊임없이 솟아나던 질문들을 더 이상 억누를 수 없게 되었어요…. '나'란 대체 무엇인가? 육신이 사망선고를 받아도 '나'라고 느끼는 이 존재감은 그대로 살아 있는 것일까? 어떤 이유에서인지는 몰라도 '나'라는 존재의 본질은 여러 번 다시 태어나며 여러 삶을 사는 것 같다. 그러면 대체 왜 이런 일을 하는 것일까? 단 한 번의 삶과 단 한 번의 죽음도 쉽지 않은데 삶을 거듭하다니 무슨 이유에서 그렇게 하는 것일까? 육신이 죽음을 맞이해도 여전히 살아 있는 존재의 본질이 바로 '영혼'이라 불리는 그것일까? 개개의 영혼은 분명한 목적을 가지고 다시 태어날 곳을 선택하는 것 같은데, 우린 태어난 이후에 왜 그 목적을 떠올릴 수 없을까? 자신의 선택을 기억할 수만 있다면 힘겨운 삶을 버텨낼 이유가 되지 않을까? 존재의 본질은 육신이 죽어도 소멸되지 않고 지나간 모든 삶의 데이터를 간직한 채 여전히 살아남는 것 같다. 그렇다면 영혼의 전체 여정은 정말 길고도 장대한 것일 텐데 어마어마한 윤회의 흐름 속에서 내 손바닥 위에 놓인 하루라는 시간은 어떤 위치와 의미가 있는 것일까?… 부모님과 저녁을 먹으며 묵묵히 밥을 떠 넣고 있었지만 머릿속은 한꺼번에 솟구치는 생각들로 과부하가 걸릴 지경이었어요. 이 질문들에 분명한 답을 해줄 자료는 없고 우리는 아직 존재의 본질이 무엇인지 죽음 이후에 무엇이 있는지에 대해 너무 모르는 것 같아요. 과학이 밝혀내기까지는 많은 시간이 걸리겠죠.

지금부터의 이야기는 어머니는 모르시는 아버지만의 기억이에요. 처음 얘기를 들은 후 며칠 지나 아버지와 단 둘이 있을 때 해주신 이야기예요. … 아버지는 조산원에서 흰 타월에 감아준 아기의 시신을 안고 나와, 당시 부대에서 아버지를 보조하던 상병 한 사람과 함께 근처의 잘 아는 산으로 올라가셨대요. 막 봄이 시작되는 3~4월 무렵이었지만 강원도 철원은 5월에 눈이 내리기도 하는 지역이라 아직 푸른 잎들로 덮이기 전이었대요. 전쟁이 끝난 지 20년도 되지 않아 산은 여전히 황폐했고 곳곳에 군부대의 대포 진지들과 사격 훈련장이 많았다고 해요. 아버지는 타월에 싸인 아기를 안고 있었고, 함께 간 상병이 아버지가 고른 자리의 땅을 팠대요. 상병이 땅을 팠던 연장이 무엇이었는지 물어보지 않았어요. 이미 저는 알고 있었으니까요. 혹시 작게라도 봉분을 만들어주셨는지 물었지만 아버지는 기억이 안 난다고 하셨어요. 어머니가 마음 아파하실까봐 아기를 어떻게 했는지 말씀하지 않으셨대요. 어머니도 묻지 않으셨고요. … 아버지의 기억 속에서 희미해진 과거의 시간이 당시 태어나지도 않았던 제 안에 자세히 들어 있다는 것을 어떻게 설명할 수 있을까요? 그날 저는 아버지 앞에서 아무 말도 하지 못했어요. '제가 바로 그 아기예요. 그러니까 너무 마음 아파하지 마세요.'라고 말할 마음의 준비는 되어 있지 않았으니까요."

그가 겪고 있던 우울과 불안, 강박, 불면 등의 증상은 치료를 거듭하면서 뚜렷이 개선되고 있었다. 그러나 앞으로의 치료에서 또 어떤 상처의 기억들이 새롭게 올라올지 알 수 없었다. 다행히 그는 심한 증상이 완화된 선에서 치료를 서둘러 끝낼 생각이 없었다. 증상들이 충분히 회복되고 자신의 현재 상태와 과거 삶들에서의 여러 고통스러운 경험과의 관계, 그리고 죽음과 영혼에 대해서 납득할 수 있을 때까지 치료를 계속 할 마음을 먹고 있었다. 충분한 치료 시간을 가질 수 있다는 것은 더 많은 문제를 더 깊이 이해하고 더 완전하게 해결해갈 수 있음을 의미하므로 나 역시 그가 충분히 만족해 그만두겠다고 할 때까지 치료를 계속하기로 결정했다.

일본 승려의 삶

마리와 순덕의 상처들을 번갈아가며 치료하는 시간이 몇 번 이어졌고, 그 중간중간 또 다른 비극적인 삶의 모습들이 몇 가지 짧게 떠올라왔다. 치료 시간마다 시간과 공간의 구별 없이 떠올라오는 여러 가지 고통의 기억들을 반복적으로 치료하던 중 그가 왜 그렇게 힘든 생애들을 반복했는지 짐작할 수 있는 아주 오래 전 삶의 기억을 찾을 수 있었다.

김 : 편하게 긴장을 풀고… 뭐든 보이거나 느껴지는 것이 있으면 이야기하세요….

신 : (약간 들뜬 목소리로) 말을 달리고 있어요…. 두 마리의 말이… 점점 높아지는 언덕을 향해 질주해요…. 작은 채찍을 휘두르며 말을 모는 내 옆으로 다른 소년이 말을 달려요…. 우린 언덕 꼭대기를 향해 맹렬히 달려가며 경주를 하고 있어요…. 무릎이 드러나는 짧은 옷을 허리띠로 여미고 가죽끈을 엮어 만든 신을 신었어요…. 머리카락을 높이 올려 한 가닥으로 질끈 묶고 허리에는 목검을 차고 있어요…. 말발굽 소리가 온 언덕에 울리

고… 바짝 뒤따라오는 소년의 숨소리가 거칠게 들려요…. 언덕 위의 평평한 바위 앞에 내 말이 한 발 앞서 닿았어요…. 웃으며 뒤돌아보니 땀에 흠뻑 젖은 그 아이가 뭐라고 투덜거리며 말에서 뛰어내려요…. 투덜거리고 있지만 일부러 져준 것임을 나는 알고 있어요….

우리는 귀족 가문에서 태어나 함께 자란 사내 아이들로… 열두어 살 정도예요…. 첫걸음을 뗄 때부터 모든 것을 함께한 사이라 아주 각별하고… 하루 종일 붙어 있어도… 떨어지면 금방 서로를 다시 찾곤 해요…. 그 아이는 나보다 키가 훨씬 컸고 무예에 뛰어난 데다 불같은 성격이었지만 나에게만은 너그러웠어요…. 우리는 먼 산이 가물가물 내려다보이는 언덕에 자리 잡고 앉았어요…. 아래에는 드넓게 펼쳐진 분지에 번성한 고을이 성을 중심으로 자리 잡고 있어요…. 제법 인구가 많은 고을이고… 멀리 산을 감고 도는 강이 보여요…. 붉은 해가 넘어가는 강줄기를 바라보다가 '이다음에 다 자라면 우린 어떻게 살게 될까?'… 문득 쓸쓸한 생각이 들어 이렇게 중얼거렸어요…. 그 아이는 말없이 그 자리에 벌렁 드러누워서 손에 잡히는 대로 풀을 뜯어서 질겅질겅 씹다가… 갑자기 멈추더니 물끄러미 나를 바라봐요…. 그리고 말해요…. '네가 무얼 하든 내가 도와줄게.'… 여기는 서기 1000년 전후의 일본이에요…. 아무 겁이 없는 씩씩한 얼굴로 그 아이는 파란 풀잎을 입에 문 채… 빙그레 웃으며 내게 이렇게 약속했어요.

김 : 다음의 중요한 장면으로 가보세요.

신 : …귀족 가문에서 태어나 윤택한 생활을 하던 나는 십대 중반의 나이에 출가하여 승려가 되었어요…. 아무런 어려움이 없는 삶에서 공허감을 느꼈고… 무엇이든 진정한 것을 공부하고 싶다는 열망이 있었던 거죠…. 나의 절친한 벗 또한 같은 길을 갔어요…. 우리는 출가사문의 길을 선택하여 각자의 방향으로 정진했죠…. 나는 맹렬하게 공부하는 학승의 면모를 가지고 있어서… 열심히 경전을 익혔고, 기도를 통해 성불하고자 하는 열망을 품고 있었어요…. 완벽주의자인 데다 한번 뜻을 세우면 집요하게 물고 늘어지는 성품 때문에 사문으로서의 공부는 나날이 깊어지고 성장하여… 나이 사십에 이르렀을 때는 주위에 제법 이름이 알려진 승려가 되어 있었어요…. 내가 몸담고 있는 절은 상당히 큰 규모였는데, 화려한 전각과 승려들이 많이 있었고 속세와 긴밀한 연계를 가진 일종의 사업체와 같은 구조였어요…. 사찰 내부에는 은밀하고 복잡한 권력관계가 형성되어 있었는데 나는 그 안에서 무리 없이 잘 적응했고… 그런 구조에 대해 어떤 반감도 가지고 있지 않았어요…. 이왕이면 최고의 지위까지 올라가겠다는 포부도 있었고요…. 출가 전의 신분이 귀족이었던 것이 영향을 주었는지… 승승장구하며 지위가 올라 사십 대 중반에 이르자 사찰 권력구조의 상위층에 들어가게 되었어요…. 왕실과 귀족들의 대소사를 위한 기도회를 주관하기도 하고 교단의 세력을 확장하기 위해 안팎으로 분주하게 움직

였죠…. 그러면서도 개인적인 수행과 공부를 게을리하지 않았어요…. 나는 스스로에게 대단히 엄격한 편이었고… 도달하기 힘든 높은 경지를 추구하는 욕심 많은 승려였어요…. 날 때부터 귀족 신분이었기에 권력의 달콤한 맛에 굶주려 있지는 않았어요…. 출가사문으로서의 내 목표는 비교적 순수했죠…. 인생의 괴로움에서 벗어날 수 없는 중생들에게 경전 속 진리를 설파하여 위로하고 싶었고… 경을 부지런히 외우면 인생의 고통을 멸할 수 있는 길이 있다는 것을 알리고 싶었어요…. 사찰의 규모를 최대한 키워 교세를 확장하고 최고 지위의 사문이 되어 나의 바람을 자유롭게 마음껏 펼치고 싶었어요…. 그러나 중생의 고통을 위로하고 싶다는 순진한 의도와는 달리 정작 삶의 고통에 대해서는 겪어본 바가 없었죠…. 대단히 현학적인 승려이기도 했던 내게 주어진 또 하나의 일은 막 사문에 들어선 젊은 승려들을 훈육하고 경전을 교육하는 것이었어요…. 계율을 어기는 것을 한 치도 용납하지 않는 나의 엄격함을 어린 승려들은 무척 두려워했죠….

김 : 시간이 가면서 어떤 일들이 일어나는가 보세요….

신 : …어느 날 사찰 안에 큰 소란이 일어났어요…. 인근 마을의 원로들이 몰려와 항의하며 승려들의 행실을 단속해줄 것을 요구했어요…. 십대 후반의 몇몇 승려들이 마을의 젊은 처녀를 희롱하고 겁탈한 사건 때문이었는데… 출가사문으로서는 도저히 용납될 수 없는 이 중대한 사안을 일벌백계로 다스리기로 나는 결

심했고⋯ 수백 명에 이르는 승려들을 모두 한 곳에 불러 모았어요⋯. 계율을 어기고 문제를 일으켜 끌려 나온 승려는 모두 네 명이었고, 다들 십대 중반과 후반의 나이였어요⋯. 사찰 내의 모든 승려가 한 자리에 모인 공개적인 자리에서 그들은 죄를 빌며 간절하게 용서를 청했어요⋯. 그러나 나는 그들을 심하게 꾸짖고 모욕을 주며 비난했어요⋯. 그 자리에 모인 모든 승려에게 경각심을 일으켜야겠다는 의도가 있었죠⋯. 그날 네 명의 승려는 내 판결에 따라 매를 맞고 절 밖으로 내쳐졌어요⋯. 그들은 다시는 사문이 될 수 없었죠⋯. 그리고 '죄를 지어 절에서 내쳐진 승려'라는 꼬리표가 그들을 따라다녔어요⋯. 일반적인 일을 하면서 평범한 삶을 살기는 어렵게 된 것이죠⋯. 그들을 내친 후 나는 한동안 그 일을 잊고 지냈어요⋯. 부당한 징계였다고 생각하지 않았기에 마음에 거리낌이 없었던 거죠⋯.

그 사건이 발생한 지 한두 해가 지난 어느 날, 도성 내부의 번화한 장터를 지나다가 비참한 몰골을 한 거지가 구걸하고 있는 것을 보게 되었어요⋯. 유난히 그의 모습이 눈에 들어온 이유는 그의 두 팔과 두 다리가 모두 잘려 있었기 때문이었어요⋯. 몸으로 동냥 그릇을 밀면서 배로 땅바닥을 기어가는 그 거지는 바로 절에서 내쳐졌던 젊은 승려 중 하나였어요⋯. 보고도 믿기 어려워 그의 몸을 일으켜 그간의 사정을 들었어요⋯. 절에서 내쳐진 후 떠돌아다니다가 굶주림을 견디지 못해 어떤 무사의 집에 들어가 도둑질을 했는데⋯ 발각되어 두 팔과 두 다리를 잘

133

리고 간신히 목숨만 부지한 채 하루하루를 동냥으로 견디고 있다고 했어요…. 그의 모습은 내게 큰 충격을 주었어요…. 마치 궁 밖으로 나왔다가 처음으로 사람들의 생로병사의 고통을 접했던 왕자 시절의 부처님처럼요…. 그날부터 나는 그와 함께 절에서 파문되었던 나머지 세 명의 행방을 수소문하기 시작했어요…. 오래도록 애쓰다가 듣게 된 그들의 소식은 하나같이 비참하기 이를 데 없었어요…. 굶주림에 시달린 끝에 몹쓸 병에 걸려 혼자 죽은 사람도 있었고… 흉악한 범죄자가 되었다가 감옥에 갇혀 형벌을 받고 있는 사람도 있었어요…. 분명 그들이 자초한 일이었고 그에 대한 징계도 합당했지만 내 마음속의 괴로움은 없어지지 않았어요…. 마땅히 내가 할 일을 했던 것임에도 불구하고… 밀려드는 자책감을 이겨낼 수 없었어요…. 경전 속에서 글로 익혔던 수많은 가르침도 나를 위로할 수 없었어요…. 제법 깨달음을 얻었다는 자부심은 파문당한 승려들이 겪게 된 비참한 말로를 보았을 때 벼락을 맞은 것처럼 부서지고 말았어요…. 중생의 고통을 위로하겠다는 생각은 자만이었고 젊음을 바친 공부도 사실은 모두 헛된 짓이었다는 각성이 아프게 마음을 찔렀어요…. 더 이상 한순간도 그런 방식으로 살 수는 없었어요…. 나는 모든 지위와 명성을 벗어놓고 절에서 나왔어요…. 바랑 하나만 맨 채 거처도 없이 수년 간 떠돌며 방황했죠…. 여전히 출가사문의 복장이었지만 내게 존경심을 가지고 다가오는 사람들에게 불법을 설파할 수 없었어요…. 마음속에는 평생 헛공부를 했다는 생각이 가득했어요⋯.

어느 날 가파른 절벽 끝에 있는 토굴을 찾아 거기에 들어앉았어요⋯. 참으로 참인 것을 깨닫기 전에는 움직이지 않을 작정을 했죠⋯. 토굴은 한 사람이 앉으면 머리가 천장에 닿을 만큼 낮았고 몸을 비틀 만한 공간의 여유조차 없었어요⋯. 벼랑 끝에 아슬아슬하게 위치해 있어 비바람도 그대로 쏟아져 들어왔어요⋯. 거센 바람이 불면 절벽 아래로 날려갈 것 같은 상태로 가부좌를 틀고 앉아⋯ 먹지도 자지도 않은 채 참선에 들어 여러 날이 지나갔어요⋯. 몹시 쇠약해진 몸에서 벗어나야 할 때가 왔음을 느낀 마지막 순간에 나는 부처님께 하나의 서원을 올렸어요⋯. '중생의 모든 고통을 세세생생토록 직접 겪어 진정으로 알게 되기를 원합니다⋯.' 진정으로 믿기 위해서는 직접 겪어보는 것 외에는 다른 길은 없었으니까요⋯. 그리고 앉은 자세 그대로 숨을 거두었어요⋯.

계속 이어지는 이야기를 중간에 끊을 수 없어 약속된 시간을 한참 넘겨서야 치료가 끝났고, 더 이야기를 나눌 시간이 없어 서둘러 인사만 나누고 그는 집으로 돌아갔다.

일과가 끝난 후에도 이 치료 시간은 내 안에 깊은 여운을 남겼다. 천년 전 일본에서 살았던 한 승려가 죽기 직전에 '중생의 모든 고통을 세세생생(世世生生)토록 직접 겪어 진정으로 알게 되기를 원합니다.'라는 용감하고 무모한 서원을 바친 결과가, 그후 천 년의 세월 동안 비참하고 고통스러운 경험으로 가득한 여러 번의 삶으로 이어졌다는 것은 그의 영혼의 긴 여정이 그 서원대로 충실히 이루어져 왔다는 것을 의미했다. 다시 말해, 그는 자기 소원을 성취한 것이다. 이 사실을 그가 어떻게 받아들일 것이며 앞으로의 치료에 어떤 영향을 줄 것인지가 궁금하면서도 힘들었던 과거 삶들의 큰 이유를 하나 찾은 것 같아 치료의 한 단계가 정리되었다는 안도감이 들었다. 이번 삶에서 주어진 최면 치료의 기회를 통해 천 년 전의 그 서원을 떠올릴 수 있었다는 사실은 이제 그 굴레에서 벗어날 때가 되었다는 의미일 것이라고 나는 생각했다.

강렬한 소망과 기도, 맹세 등이 현실에 이와 같은 극적인 결과물을 가져오는 것을 일상에서 직접 목격하는 것은 흔한 일이 아니다. 그러나 사람들의 내면 의식을 깊이 파고들어가는 최면 치료에서는 강렬하고 집중된 마음이 만들어낸 현실의 결과물들을 자주 보게 된다. 우리는 마음속에 어떤 생각을 품고 사는가가 얼마나 구체적으로 우리 삶의 일상에 큰 영향을 주는지 알아야 한다. 좋은 것이건 나쁜 것이건 각자의 현실은 자기가 창조하는 결과물이기 때문이다.

2주 후에 다시 만난 그는 하고 싶은 이야기가 많았다.

"그 승려의 삶을 보고 나니 인과응보의 엄격한 질서보다 영혼이 가진 의도가 더 우위에 있는 것 같다는 생각이 들었어요. 물론 인과응보의 기본적인 법칙은 언제나 철저하게 지켜지고 있지만, 영혼이 가진 목적이 분명할 때에는 유한한 시간을 사는 우리 눈에는 불합리해 보이는 일도 종종 벌어지는 것 같아요…. 어떤 면에서는 순덕이와 마리의 상처를 이해하는 것보다 그 일본 승려의 내면을 이해하는 것이 더 어려운 것 같아요…. 한편으로는 이해하면서도 또 한편으로는 반발심이 생겨요…. 죄책감은 이해하지만 왜 그런 어처구니없는 바람까지 품었을까요? 또 그렇게 바란다고 그대로 이루어지는 것일까요? 인생의 고(苦)라는 것이 꼭 그렇게 직접 겪어야만 알 수 있는 것은 아니지 않나요? 그렇게 원했던 대로 실컷 고생한 끝에 얻게 된 것이 무엇일까요? 하지만 그 승려의 내면은 아주 미세한 부분까지 지금의 저를 너무 닮아 있어서 간단히 외면할 수가 없어요…. 심한 모욕을 주어 파문시킨 네 명의 젊은 승려들은 이후 거의 모든 저의 삶에 등장하여 저를 뒤흔들어놓았어요…. 그들은 혼자 있는 순덕이를 강간했던 네 명의 마을 남자들이었고… 마리를 고문하여 몸을 망가뜨렸던 네 명의 사내들이었어요…. 이렇게 완벽하게 짜여진 인과응보의 거미줄에 정말 말문이 막혀요…. 일본에서의 어린 시절에 절친한 우정을 나누던 친구는 순덕이 시절에는 성이 오빠로, 폴란드의 마리 때에는 한 집에서 자라고 사랑하여 결혼을 약속했던 사람으로 내 옆에 머물렀어요…. '네가 무엇을 하든 내가 도와줄게.'라고 말했던 그의 목소리가 떠오를 때마다, 약속했던 도움이 어째서 이런 식인가 싶었어요…. 그런대로 평온하던 삶이 고통 쪽으로 급선회하는 결정적인 갈림길에 정확히 그가 항상 서 있었던 것 같아요…. 어쩌면 그는 과거 저의 모든 삶을 파탄지경으로 몰고 가는 데 가장 큰 몫을 한 사람이기도 해요…. 그렇지만 만약 제가 다른 종류의 서원을 마음에 품었더라면 그가 약속했던 도움도 이와는 다른 방향으로 흘러가지 않았을까 하는 생각도 들어요…. 제 영혼이 걸어가기로 작정했던 대로 그의 영혼도 함께 움직였으리라는 결론에 이르기까지 시간이 좀 필요했어요…. 저는 제가 원했던 길을 걸었고, 그는 저의 길을 도우면서 동시에 그의 길을 걷고 있었겠죠…. 결국 우리는 천 년의 세월 동안 각자의 의도대로 걸어갔던 셈이겠죠….

어린 시절부터 제 안에는 일본에 대한 묘한 호감이 있었어요. 한국과 일본 사이의 오랜 증오의 역사를 늘 배워 왔지만 마음 밑바닥에 깔린 일본에 관한 느낌은 그런 것들과는 좀 달랐어요…. 여섯 살 무렵 아버지의 책장에서 일본어로 된 책을 처음 발견했을 때, 저는 그 필체의 유려함에 몹시 마음이 끌렸어요…. 지금 생각해보면 그 안에는 히라가나와 한자의 초서체가 뒤섞인 가느다란 세로줄의 흘림체의 붓글씨가 가지런히 들어 있었던 것 같아요…. 그 낯선 글씨에 한눈에 매료되어 무작정 따라 그려보려고 끙끙거리며 시도했었어요…. 그런 식의 우아한 흘림체 글씨를 수백 번 수천 번 연습한 흔적이 제 안 어딘가에 남아 있는 것 같았어요…. 그건 제게 아주 익숙한 느낌을 주었거든요…. 물이 흐르는 듯한 글씨를 한 줄 한 줄 적어 내려가는 일이 아주 즐거웠어요…. 불이 들지 않아 바닥이 냉골이었던 아버지의 골방에 엎드려서 시간 가는 줄 모르고 글씨 연습을 하던 여섯 살 제 모습이 기억 났고, 최면 치료 후에는 모든 것이 하나로 연결되었어요…. 저는 오래 전에 일본의 불교 경전을 수도 없이 읽고 외우고 끝없이 필사한 경험을 가진 사람이었어요…."

2~3주에 한 번씩 최면 치료와 상담을 계속하며 그의 여러 증상들

은 점점 가벼워졌다. 최면을 유도하면 특히 마리가 겪었던 두려움과 고통의 시간 속으로 들어가는 경우가 많았고, 그럴 때면 언제나 극도의 긴장과 공포감 속에서 목소리가 떨리고 온몸이 경직되었다. 중간중간 다른 삶의 상처들을 떠올릴 때도 있었지만 마리의 삶에서 경험한 고통들이 그의 내면에 가장 깊게 새겨져 있는 것 같았다. 추운 계절이 다가오면 우울과 함께 발목과 무릎의 관절에 통증이 심해지고 아랫배의 심한 통증과 함께 소변에 피가 섞여 나오는 경우도 있었다. 이 증상들이 예전보다는 가벼워졌지만 가족 간의 갈등이나 주변의 다른 스트레스가 더해질 때마다 원래 심하던 우울, 불안 등과 함께 악화되는 모습을 볼 수 있었다. 최면 유도를 할 때마다 떠올라오는 마리의 기억을 무척 힘들어했기 때문에, 되도록 과거의 기억을 건드리지 않은 채 내면에 축적된 상처들을 치료해가는 기법만으로 치료 시간을 모두 사용하는 경우도 자주 있었다.

일본 승려의 죽기 직전 소망에 따라 천 년에 걸쳐 지금까지 쌓여 온 비참하고 힘든 삶의 복잡한 상처들은 2~3주에 한 번씩 정기적으로 치료하며 조금씩 풀어나갈 수 있었다. 최면 치료에서는 하나의 상처를 해결하기 위해 반복해서 같은 기억 속으로 돌아가야 하는 경우가 흔하다. 계획하지 않아도 환자의 내면 의식은 그날 필요한 치료 작업으로 환자와 치료자를 정확히 안내한다고 말할 수 있다.

2006년 5월 어느 날, 그는 내게 이메일의 첨부 파일로 나란히 놓인 두 장의 사진을 보내 왔다. 하나는 피부의 붉은 반점을 확대한 사진이었고, 다른 하나는 특정한 지역의 윤곽을 표시한 흑백 지도였다. 편지에는 이렇게 쓰여 있었다.

    첨부한 사진들을 잘 비교해보시고 선생님 의견을 말씀해주시면 감사하겠습니다. 선생님이 보시기에 두 장의 사진 속 형태가 서로 비슷하게 닮아 있는지 그렇지 않은지를 말입니다. 몇 사람에게 보여줬더니 의견이 나뉘는 것 같아서요. 자세한 설명은 치료 시간에 해드리겠습니다.

 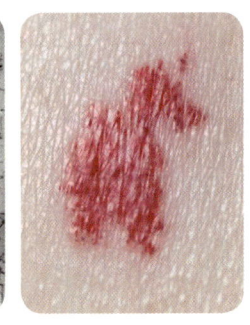

신수미 씨가 보낸
두 장의 사진

    내가 보기에 두 사진은 상당히 닮아 있었다. 흑백 지도는 마치 바다에 사는 해마처럼 보였고, 붉은 반점은 꼬리만 잘린 해마처럼 보였다. 꼬리 부분만 제외하면 두 사진 속의 형태가 거의 흡사하다는 느낌이 들었다. 그런 내 느낌을 그대로 답신에 적어 보내고 다음 치료 시간을 기다렸다.

    치료 시간에 그로부터 들은 설명은 흥미로웠다.

"저의 오른쪽 팔에는 작고 붉은 반점이 하나 있는데 태어날 때부터 있었다고 해요. 그 반점을 늘 보면서 자랐지만 그동안 관심을 가진 적은 한 번도 없었어요. 그런데 갑자기 한 달 전쯤부터 자꾸 이 반점이 신경 쓰였어요. 이유 없이 자주 들여다보게 되고 '혹시 이게 무슨 의미가 있지 않을까?' 하는 생각을 하게 된 거죠. 쓸데없는 생각이라고 스스로 지우고 떨쳐버려도 소용이 없었어요. 날이 갈수록 거의 강박증 수준까지 그 생각에 하루 종일 몰두하게 되어 일에도 지장이 생기고 너무 힘들어져 마음속으로 하늘에 기도를 드렸어요. '이 반점이 제게 어떤 의미를 가진 것이라면 그게 무엇인지 깨닫게 해주시고, 그렇지 않다면 이 생각에서 벗어나게 해주세요.' 그러자 갑자기 마음속에서 하나의 단어가 떠올라왔어요. 마치 제 기도에 대한 응답처럼요. 그것은 '아우슈비츠'라는 단어였어요.

너무 뜻밖의 일이라 깜짝 놀랐지만 생각해보니 뭔가 연관이 있을 수도 있겠다고 느껴져 그날부터 인터넷을 열심히 찾아봤어요. 아우슈비츠에 관해 올려져 있는 정보들을 전부 확인해보려고요. 또 한편으로는 아주 작은 물건을 확대해서 크게 사진을 찍어주는 사진관을 찾아갔어요. 붉은 반점을 확대해서 보면 윤곽을 더 선명하게 볼 수 있을 것 같아서요. 선생님께 보내드린 사진 한 장은 제 팔의 붉은 반점을 확대한 것이고 다른 한 장은 인터넷에서 찾아낸 아우슈비츠 수용소의 전체 부지를 표시한 지도예요. 그 수용소에 관해 인터넷에 올라와 있는 정보는 별것이 없었어요. 며칠 찾아보다 포기하려고 하던 때 그 지도 사진이 눈에 띄었죠. 따로 자세한 설명 없이 이미지만 있었는데, 지도에 적힌 글이 독일어이고 글씨도 흐릿해서 무슨 뜻인지 정확한 내용은 알 수 없었어요. 아마 아우슈비츠 수용소의 건설 예정 구역을 표시한 것 같기도 해요. 다른 지도들은 모두 수용소 내 막사와 건물들의 위치를 표시한 것뿐이었는데 이 지도는 특이했어요. 제 눈에는 두 사진 속의 형태가 무척 닮았다는 느낌인데, 확신할 수 없어 선생님의 의견이 궁금했어요. 아무튼 신기해요. 마리의 고통스러웠던 삶과 죽음이 제 영혼에 깊이 각인되어 지금 삶에 태어나면서 이런 형태로 드러난 것일까요? 이런 경우도 있나요?"

비슷한 경우는 많이 있다. 전생을 기억하는 아이들에 관한 연구로 유명한 미국 정신과 의사 이안 스티븐슨(Ian Stevenson)은 과거의 삶을 기억하는 사람들이 가지고 태어난 반점과 신체 기형 부위를 광범위하게 연구하여 그것들이 주로 과거 삶에서 크게 다치거나 치명상을 입었던 부위에 나타나는 흔적임을 보여주었다. 그는 출생 시의 반점과 기형의 수많은 사진과 함께 각각 관련된 전생 기억을 모아 《환생과 생물학이 만나는 지점(Where Rein carnation and Biology Intersect)》이라는 책을 1997년에 출간했다. 나 또한 수많은 환자들의 전생퇴행 치료를 하면서 몇 사람에게서 전생 기억과 관련된 흉터와 피부의 이상 부위를 본 적이 있었지만, 강렬했던 경험이 에너지의 형태로 영혼에 남으면 다음 삶에 당연히 그런 흔적이 나타날 수 있다고 생각하여 따로 큰 관심을 가지지는 않았었다.

"이 반점은 저에게 아우슈비츠를 잊지 말라는 내면의 메시지같이 느껴져요. 사실 마리의 기억들이 치료 시간마다 거듭 떠올라올 때 제 앞에 펼쳐졌던 장면과 상황들이 몹시 불편했어요. 선뜻 믿기가 힘들었죠. 의심이 많은 성격은 아니지만 그곳은 너무 잘 알려진 유명한 곳이고 너무 가까운 과거라고도 생각했었어요. 제가 보고 들었던 영화나 다큐멘터리에서 스치듯 본 기억들을 통합해서 이야기를 지어내는 것은 아닐까 생각도 했고요. 그렇지만 시간이 가면서 그런 생각들은 약해졌어요. 물론 지금도 그럴 가능성이 있다고는 생각해요. 그렇지만 마리가 보고 듣고 느끼는 기억들은 모두 아주 개인적인 것이고 죽기 얼마 전부터 죽을 때까지의 두렵고 고통스러웠던 몇 달만을 반복해서 떠올리고 있거든요. 폐쇄적 성향을 가진 십대 소녀의 한정된 시각을 넘어서는 것들은 전혀 알 수 없었어요. 당시 세상이 어떻게 돌아갔는지 관심도 없고 알지도 못했어요. 마리는 커다란 소리와 낯선 냄새, 불편한 촉각 등의 감각에 과하게 반응하는 소녀였는데 최면 치료 때도 그런 감각들은 유난히 크고 생생하게 느껴졌어요. 솔직히 말해 마리의 죽음을 본 후부터 아우슈비츠를 방문해보고 싶다는 마음이 희미하게 들었는데, 지금은 그 장소를 꼭 방문해서 제가 거기서 무엇을 발견하게 되고 느끼게 될지 확인해보고 싶은 강한 충동이 생겼어요. 여행 계획을 잘 짜봐야겠어요."

그는 마리의 기억들이 진실한 것인지 객관적으로 확인해보고 싶어 했다. 나는 그가 마리의 삶을 자신의 과거로 받아들이면서도 마음 한

구석에는 의구심을 품고 있음을 잘 알고 있었다. 그런 의심은 건강하고 자연스러운 것이다. 전생의 기억처럼 떠올라오는 것들을 의심 없이 액면 그대로 받아들이기만 한다면 오히려 현재의 생활에 혼란과 불안정을 가져올 수도 있다. 그는 마리의 기억을 받아들이기 위해 더 납득할 만한 증거를 필요로 했다. 아우슈비츠가 정말 그에게 극심한 고통과 죽음을 겪게 했던 장소라면 다시 그 장소를 방문했을 때 무언가 강렬하게 느껴질 가능성이 있을 것이다.

실제로 2006년 10월 초 그는 아우슈비츠를 방문했다. 그리고 돌아온 후 내게 일기 형식의 기행문을 이메일로 보내왔다. 떠나기 전 나는 그에게 여행에서 느끼게 되는 것들을 적어보라고 제안했었다. 아래는 그 이메일의 내용이다.

폴란드라는 나라가 지도상 어디쯤인지도 모르던 나는 오래 고민한 끝에 폴란드에 직접 다녀오기로 결정했다. 가서 그 땅에 대한 느낌을 확인하고 싶었다. 한 달 넘게 여행 준비를 하면서 정신 나간 짓을 하는 것은 아닌가 하는 생각에 여러 번 시달렸다. 하지만 이 세상 사람들 중에 자신의 전생의 발자취를 의식적으로 답사해볼 수 있는 기회를 가진 사람이 몇이나 되겠는가? 이도 저도 아니라면 그냥 생애 최초의 유럽 여행으로 생각하자고 나 자신과 타협을 했다. 늘 다니던 장소만을 고집하고 낯선 길에 들어서는 것을 두려워하던 내게 폴란드 여행은 일생일대의 모험이었다.

폭발할 듯 팽팽했던 내면의 갈등은 독일 프랑크푸르트에서 폴란드 카토비체행 비행기로 갈아타고서야 완전히 가라앉았다. 이젠 될 대로 되라는 심정이었다. 정확한 장소를 아는 곳은 아우슈비츠 수용소밖에 없었으니, 일단 목표 지점은 폴란드의 아우슈비츠였다. 그 수용소는 폴란드 남부에 있었고, 시간을 줄이기 위해 바르샤바 공항이 아닌 남쪽의 카토비체 공항에 내리기로 했다. 나는 작은 회사의 관리부에서 일하고 있어 많은 시간을 낼 수 없었고, 적은 급여에 여행 경비는 부담스러웠다. 게다가 추석 연휴와 주말을 포함하여 6박 7일 동안 모든 여행을 마치고 무조건 귀국해야 하는 상황이었다. 제대로 된 해외여행을 해본 적이 없었던 나는 남동생을 보호자 겸 가이드로 삼아 둘이서 폴란드로 떠났다. 비행기 안에 머물러야 하는 시간을 감안하면 여행에 주어진 시간은 고작 3~4일이었다.

카토비체 공항에 내려보니 자정이었다. 10월 초였는데도 폴란드의 가을은 이미 깊어진 느낌이었다. 그 시간에 숙소가 있는 크라코프까지 오가는 미니밴이 있었다. 봉고차처럼 생긴 밴에 올라보니 늦은 시간임에도 크라코프로 들어가려는 사람들이 제법 있었다. 좁은 차내에서 낯선 폴란드인들과 무릎이 부딪힐 정도로 가깝게 앉아 창밖의 흔들리는 검은 숲을 바라보고 있자니 내가 어쩌자고 여기까지 온 걸까 싶은 생각이 다시 한번 들었다.

무언가를 찾아내기 위해 간 것은 아니었다. 그저 가보아야 할 것 같은 느낌에 이끌렸다는 것이 맞을 것이다. 크라코프로 들어가는 도중에 빠르게 휙 지나친 나무 표지판이 근처에 수용소가 있음을 알리고 있었다. 크라코프에서 아우슈비츠는 정말 가까운 거리에 있었다. 밴에서 내려보니 새벽 1시가 가까워오고 있었다.

캄캄한 거리엔 안개가 자욱했다. 차갑고 축축한 공기를 느끼자 알 수 없는 두려움과 불편함이 밀려들었다. 장시간의 비행으로 인한 피로와 낯선 곳에서 느끼는 긴장감과는 다른, 공포에 가까운 뻣뻣함이었다. 크라코프 시내에서 동생이 예약해둔 한국인 민박집에 들어가 자다 깨다를 반복하며 밤을 보냈다. 다음날 오전에 곧장 아우슈비츠로 가기로 계획되어 있었지만 아침에 일어나 보니 내 상태가 좋지 않았다. 열이 나서 온몸이 뜨거운 데다 울렁거림 때문에 음식을 먹을 수 없었다. 몸도 마음도 불편하고 괴로웠다. 괜히 왔다는 생각을 수십 번도 넘게 하며 오전 내내 누워 있다가 점심시간이 훌쩍 지나서야 숙소를 나섰다.

트램을 타고 아우슈비츠행 버스가 출발하는 자리까지 이동하는 짧은 사이에 눈을 뗄 수 없는 몇 개의 건물들이 지나갔다. 그건 비교적 오래 전에 지어진 듯한 낡은 건물들이었는데 지붕을 덮은 소재가 어딘지 눈에 익었다. 한국에서는 한 번도 본 적이 없는 직사각형의 얇고 납작납작한 회색 벽돌 판자들이었다. 그 낯익음에 충격을 받아서 어디서 본 것인지 기억하느라 내내 골똘하게 생각해봤는데 문득 최면 치료 때 보았던 한 장면이 떠올랐다. 마리가 살던 동네에도 저런 형태의 얇은 벽돌을 지붕에 올린 집들이 많이 있었다. 한국으로 치면 기와쯤 될 것 같다. 총알이 지붕 위로 난사되면 얇은 벽돌판들이 과자 조각 깨지듯 사방으로 튀며 도미노처럼 무너져내리던 모습을 본 기억이 났다. 크라코프에는 제법 현대적인 신축 건물들 사이사이로 아주 오래된 건물들이 원형 그대로 남은 채 지금도 사람들이 살고 있었다. 전쟁 때 불이 나서 벽면에 그을음이 가득한 건물이 여전히 그대로 서 있기도 했다. 크라코프에서 출발한 버스가 아주 잠깐 달리더니 목적지라며 모두를 내리게 했다. 제1 수용소 앞이었다.

무언가 무서운 것을 보게 될 듯하여 입구에서 조금 머뭇거렸다. 하지만 막상 제1 수용소에 들어섰을 때의 느낌은 치료 때 보았던 마음속 풍경과는 많이 달랐다. 깔끔하게 정돈된 붉은 벽돌의 대학 기숙사 같은 수용소의 모습은 최면 중 한 번도 본 적이 없었다. 마리는 어두운 방에서 끌려나와 트럭에 태워진 뒤 두세 시간 거리의 첫 수용 시설에 보내졌고, 그곳에서 짧은 기간 머문 뒤에 눈 내리는 길을 걸어서 가까운 거리의 다른 수용소로 이동했던 것으로 기억한다.

최면 치료 때 보았던 수용소의 풍경 중 가장 크게 기억하는 것은 고함 소리, 냄새, 몸의 통증, 배고픔 이 네 가지이다. 물론 내가 방문한 제1 수용소는 고함 소리나 냄새와는 거리가 멀었다. 박물관으로 사용되고 있어서 각 동마다 많은 유골과 사진이 전시되어 있었고 모든 것이 잘 정돈되어 있었다. 제1 수용소에도 가스실이 있었는데 들어가지는 않았다. 제2 수용소까지 15분 가량 버스를 타야 한다는데, 크라코프에서 너무 늦게 출발한 까닭에 천천히 둘러볼 여유가 없었다. 제2 수용소로 이동하는 버스 안에서 마리가 있었던 곳이 정말 아우슈비츠일까 하는 생각이 들었다. 제1 수용소의 환경이 최면 때 보았던 풍경과 너무 달랐기 때문이다.

그러나 버스에서 내려 제2 수용소에 들어섰을 때 나는 잠시 멍하니 서서 움직일 수 없었다. 배우고 익혀서 아는 것이 아닌, 처음부터 그냥 알았던, 그러나 내가 알고 있다는 사실을 몰랐던 한 장소에 대한 분명한 기억이 내 안에 자리 잡고 있었다. 그 생생하고 분명한 느낌에 압도되어서 어찌할 바를 모르다가 더듬더듬 옆에 있던 동생에게 '나 여기 와본 적이 있어.'라고 말했더니 동생은 '영화에서 본 거겠지.' 하고 짧게 대답했다. 그래서 그다음 말은 하지 않았다. '난 여기서 살았고, 여기서 죽었어.'라고 속으로 중얼거렸다.

비르케나우라고 불리는 제2 수용소는 제1 수용소처럼 잘 가꾸어져 있지 않았다. 수용소의 전체 규모가 엄청나게 넓고 대부분이 파괴된 잔재들이라 한없이 걷는 것 외엔 할 일이 없었다. 직선으로 쭉 뻗은 길을 사이에 두고 남자 수용 시설과 여자 수용 시설이 나뉘어 있었고, 길이 끝나는 곳에 파괴된 가스실의 잔해가 남아 있었다. 수용소 한가운데로 들어오는 철길을 따라 동생이 걸어가는 것을 보면서 나는 혼자 여자들의 막사가 있던 블록으로 들어갔다. 오후 3시가 조금 넘어가는 시간이었는데 벌써 해가 조금씩 기울고 있었다. 똑같은 모습으로 줄지어 서 있었을 막사들은 몇 동만 남아 옛 모습을 보여주고 있었고 대부분은 파괴되고 무너져 빈터만 네모 반듯하게 남아 있었다. 길을 따라 걷다가 한자리에 멈추었다. 아마도 하나의 막사가 있었을 네모난 빈터엔 부서진 벽돌과 건물의 잔해들이 무덤처럼 소복히 쌓여 있었고 그 사이사이로 하얀 들꽃이 가득 피어 있었다. 이젠 급할 것도 없어서 하얗게 피어난 꽃들 사이에 잠시 앉아 있었다. 해가 기울어가는 폴란드의 넓고 넓은 가을 하늘을 올려다보았다. 사방이 고요했다. 따스한 햇살 속에 평온한 바람이 불어왔다. 문득 슬픔과 안도감이 함께 밀려왔다. 그리고 오래도록 팽팽했던 무언가가 내 안에서 툭 끊어졌다. 한 번도 경험해보지 못한 해방감이었다.

마리의 삶을, 마리의 죽음을 납득하고 받아들인 순간이었다. 일직선으로 쭉 뻗은 길 끝에 무너져내린 가스실의 잔해가 있고 그 옆엔 샛길이 하나 있었다. 드넓은 비르케나우 수용소의 외곽을 빙 둘러 가는 숲길로 보였는데, 탈출을 시도한 사람들이 있었는지 감시탑들이 곳곳에 서 있었다. 그 숲길을 혼자 걸으며 나는 가볍고 행복했다. 이름을 알 수 없는 아우슈비츠의 붉은 열매는 탐스럽게 흐드러지고 나무에서 툭툭 떨어지는 도토리는 한국 도토리의 세 배는 되어 보였다. 맑은 바람이 부는 숲을 가로지르며 뛰어다니는 다람쥐를 따라서 이리저리 걸으며 소풍 나온 어린아이처럼 가뿐하고 즐거운 시간을 혼자 보냈다. 과거에 그곳에서 어떤 일이 있었는지는 전혀 떠오르지 않았다. 한 장소에 대한 신선하고 새로운 기억이 채워졌다. 내가 그리고 마리가 왜 여기 오려 했는지 알 것 같았다. 마리는 최면 치료를 통해 깊이 눌러두었던 기억들을 떠올렸고, 그것을 수없이 반복해 떠올리며 하나하나의 상황을 터뜨리고 이해하고 치료했다. 그리고 같은 장소에 다시 와서 불가항력으로 휘몰아쳤던 폭력의 시간이 이제는 종료되었음을 눈으로 확인했다. 역사의 소용돌이에 휩쓸린 한 알의 모래알처럼 자신이 의도치 않은 일로 고통을 겪고 목숨도 잃었지만 마리는 다시 일어나서 이 모든 것을 기록하며 이야기하고 있다. 마리는 죽었지만, 사라지지 않았다. 우리는 모두 죽지만, 결코 죽지 않는다.

폴란드 여행에서 돌아온 후 첫 치료 시간에 그는 그곳에서의 느낌에 대해 다음과 같이 덧붙였다.

"해가 조금씩 기울어가는 오후에 그 넓고 고요한 수용소의 풀과 나무 속에 저 혼자 앉아 있으면서 그곳의 공기와 자연, 모든 것 속에 형언할 수 없는 기운이 가득히 스며들어 있다는 느낌을 받았어요. 그것은 마치 그곳에서 살고 죽었던 모든 사람의 한숨과 희망과 슬픔 같은 복잡하고 미묘한, 그렇지만 분명히 느낄 수 있는 실체였다고 생각해요."

그 해 초겨울의 어느 치료 시간에 그는 요즘 느끼는 변화에 대해 이야기했다.

"요즘 다리가 불편해서 잘 걷지 못하겠어요. 뭔가 걸음걸이가 이상하게 꼬이는 것 같고, 걸을 때 한쪽으로 자꾸 기우는 것 같아서 정형외과에 가서 엑스레이를 찍었는데 그 병원 원장님이 저보고 두 다리의 길이가 5센티미터 정도 차이가 난다고 했어요. 골반뼈가 좀 이상하게 좌우가 뒤틀어진 것이 원인이라면서 전부터 그렇게 걷지 않았느냐고 묻는데, 전에는 약간 불편한 정도였지 이렇지는 않았거든요. 길이의 차이가 워낙 커서 보조기를 사용하는 것도 어렵고 골반의 각도가 뒤틀어진 것은 특별히 치료할 방법이 없다고도 하셨어요. 허리와 골반의 통증에 대해서도 허리 디스크가 튀어나오거나 골반 내 염증도 없어서 왜 아픈지 자기는 이유를 전혀 모르겠다고 했어요."

갑자기 다리를 절룩거리며 걷게 되었는데 치료할 방법이 없고 원인도 모르겠다는 정형외과 의사의 이야기를 듣고 그는 몹시 실망했고 불안도 심해졌다. 추운 계절에 접어들면 심해지는 다른 증상들과 함께 갑자기 걸음걸이가 힘들고 이상해졌다는 말에 나는 마리의 기억들이 계속 건드려지면서 고문의 후유증이 뒤늦게 표면으로 나타나는 것일 수도 있겠다는 생각을 했다. 어릴 때부터 두 다리의 길이에 큰 차이가 있었다면 오래 전부터 걸음걸이에서 이상을 느꼈을 텐데 그렇지 않았기 때문이다.

전생의 상처들이 갑자기 이런 식으로 드러나는 경우는 최면 치료 과정에서 흔히 볼 수 있는 일이다. 나는 이런 점들을 설명해주었고, 최면 유도 후 마리가 심하게 다쳤던 순간으로 돌아가보라고 하자 그는 다음과 같이 말했다.

"(고통스러운 목소리로) 저를 높이 매달았던 로프에서 갑자기 바닥으로 떨어졌을 때… 골반뼈가 여러 군데 부러졌어요…. 뾰족한 뼛조각이 방광을 찔러서… 그때부터 아랫배가 아프고… 소변에 피가 섞여 나왔어요…. 부러진 뼈들은 죽을 때까지 제대로 낫지 않았고… 떨어진 후부터 똑바로 서서 걸을 수가 없었어요…. 허리를 펴려고 하면 여러 곳이 아파서 구부린 채 걸어야 했죠…. 다친 아랫배 속의 염증 때문에 죽을 때까지 열이 올랐다 내렸다 했어요….”

그날의 치료는 마리가 고문으로 다쳤던 부위들을 좀 더 상세하게 느끼며 회복시키는 데 집중했고, 특히 골반과 그 주위 조직이 받았던 손상과 충격을 없애고 건강하게 바꿔가는 치료 작업을 계속 했다. 치료 시간이 끝나고 집에 돌아가서도 같은 치료를 틈날 때마다 계속 혼자서 반복하도록 당부를 했다. 걸음걸이가 천천히 정상으로 돌아올 것이라는 내 예상과 달리 그날의 치료 이후 걸음걸이는 거의 정상으로 회복되었고, 얼마간 시간이 흘러 같은 정형외과를 찾아가 다시 엑스레이를 찍은 결과 골반의 뒤틀림이 정상으로 돌아왔고 두 다리의 길이도 같아진 것을 확인할 수 있었다.

"정형외과 의사 선생님이 너무 놀라서 '이런 일은 처음 본다.'고 몇 번이나 고개를 저으며 믿을 수 없다고 하시며, 저에게 뭘 어떻게 한 것이냐고 물으셨어요."

나는 '이런 증상들이 자신의 마음 상태에 따라 앞으로도 나타났다 없어졌다를 반복할 수 있고, 경우에 따라서는 지금까지 경험해보지 못한 새로운 증상들도 나타날 수 있다.'는 주의를 주었다. 완전히 낫기 위해서는 지금도 자신의 내면에 많이 남아 있는 과거의 상처들이 충분히 치유되어야 한다는 사실을 다시 한번 강조했다.

내면의 상처는 세월이 흐른다고 저절로 낫는 법이 없다. 반드시 어떤 식으로건 치유 과정을 거쳐야 낫는 것이다. 어린 시절이나 아주 오래된 과거의 상처를 제대로 치유하지 못해 평생 괴로움을 겪는 사람들이 많듯 과거 다른 삶에서의 상처도 똑같이 현재의 우리에게 고통을 줄 수 있다. 우리 내면에는 과거라는 시간 개념이 존재하지 않으며 과거의 모든 경험은 에너지의 형태로 축적되어 현재 속에서 그대로 살아 움직이기 때문이다. 평균 한 달에 두 번 정도 치료를 이어가며 충분한 상담과 최면 치료 시간을 가질 수 있었지만 마리의 상처들은 끝없이 반복되어 올라오며 매번 그를 공포와 고통 속에 다시 묶어놓았다.

축적된 부정적이고도 파괴적인 에너지가 큰 기억들은 그 힘이 완전히 소진될 때까지 치료 시간마다 반복적으로 떠올라온다. 내 경험상 이런 상황을 제대로 해결하는 유일한 방법은 수십, 수백 번이라도 같은 기억을 떠올릴 때마다 매번 성실하게 계속 치료해가는 것뿐이다. 그 기억 속의 강렬한 에너지가 충분히 분출되고 중화되어 가벼워지면 더 이상 그 기억은 떠올라오지 않고 그다음으로 큰 에너지를 가진 기억으로 옮겨가는 것을 실제 최면 치료에서는 자주 볼 수 있다.

치료 횟수가 늘어나면서 상담 영역도 자연히 넓어져 영혼과 죽음, 환생, 카르마, 종교, 임사체험, 유체이탈, 채널링 등 초자연적·영적 주제들에 대해서도 폭넓은 대화를 나눌 수 있었고, 나는 이 주제들에 대한 새로운 지식과 함께 인간의 생각과 감정이 실체를 가진 에너지이며 양자역학에 따라 공간과 시간의 한계를 뛰어넘어 작용하는 것을 보여주는 실험 결과들에 대해서도 설명해주었다. 그는 깊은 관심을 가지고 새로운 지식들을 잘 받아들였고 실생활에 응용하여 자신의 사고 영역과 문제 처리 능력을 지속적으로 키워나갔다. 지금까지 본 것과 다른 몇 가지의 새로운 전생 기억들 속에서, 현재 부모형제 간에 일어나는 갈등의 원인을 더 깊이 이해하고 풀 수 있게 되었고 주변에서 일어나는 여러 상황을 통찰하고 해결해가는 능력도 치료와 함께 계속 발전했다. 한번은 집안에서 일어난 어떤 문제를 아버지가 처리하지 못하고 여러 날 고민에 빠져 있을 때 옆에서 지켜보던 그가 나서서 쉽게 해결해버려 아버지와 가족들이 무척 놀랐다고 한다. 처음 가보는 지방 대도시에 있는 친척 집에 조문을 위해 가족 대표로 혼자 기차를 타고 내려가 어려움 없이 조문하고 사람들과도 자연스럽게 대화하고 돌아온 적도 있었다. 이런 그의 변화에 가족들은 모두 놀랐고, 특히 아버지가 기뻐하는 모습은 그에게 큰 행복감을 주었다.

심한 증상들이 사라지고 점차 안정을 찾아가면서 그는 스스로 많이 회복되었다는 확신을 가지게 되어 2008년에는 다니던 회사를 그만두고 집에서 가까운 곳에 사무실을 얻어 초등학생과 중학생을 가르치는 작은 학원을 열었다. 그 계획에 대해 내게 처음 말을 꺼냈을 때 그는 새로운 가능성에 대한 흥분과 함께 걱정과 불안도 느끼고 있었다.

낯선 사람들을 무척 두려워했던 그가 학생들을 가르치고 처음 보는 학부모들을 상대하는 일을 시작했다는 사실은 그 자체만으로도 놀라운 일이었다. 처음에는 단 몇 명의 아이들이 다니기 시작했지만 시간이 가면서 그의 성실한 태도와 진심을 다하는 가르침이 학부모들 사이에 입소문이 나 그 장소에서 감당할 수 있는 학생 수 30명을 곧 채우게 되었고 그에게 배우기 위해 대기하는 아이들까지 여럿 생기게 되었다. 한동안 30명의 학생만 가르치다가 다른 도시에서 큰 학원을 운영하고 있던 대학 동기의 권유로 시간을 쪼개 그 학원에서도 아이들을 가르치게 되었다. 성실하고 진지한 그의 태도는 그 학원의 학생과 학부모들에게 깊은 신뢰감을 주었고 학생들의 우수한 학업 성취로 이어졌다.

근무시간이 늘어나 아침부터 밤늦게까지 일하게 되었지만 그는 큰 피로를 느끼지 않고 잘 견뎌냈다. 가끔 불면증으로 소량의 수면제를 필요로 했지만 불안과 공포, 우울증은 재발하지 않았다. 모든 면에 있어 정상 이상의 능력을 발휘하며 생활할 수 있게 변한 자기 모습에 그 스스로도 놀랐다. 치료를 위해 병원에 오는 시간을 내기 어려워졌고, 여러 힘든 증상들도 많이 호전되어 나는 그와 합의하여 최면 치료를 중단했다. 스스로 자가치료 방법을 늘 실천하면서 계속 잘 지내면 치료를 끝내고, 힘들어지면 다시 치료를 한다는 조건으로. 그후 그는 계속 학원을 운영하며 지금까지 별 문제 없이 잘 지내고 있다.

다음은 최면 치료를 끝낸 지 여러 해가 지난 2019년 7월에 그에게서 받은 이메일이다.

선생님.

정말정말 오래간만에 선생님께 편지를 씁니다. 무수한 시간이 지난 것 같은 느낌이 들어요. 최면 치료를 마지막으로 받은 것이 언제인지도 이제 가물가물합니다.

일주일에 6일을 꽉 채워 늦은 시간까지 일하는지라 일요일엔 보통 집에서 꼼짝하지 않습니다. 다들 폭염이라고 종종걸음을 치는 모습을 창밖으로 내다보다가 집 바로 옆에 있는 작은 숲에 잠깐 나가보았습니다. ○○와 ○○ 양쪽에서 일을 하게 된 후부터는 이렇게 잠깐이나마 마음을 내려놓고 살 수 있는 시간조차 내기 힘들었습니다. 거의 매일 종종걸음 치며 다음 순간에 할 일과 내일 할 일, 다음 주와 다음 달에 잡힌 일들만 생각하며 쫓기듯 살았습니다.

숲속의 작은 벤치에 앉아 푸른 바람을 들이마시는 순간, 지나간 시간들이 길고 긴 꿈처럼 마음을 쓸고 지나갔습니다. 집 밖으로 나갈 수 없었던 그 길고 긴 시간들, 우울과 공포로 제대로 일을 가질 수도 사람을 만날 수도 없었던 시간들을 떠올렸습니다. 선생님을 처음 찾아갔을 때는 30대 초반이었는데 이제 저도 얼마 안 있어 오십 대가 될 겁니다.

십대 후반에 시작되어 저의 청년기를 다 잡아먹었던 그 병은 저의 인생에 무엇이었나 하는 생각이 들었습니다. 병을 앓는 동안 집안의 애물단지였던 저는 지금 명실상부한 집안의 가장이 되었습니다. 가족들 중 가장 바쁜 사람이고, 돈을 가장 많이 벌어들이는 사람이며, 집안에 일이 생겼을 때 가장 많은 돈을 쓰는 사람입니다. 집안 대소사를 결정할 때 저의 의견은 최우선으로 대접받습니다. 하지만 가장 사랑받는 사람은 아닙니다. ㅎㅎ 선생님과의 치료를 통해 저는 사나워졌거든요. 물론 싸움닭처럼 아무 곳에서나 들이박는 것은 아니지만 목소리를 내지 않으면 안 되겠다는 판단이 들 때는 끈질기게 잘 싸웁니다.

제가 생각해도 신기할 만큼 잘 참고 잘 견디면서 또박또박 할 말을 다 합니다. 물론 아직 좀 더듬기는 합니다. 그런 힘이 생긴 덕분에 최면 치료가 종료된 후 몇 년을 보내는 동안 집과 일터에서 생겼던 여러 가지 문제들을 그럭저럭 제가 옳다고 믿는 방향으로 끌고 올 수 있었던 것 같습니다.

해일처럼 시도 때도 없이 몰려오던 우울과 거대한 공포는 이제 없습니다. 평화로워진 지 오랜 시간이 지났습니다만 아직 믿기지 않을 때가 있어요. 저는 아침에 일어나서 출근하고, 가득 찬 하루의 일과를 소화해내고, 해가 지면 퇴근하는 생활을 매일매일 계속해 오고 있습니다.

이런 평범한 일상을 얼마나 갈망하였는지 아직 생생하게 기억합니다. 발목을 잡혀 꼼짝 못 했던 그 시간은 어찌 보면 제 인생에 주어졌던 저만의 숙제였던 것 같습니다. 하나의 숙제를 해결하여 제출하고 나면 그다음 숙제가 주어지겠지요. 마지막 숨이 멎는 그 순간까지 숙제는 계속된다는 생각이 듭니다. 생활에 큰 불편은 없습니다만, 신경을 쓰거나 긴장하면 빨리 이완하는 일이 어려워서 잠을 제대로 못 자는 일이 많습니다.

먼 여행 함께 해주셔서 감사합니다, 선생님. 눈앞을 가로막은 커다란 산을 함께 넘어주셨어요.

산을 넘고 나니 계속 걸어가야 할 일이 제게 남아 있네요. 선생님을 뵙지 못해도 빛을 의지하여 하루하루를 살아보려 합니다. 언젠가 이번 삶의 여행이 마쳐지는 날, 이 생을 시작하며 품었던 소망이 흡족하게 이루어졌다고 느꼈으면 좋겠어요.

오래 전 치료를 마쳤을 때, 나는 그의 남다른 이야기를 책이나 사례발표로 공개해도 좋겠는가를 물었고 그는 흔쾌히 승낙했다. 그후 자아초월정신의학회 모임과 소피아대학 주최의 일반인 대상 세미나에서 한두 번 간략하게 소개한 적은 있었지만 자세한 내용은 이 책에 처음 싣게 되었다. 그 사실을 알려주고 오랜만에 안부도 물을 겸 오래된 그의 병록지에 적혀 있던 전화번호로 연락을 했다. 용건이 있을 때는 병원 전화로만 통화했기 때문에 그는 내 개인 전화번호를 모르는 상황이라, 스팸으로 생각하고 받지 않을까 걱정했지만 신호가 몇 번 가지 않아 그는 전화를 받았다. 나는 속으로 '정말 잘 지내고 있구나.' 하는 생각을 하면서 내 이름을 말했다. 낯선 사람들을 그렇게 두려워하던 그가 모르는 전화번호를 망설임없이 받았다는 사실이 놀라웠기 때문이다. 그는 내 목소리를 곧 알아듣고 '선생님, 너무 오랜만이네요.' 하며 반가워했다. 나는 전화를 건 이유를 얘기하고 어떻게 지내는가를 물었다.

"학원은 그대로 운영하고 있어요. 두 군데 일을 동시에 하는 건 너무 힘들어서 한 곳은 정리했고 집에서 가까운 곳에서만 하고 있어요.

선생님도 기억하시겠지만, 지금 이때는 일 년 중 제가 가장 힘들어하던 시기예요. 마리가 잡혀가 고문을 당했고, 아버지와 오빠를 잃었던 계절이었으니까요. 그런데 저는 지금 별 문제 없이 잘 지내고 있어요. 정말 신기해요. 그리고 전쟁을 그렇게 무서워하던 제가 지금 세계 곳곳에서 일어나고 있는 전쟁 소식을 보면서도 담담한 마음으로 지내고 있네요."

아버지와 다른 가족들의 안부를 묻자 "아버지는 정말 많이 쇠약해지셨어요. 이제는 언제 돌아가실지 몰라 늘 마음의 준비를 하고 있죠. 어머니도 많이 약해지셨는데, 제가 두 분 모두 끝까지 잘 모시려고 마음먹고 있어요."라고 말했다.

내 안부를 묻고는 늘 건강하시기 바란다는 그의 말을 끝으로 전화를 끊었다. 2024년 10월 29일의 이 통화는 그가 처음 치료를 시작했던 2003년으로부터 21년이 지난 시점의 대화였다.

제2부

지혜의 목소리들

생명에 대한 경외, 마녀사냥, 참된 것과 거짓된 것

원종진의 전생퇴행과 그를 통해 전달된 지혜의 목소리(마스터)들의 메시지는 《전생여행 1》에 실었지만, 그 후로도 그와의 최면 작업은 지속되었으며 새로운 여러 메시지들이 전해졌다. 그중 몇 가지를 이 장에서 소개한다.

원 : 마스터들의 목소리가 들립니다….

김 : 들어보십시오.

원 : (깊고 무거운 목소리로) 선한 결과를 낳는 것이 아니라… '선한 삶을 살고 싶다.'와 같이, 선한 행동을 유발시킨 그 동기가 자신이 갈 곳을 결정하게 됩니다…. 생명의 파괴는 가장 무서운 테러 행위입니다…. 하느님이 원하는 것은 생명을 살리는 것… 보존하는 것입니다…. '질서 속에서의 죽음'이 아닌 것은 범죄요, 죄악입니다…. 우리를 괴롭히는 '못된' 곤충들을 굳이, 일부러 죽이려 하지 마십시오…. 모든 생명체는 그 나름대로 존

재해야 할 이유가 있으며, 그 존재 이유가 소멸된 이후라야, 그 이유가 말소된 이후라야 죽을 수 있습니다…. 그래서 자살이 옳지 않다는 것입니다…. 또한 벌레조차도 마음대로 죽여서는 안 되는 것입니다…. 그것이 가지고 있는 생명이, 본질적 존재인 그 생명이 개체적 삶의 존재 이유를 충분히 구현하지 못한 상태에서는 어느 것도 손을 대서는 안 됩니다….

(어둡고 슬픈 어조로) 지금, 물질문명의 환경 파괴는 이러한 생명의 질서를 파괴하는 무시무시한 과정이며, 무서운 결과를 초래하게 될 것입니다…. 환경 파괴를 막는 방법은… 지금의 환경운동 방법은 잘못된 부분이 있습니다…. 그것은 인간이 더 좋은 환경에 살고자 하기 때문에 환경 파괴를 막고자 하는 움직임을 말합니다…. 그러나 진정한 환경보호는 생명에 대한 경외로부터 출발해야 합니다…. 환경이 파괴됨으로써 일어나는 개체적 삶들의 무수한 파괴… 그러한 파괴들을 막으려는 열망이 있을 때 진정한 환경보호가 이루어집니다…. 많은 사람이 더 많은 것을 누리려고, 더 안전한 삶을 누리려고 좋은 환경을 찾고 좋은 환경을 만들려고 하지만, 이것은 극히 이기적인 행동입니다…. 환경보호를 떠나서 생명 존중으로 나아가야 합니다…. 각 개체가 가지고 있는 생명을 존중하고 그들이 선택할 수 있는 권리를 침범하지 않는 것… 그것이 중요합니다…. 자연과 내가 하나가 된다는 것은 바로 이러한 생명의 질서 가운데 내가 순종하고 그 법칙으로 살아간다는 것입니다…. 그 삶이 이루어질

때 인류가 살게 됩니다…. 도(道)라는 것, 진리라는 것은 바로 이 사실을 알 때 첫걸음을 떼게 됩니다….

'사랑'이란 단어가 보이고, '존경'이라는 단어가 보입니다…. 그리고 '샤머니즘적, 무속적 상징들'… 진리에 대한 출발은 바로 생명에 대한 존경과 존중에서 시작됩니다…. 관계의 단절과 파괴, 이것은 각 개체적 존엄성을 인정하지 않기 때문에 오는 하나의 결과입니다…. 관계의 단절은 그 개체적 삶을 존중할 때만 비로소 회복됩니다…. 이상입니다….

김 : 편히 쉬면서, 또 다른 메시지가 있으면 들어보세요….

원 : 구두주걱이 보입니다…. 구두주걱은 사람들이 신을 신을 수 있도록 도움을 주는 도구입니다…. 남을 도우려는 사람은 자신의 정체성을 분명히 가져야 합니다…. 구두주걱의 비유라는 것이 이것입니다…. '내가 왜 이 땅에 존재하며, 내가 왜 살아야 하며, 무엇을 위해 살아야 하는가?'를 끊임없이 반문하고 질문하십시오…. 이것이 자기 안에서 다져지고 굳어질 때 실제적인 도움을 줄 수 있습니다…. 생명을 망각하는 사람은… 생명을 던지는 것과 같습니다…. 우리는 생명을 붙들어야 합니다….

'마녀사냥'에 관해서 이야기합니다…. 마녀사냥이 일어나게 된 것은 기득권 계층의 자기방어적 몸부림의 표현입니다…. 당시의 사람들에게 효과적인 리더십을 발휘할 수 없었기 때문에, 마녀사냥이라는 돌파구를 통해서 자기의 위치를 다졌습니다…. 이제 당신(필자)도 그런 마녀사냥의 대상이 될 수 있을 것입니다…. 그러나 분명한 것은, 마녀란 실제로 존재하지 않았지만, 마녀사냥은 지금 이 시대에도 일어날 수 있습니다…. 많은 이단 논쟁이나 정통성의 시비를 가리는 것은, 정통성을 내세우는 사람들이 자신의 권위에 대한 자신이 없기 때문에 마녀사냥과 재판을 통해서 자신의 권위를 표현하고 지위를 보장받으려고 하기 때문입니다…. 사람을 심판하는 사람은 사랑이 있어야 하는데… 사랑도 없이 다른 사람을 심판하게 되면, 그 심판으로 인해서 자신이 심판을 받게 될 것입니다…. (강하게) 그러므로 당신은 권위를 내세우는 사람들의 주관적 판단이나 그들의 대중적 선동에 흔들려서는 안 됩니다…. (아주 강하게) 마녀사냥이 거세게 일어날 때 자신의 영역을 더욱더 확고히 하십시오…. '사랑'에 대한 사명과 가지고 있는 진리가 확고하다면… 그것들에 대한 확신을 가지십시오…. 마녀사냥에 대해 웃을 수 있는 자유가 필요합니다…. 진리는 매도 속에서 성장하게 됩니다…. 매도당하지 않는 진리는 타협으로 변질됩니다….

'인쉬알라(알라의 뜻대로 맡긴다는 뜻의 아랍어)'라는 말도 들립니다…. 당신의 삶을… 진리에 맡기십시오…. '진리가 너희를 자유롭게 하리라.'라는 말을 다시금 마음에 새기십시오…. 당신은 진리를 수호하고자 하는 용기가 있는 사람입니다…. 그러나 우주의 절대자 앞에서 자신을 더욱더 낮추는 연습을 하십시오…. 아직도 당신은 자의식이 너무 강합니다…. 사람에 대한 겸손이 아니라, 우주의 절대자에 대한 겸손을 더 소유해야 합니다…. 관념에서 그치는 것이 아니라, 일상의 삶에서 그렇게 하십시오…. 좋은 매너가 겸손은 아닙니다…. 우리가 전에도 일렀듯이, 겸손이란 상대의 존재 자체를 그 가치대로 인정하는 것입니다…. 그 부분이 아쉽군요…. 당신은 더 겸손해질 필요가 있습니다…. 눈물을 흘릴 필요가 있습니다…. 이상입니다….
앞으로 점점 식량이 매우 부족해질 것입니다…. 뜨거운 태양 아래서 신음하고 있는 한 흑인 소년의 모습이 보입니다…. 식량 생산의 문제가 아니라 분배의 문제입니다…. 분배 기능을 상실할 가능성이 있습니다…. 분배 기능이 마비되면 그로 인해 분쟁이 많이 일어나게 될 것입니다…. 앞으로의 전쟁은 국가 간의 전쟁 외에도, 기업과 국가 간의 전쟁이 있을 것입니다…. 많은 성직자가 고통을 겪을 때가 올 것입니다….

김 : 그들이 고통을 겪는 이유는 뭡니까?

원 : 많은 성직자가 타협의 길로 나아가게 될 것이고… 새로운 가치관 속에서 활동하게 되며, 상당수는 목숨을 잃게 될 것입니다….

김 : 종교에 대한 박해가 있다는 말씀인가요?

원 : 네…. 특히 기독교에 대한 박해가 많이 일어날 것입니다….

김 : 세계적으로 말입니까?

원 : 그렇다고 할 수 있습니다….

김 : 그것도 물질문명을 정리하는 과정입니까?

원 : (잠시 침묵 후) 마스터가 듣고 있습니다…. 사람으로 말하자면,

여성과 같은 마스터입니다…. '당신의 질문에 대해서 내가 대답하겠습니다.'라고 합니다…. 앞으로 성직자들은 타협의 길과 비타협의 길로 나뉘게 될 것이고, 특히 이 현상은 기독교 내에서 심해질 것입니다…. 많은 종교가 서로 통합을 이루려고 할 것인데, 가장 비타협적인 종교가 기독교가 될 것입니다…. 그러나 이러한 통합의 움직임들이 표면적으로는 평화를 주지만, 내면적으로는 진리에서 멀어지는 일로 변질될 것입니다…. 그렇기 때문에 타협한 사람들은 타락의 길로 가서 그 영혼이 고통을… 타협하지 않는 사람들은 당장에 물리적 환경적인, 직접 피부로 느낄 수 있는 어려움을 겪게 됩니다…. 그러나 그렇지 않은 사람들도 있을 것입니다. 다만 성직자들의 권위가 지금보다 더 떨어질 것입니다…. 마치 샤머니즘의 샤먼들의 권위가 떨어져서 어려워졌듯이, 비슷한 상황이 벌어질 수 있습니다…. (강하게) 그러나 끝까지 참는 자는 자기의 것을 찾게 될 것입니다…. 이상입니다….

　오징어 그림이 보입니다…. 문어의 그림이 보입니다….

김 : 무엇을 상징하는 겁니까?

원 : 그들이 주로 영양을 섭취하는 방법, 즉 다른 동물의 몸을 감싸고 그 육체의 즙을 빨아먹는다든지… 붙들어서 도망가지 못하게 하는 것… 전통의 흡입력에서 빨리 벗어나라고 합니다…. 새로운 시각을 가질 필요가 있습니다…. 전통의 시각에서 빨리 벗어난다는 것은 전통을 무시하는 것이 아니라, 그 전통의 내면

적 의미를 재해석할 필요가 있다는 것입니다…. 앞으로의 시대는 극히 혼란한 시대가 될 것입니다…. 맑은 시대가 오기 전의 어둠입니다…. 이상입니다….

김 : 무속인들에 관해 말해주십시오.

원 : (잠시 침묵 후) 지저분한 모습이 보입니다…. 그들은… 결론적으로 말하면, 없어도 좋은 존재입니다…. 그러나 악령을 사용하기 위해서 그들도 사용되는 부분이 있습니다…. 그들은 사랑이 없고, 겸손이 없고, 진리에 대한 욕구가 없습니다…. 다만 유혹하는 데 사용될 뿐입니다….

김 : 세상을 떠난 사람들이 영계로 들어가지 않고 지상을 헤매는 것이 허용됩니까?

원 : 엄밀한 의미에서는 허용되지 않습니다. 그러나 그것도 자신의 선택입니다…. 더 큰 고통을 수반하게 됩니다….

김 : 언젠가는 그들도 돌아가나요?

원 : 그러지 않으면 그 고통을 이겨내지 못합니다…. '자기가 가야 할 곳으로 가지 않는다는 것은 큰 고통'이라고 말하고 있습니다…. (잠시 침묵 후) 마스터들은 무속인에 대해서 많은 관심을 보이는 것을 별로 탐탁하게 생각하지 않습니다….

김 : 허상이기 때문입니까?

원 : 네…. 그리고 죽은 이후의 삶과 그런 떠돌이 영에 관한 관심도 주제의 흐름을 빗나가게… 글쎄요, 어떤 표현이 적절할지… 마스터들이 전해주고자 하는 모든 것을 알게 될 것입니다…. 중

요한 것은 진리를 새기고, 그것이 삶으로 드러나며… 자신의 틀로, 생의 틀로 자리를 잡아나가는 것입니다…. 지나친 관심은 진리로부터 당신의 관점을 멀어지게 하고, 마침내는 기준점을 찾지 못하게 합니다…. (강하게) 악한 것에 깊이 관심을 가지다 보면 선한 것을 알게 되고, 선한 것에 깊이 관심을 가지면 악한 것을 저절로 알게 됩니다…. 그러나 악을 깊이 알아서 선을 알더라도 그 선을 행할 용기가 없어지며, 선을 깊이 알아서 악을 알 때에는 악과 싸우지 않더라도 그 악이 스스로 부서집니다…. 이 사실을 명심하십시오….

당신은 지혜로운 사람이니… 큰 나무의 둥치를 잘 보십시오…. 나무의 밑둥에서 줄기가 뻗어나가고, 그 줄기에서 가지가 뻗어납니다…. 그 가지 끝에 잎사귀가 맺힙니다…. 그렇습니다…. 밑둥도 나무고, 가지도 나무고, 잎사귀도 나무입니다…. 그러나 나무라고 다 같은 나무가 아닙니다…. 밑둥은 그 나무가 살아 있는 한 언제나 존재하나, 나뭇가지는 말라버릴 때도 있습니다…. 나뭇잎은 필연적으로 떨어집니다…. 때로는 나뭇잎을 위장한 벌레집이 가지에 매달리기도 하고, 거미줄이 쳐지기도 합니다…. 누가 거미줄과 거미를 보고 나무라 하겠습니까? 누가 말라버린 나뭇잎만 보고 그것을 나무라고 하겠습니까? 잎이 나무가 아닙니까? 나무의 부분입니다…. 그러나 마른 잎은 나무가 아닙니다…. 무엇이 나무와 나무가 아닌 것을 구별합니까? 생명이냐, 죽음이냐입니다…. 무엇이 진리이고 무엇이 비진리입니까? 생명을 가지고 있느냐, 생명이 없느냐인 것입니다⋯.
당신이 방금 했던 떠돌이 영들과 무당들에 대한 질문은, 거미줄
과 거미를 보고 저것이 과연 나무냐 아니냐를 물어보는 것과 같
습니다⋯. 또한 마른 낙엽을 보고 이것이 나무냐 아니냐를 물
어보는 것과 같습니다⋯. 그러나 이제 당신은 기준을 알게 되
었습니다⋯. 무엇이 나무입니까? 생명을 소유한 것입니다⋯.
진리는 사랑으로 인해서 그 안에 생명을 품게 됩니다⋯. 그러므
로 당신이 나무를 알고자 한다면 그 나무가 가진 생명의 작용을
보십시오⋯. 죽어버린 것, 말라버린 것들은 당신의 관심에서 벗
어나도 좋습니다⋯. 이상입니다⋯.

김 : 휴식하며 또 다른 메시지가 있으면 전해주십시오⋯.

원 : (잠시 침묵 후) 하나의 비유를 주긴 하지만⋯ 아주 평범한 사실
이라 말을 해야 할지 그냥 지나쳐야 할지 망설여집니다⋯.

김 : 말해보십시오.

원 : 새우의 몸집을 가지고도 모든 바다를 굽어볼 수 있는 눈을 가질
수 있고, 고래의 몸집을 가지고도 제 앞만 보는 눈이 있습니
다⋯. 사람들이 보기에는 그럴듯해 보여도 실상은 방향을 잡지
못하는 사람들이 있습니다⋯. 사람들이 보기에는 미숙해 보이
고 어리석어 보이지만 그 안에 지혜가 있는 사람이 있습니다⋯.
지금 이 땅에서 살아가는 초라한 사람들 중에, 당신이 알기에
그저 그렇다고 생각되는 사람 중에 많은 성자가 있습니다⋯.
이 우주와 지구 전체를 연민하면서 드러내지 않고 그 힘을 지탱

해나가려는 많은 성자와 그런 에너지들이 존재합니다…. 이상입니다….

육상선수의 그림이 보입니다…. 스파이크를 신고 전력질주를 하면 몸이 앞으로 쓰러질 듯해서 보통 사람들은 스파이크를 신고 뛸 수가 없습니다…. 그러나 단련된 선수들은 오히려 그것이 자기를 뒷받침해주는 좋은 무기가 됩니다…. 마찬가지입니다. 같은 진리가 주어졌을 때, 그것을 받아들일 만한 그릇이 된 사람은 자신을 진보시킬 수 있는 좋은 수단이 되나, 준비되지 않은 사람은 오히려 그 진리가 부담스러워서 벗어나려 하고 팽개칩니다…. 귀한 것을 밟게 되는 것입니다…. 그렇기 때문에 '돼지에게 진주를 던지지 말라.'고 합니다…. 진리를 담을 수 있는 그릇을 넓히십시오…. 당신 삶에 있어서 진리를 더욱더 많이 담아서 당신의 삶을 더욱 발전시킬 수 있는, 그런 그릇을 만드십시오….

환경보호운동을 생명에 대한 경외와 연결시키는 구호는 아직까지 들어보지 못했다. 그러나 목소리들은 파괴되는 환경 속에서 터전을 잃고 사라져야 하는 무수한 생명에 관해 경고하며 각각의 생명이 갖는 존엄성과 가치를 깨달아야 자연과 하나가 될 수 있다고 충고한다. 마녀사냥의 본질과 미래의 불안한 모습에 대한 우려, 그리고 요즘 들어 대중의 주목을 받고 있는 무속인들에 대한 비판적 의견도 깊이 새겨봐야 할 부분이다.

결혼과 성(性)의 의미

원 : '너 자신을 알라.'고 말하고, '가진 것이 무엇이냐?'고 묻습니다…. 이 질문에 답변을 해줘야 할 것 같습니다…. 제가 가진 것은 '선하게 살고 싶은 마음'…. 제 안에 있는 위선적이고 가식적인 것들을 버리라고 합니다…. 제가 원했던 사람과 결혼하게 될 것이라고 얘기합니다…. 결혼에 대해 배우라고 합니다…. 사람이 살 때, 결혼은 상대의 모습 속에서 자기를 발견하는 것이라고 얘기합니다…. 서로 섬기거나 상대를 위해서 희생을 배우지 않는 결혼은 실패한 것이라고 합니다…. 나무를 베는 비유가 나오고, 날이 무딘 도끼를 들고 있는 사람이 보입니다…. 나무가 있다고 무작정 도끼질할 것이 아니고, 도끼날을 가는 준비가 필요하다고 합니다…. 저는 지금 도끼날을 갈고 준비해야 하는 시기라고 합니다…. 부유하지는 않지만 편안하고 행복한 가정을 가지게 된다고 합니다…. 아내는 저를 무척 기쁘게 해주고 사랑하는 것 같습니다….

사람은… 물 위에 떠 있는 오리의 모습이 보입니다…. 오리가 물 위에 떠 있지만 수면 밑의 두 발은 끊임없이 물살을 젓고 있는 것처럼, 결혼도 그 평온함을 유지하려면 끊임없는 노력이 필요하다는 것… 실제적인 관계에서의 노력과, 또한 내면까지의 관계가 요구된다고 하고 있습니다…. 즉 결혼은 어려운 것만도 아니며 힘든 것만도 아니라는 것, 물 위에 떠 있기도 쉽지만 가라앉기도 쉽다는 것, 계속해서 다리를 저어주지 않으면 오래 버티기 힘들다는 것… 결혼한 후에도 가정과 배우자를 위해서 보이지 않는 곳에서 그 환경을 저어주는 것이 필요하다고 합니다….

결혼은 생명을 준비하는 과정이기 때문에 생명에 대한 경외와 엄숙한 자세가 필요합니다…. 많은 사람이, 자기가 준비하고 받아야 할 생명에 대해 생각하지 않고 자기만족적인 결혼을 하기 때문에 여러 문제가 발생하고 어렵게 됩니다…. 요즘의 성(性)과 관련된 문란한 생각들을 질타하는 듯한 느낌이 듭니다…. 쾌락만을 위한 성은 말할 수 없는 공허함이 있습니다…. 생명을 잉태하고 생명을 양육하는 것은 자신의 생명을 나누어 주는 것입니다…. 그러나 쾌락적인 성은 새로운 집착입니다…. 또한 자녀를 키울 때에도 지속적인 희생이 없으면 자기 집착으로 끝나기 때문에 많은 어려움에 부딪힌다고 합니다. 모든 것을 만족시킬 수는 없다고 합니다. 하나의 옳은 가치를 유지하기 위해서는 희생이 불가피하다고 얘기하고 있습니다….

김 : 앞으로의 제 역할이 뭡니까?

원 : …계속해서 자료를 제공하고, 전면에 나서기보다는 내면을 다듬는 것에 주력하고, 이것이 자신의 것이 아니라는 것… 기대하지 마시고, 큰 변화가 없다 하더라도 실망하지 말 것… 무엇인가 이런 일을 위해서 자신이 애써야 한다는 의무감을 갖지 마십시오…. 되면 되는 대로 안 되면 안 되는 대로… 자신이 무언가를 하려고 할 때 지치게 됩니다…. 이 일에 너무 큰 의미를 부여하지 않는 것이… 더 성공적으로 진행하게 되는 것입니다…. 여러 사람이 거쳐야 할 과정에 잠시 참여했다고 생각하십시오…. 지켜보는 눈을 가지십시오…. 이상입니다….

진정한 깨달음,
집착에서 벗어나기

원 : 불상이 보입니다….

김 : 무슨 의미죠?

원 : (잠시 침묵 후) 부처님 같기도 하고, 예수님 같기도 한 분이 오셔서… 제게 손을 대고 '너를 자유케 하리라.'고 말씀하십니다.

김 : 긴장을 풀고 들어보세요….

원 : …사람은 자기 생에 주어진 생의 의미와 목적대로 사는 것… 원래의 자기를 인식하는 것이 도(道)라고 합니다…. 수행이라는 것은 놀라운 지혜나 지식, 초능력을 배우는 것이 아니라 원래의 자기를 본 모습대로 인식하는 것… 그것이 바로 '도'라는 것입니다…. 많은 사람이 '참자기'를 볼 수가 없기에 그것을 보기 위해 여러 가지 방법을 쓰기도 합니다…. 그러나 '이런 방법이 참된 도다.', '저런 방법이 참된 도다.'라고 말들을 많이 하지만… 방법이 중요한 것이 아니라 목적, 즉 자기를 살피고 '내가 누구인가?'를 바로 아는 것이 수행이요 참선이라고 합니다…. 계율

이나 율법은 우리 인간이 가지고 있는, 자기를 가리려고 하는 요소들, 명예, 공명심, 욕심과 탐욕, 미움, 시기, 질투, 이 모든 것이 자기를 발견하는 데 방해가 되지 않기 위해서 주어진 한시적인 도구입니다…. '참자유'는 자기를 바라볼 때, 내가 어떤 사람인가를 바로 알 때 주어집니다…. 자신의 존재에 대한 인식이 '도'의 출발이요 완성입니다…. 내 안에 있는 무한(無限)은 하늘나라를 담을 만큼의 공간입니다…. '원래 악하지 않은 인간을 스스로 악하게 했다.'라고도 얘기하고 있습니다…. 무슨 뜻인지는 잘 모르겠습니다…. '서경덕'이라는 이름이 보이고 '그는 실패했다.'고 말합니다….

김 : 화담 서경덕을 얘기합니까?

원 : 그렇습니다…. 그도 도를 깨치지 못했고, 이르지 못했다고 말하고 있습니다…. 말년에 이르러서야 자기의 수행이 헛되다는 것을 알고… 다음 생에서 자신이 무엇을 배울 것인가를 기대하면서 죽었다고 얘기합니다…. 많은 도인… 원효대사 같은 사람들도 저 높은 곳에 도가 있는 줄 알고 힘차게 달려갔지만, 결국 도의 이러한 본질을 바로 알았기에 나중에 깨달을 수 있었습니다….

김 : 원효대사는 도를 깨달은 것입니까?

원 : 그렇습니다…. 그 하나를 알았기 때문에 다른 것들을 다 버릴 수 있었습니다…. 여러 가지 영상과, 영상에 담긴 함축적 의미들이 있는데, 말로는 표현이 안 됩니다…. 그것은 다음과 같은

비유로 설명드릴 수 있습니다…. 우리가 어떤 옷을 입었을 때 많은 사람은 그 옷의 디자인이나 재질이나 색깔을 보지만, 옷에 대해 아는 사람은 그 옷이 어떤 실로 만들어졌는지를 보게 된다고 합니다…. 아무리 옷이 화려하더라도 그 옷이 짜이기 전에는 한 가닥의 실이었다는 것입니다…. 도가 바로 이것입니다…. 그 본질적인 실에 집중할 수 있는 것… 그 실에 집중하고, 화려하거나 비천하거나 볼품없는 옷이라도 그 종류와 상관없이 그것이 모두 한 올의 실에서 출발했다는 것을 바로 보고 그것을 통합해서 취할 수 있는 것이 바로 도를 깨치는 것이라고 합니다…. 이것이 미약하지만 하나의 비유가 될 수 있습니다…. 그러므로 인간의 생은 그 한 올의 실을 어떻게 엮어나가느냐에 달린 것입니다…. 아… 저의 그릇으로는 이런 영상들이 주는 의미에 대해서 완벽하게 묘사할 수가 없습니다….

김 : 오늘 모든 것이 영상으로 보입니까?

원 : 그렇습니다…. 영상과 그 영상의 함축적 의미를 제가 풀어야 하는 날인 것 같습니다….

김 : 긴장하지 말고 차근차근 풀어가십시오….

원 : '어느 것도 너를 제어하지 못한다.'고 얘기하고 있습니다…. 그 말 한편에는 제가 좋아하는 음식과 유혹적인 여자의 모습이 지나갔는데… '그 어느 것도 본질적인 것들을 변화시키지는 못한다.'고 얘기하고 있습니다…. 메시지의 수준이 너무 높은 것인지, 제가 해석할 준비가 안 된 것인지 모르겠습니다. '나는 나이

고 네가 아니지만, 네가 나고 내가 너라는 것을 알면 그로써 우리는 하나가 될 수 있다.'고… 하나가 되지 못하는 것은 나를 나로 알지 못하고 너를 너로 알지 못하기 때문이리라…. 나를 바로 볼 수 없기 때문에 너를 너로 볼 수가 없고, 너 또한 너를 바로 볼 수 없기 때문에 나를 바로 볼 수가 없느니라…. 서로를 모를 때 하나가 될 수 없고, 둘 사이에 있는 본연의 것들이 접근이 안 된다…. 많은 사람에 대한 사랑과 용서와 화합은 내가 누구인가를 바로 아는 데서부터 출발하게 됩니다…. 자기를 모르는 사람은 자유로울 수가 없습니다…. 진리의 출발은 내가 누구인가를 알 때… 웃음소리가 들립니다….

빈 것… 비어 있다는 의미입니다…. 심장이 비어야 새 피가 들어가고, 위장이 비어야 새 음식을 먹을 수 있다…. 물통의 물이 비워져야 새 물이 차고…. 그렇습니다… 우리가 알고 있는 도나 진리나 지식을 자꾸 비우십시오. 그만큼 새것이 찹니다…. 진리는 썩지 않고 영원한 것인데, 지식이 진부하고 우리가 알고 있는 진리가 진부하다면 또 버리고 또 채우십시오…. 버리고 채우는 가운데 참진리를 알 것입니다…. 다시 바꾸지 않아도 되는 것을 알게 될 것입니다…. 부인과 부정의 역사는 끝나고 확장되는 일이 일어날 것입니다…. 당신의 마음을 넓히고 비워야 그 안에 상대의 사랑이 채워집니다…. 누구를 처음 사랑했을 때를 떠올려보라고 합니다…. 사랑할 때는 자기 마음이 온전히 텅 비어 있다고 합니다…. 무엇을 가지고 있는 만큼 그것이 우리를 오염시킨다고 합니다⋯. 아프리카의 토인이 북을 치는 모습이 보입니다⋯. 빈 북이 큰 공명을 내고, 북의 이편과 저편 사이가 비어 있지 않으면 울리지 않고 들을 수가 없습니다⋯. 내 영혼이 비어 있고, 채워지지 않고⋯ 채워지지 않는다는 것은 욕구가 채워지지 않는다는 뜻이 아닙니다⋯. 마음의 공명을 이루기 위해서는 비워야 합니다⋯.

나를 알지 못할 때, 나를 알려고 무엇인가로 채우게 되고 그로 인해서 공명하지 못한다고 말합니다⋯. 나를 알게 되면 더 이상 헛된 것으로 나를 치장하려 하지 않고, 그럼으로 드디어 내 속은 텅 비어서 무엇이든지 수용할 수 있게 됩니다⋯. 내 속은 텅 비어서 내 것들을 더 크게 울려냅니다⋯. 그 공명은 더 커집니다⋯. 가장 많은 것을 담을 수 있는 그릇은 가장 크게 비어 있습니다⋯. 지식이나 진리라고 말하는 것으로도 자기를 채우려고 하지 마십시오⋯. 많은 사람이 그것이 디딤돌이 될 줄 알고 있지만 자신의 코를 괴롭히는 썩은 재료가 될 것입니다⋯. 누가 가장 부끄러워하겠습니까? 더 많은 지식을 쌓으려 하고 더 많은 수행을 하려 했던 사람들이 도를 알았을 때 그 자신의 헛된 노력들로 인해 부끄러움을 갖게 될 것입니다⋯. 그러나 또한 그것이 필연적인 과정이 되겠죠⋯.

'사람을 사랑하라.'는 말씀이 나옵니다⋯. 마스터가 외치는 듯한 목소리인데, 계속 들립니다⋯. 그리고 먹다 남은 갈비처럼 뼈에 살이 얼마 남지 않은 것들이 계속 날아다니는 그림이 보입니다…. 어떤 교훈이 담겨 있는데… 정리가 잘 안 됩니다…. 낚시터에서 지금 낚싯대를 드리우고… 미끼를 따라 큰 고기와 작은 고기가 낚싯바늘에 걸리는 그림이 보입니다…. 두 가지 대비되는 그림이 보입니다…. 고래를 잡을 때 작살로 잡을 때에는 속이지 않고 바로 공격한다고 합니다…. 도를 닦는 방법은 한 가지가 아니라 여러 가지 방법이 있지만, 작은 것을 낚을 때 쓰는 방법을 큰 것을 낚을 때는 쓸 수 없습니다. 즉 크게 깨달으면 기존의 방법이나 기존의 교리와는 완전히 다른 방법이 사용된다고 합니다…. 그런데 사람들은 작은 고기를 낚는 방법에 익숙해져서 큰 고기 낚는 방법을 모릅니다…. 참된 진리를 알고 그것을 깨달은 사람은 우리의 시각으로 볼 때 이해할 수 없다고 합니다…. 자기 기준을 버릴 것을 말하고… 규정짓지 말라고 합니다…. '이것이 진리로 가는 길이다.' 식의 규정을 짓지 말라는 것입니다…. 이렇게 말씀하고 있습니다….

전생퇴행을 통해서 마스터들의 목소리를 모으고 쌓아놓지만 이것이 다 먼지가 되는 그림이 보입니다…. 이 메시지를 듣고 우리의 삶이 바뀌지만, 때가 되면 다 버려야 된다고 합니다…. 절대로 쌓아두려 하지 말라고 합니다…. 버리지 못하면 자기를 썩게 만들고 새것을 받지 못한다는 것을 강조하고 있습니다…. 이것은 수단이요 과정이지, 이 자체가 우리의 목적이나 추구하는 가치가 아니라고 얘기하고 있습니다…. 달걀이 병아리가 되려면 자기를 구성하고 있던 껍질을 부정해야 되는 것처럼, 참진리에 가는 길은 우리가 옳다고 했던 마스터들의 목소리까지도 부정해야 된다고 합니다…. 그것이 더 강한 긍정이라는 것… 부정하라는 것이 초점이 아니라, 집착하지 말라는 것입니다…. 그러므로 어떤 진리 수행의 기준으로 평가하지 말라고 합니다…. 각자는 각자의 길이 있고, 그 길을 따라 자기를 발견한다는 것이죠…. 자기를 바로 보게 되면 그 안에 있는 하느님을 보게 된다고 합니다…. 선도 악도 다 볼 것이 아니고, 자기 안에 있는 하느님을 볼 수 있는 것… 진지한 대화… (강하게) 당신의 마음을 역동하는 진리로 채우십시오…. 살아 있는 것으로 채우십시오…. 목소리들이 선생님께 질문을 합니다…. 이때까지 선생님이 배워 왔던 지식들… 지금 볼 때 그것들이 산 것인지 죽은 것인지 묻습니다….

김 : 대개는 죽은 것이죠…. 고정된 것입니다….

원 : 지금 목소리들이 선생님께 얘기하고 대답을 듣기를 원하는데… (강하고 열정적으로) 바로 그것이라고 합니다. 그러나 그 죽은 것들이 전혀 가치 없는 것은 아닙니다…. 이처럼 새것을 받아들이기 위해서는 죽는 과정이 필요하고, 그것을 받아들였을 때는 또 죽은 것처럼 여기고 자기를 비우는 과정이 필요합니다…. 이것이 당신을 완성의 경지로 이끌 것입니다…. 이 전생퇴행의 방법이 당신에게 새로운 기회를 주고, 새로운 방법을 제시하고, 새롭게 진리에 접근하게 하겠지만, 이것도 시간이 지나면 죽은 지식으로 아십시오. 이것에 집착하지 마시고, 이것만이 유일한 방

법이라고 얘기하지 마십시오…. 당신은 더욱더 확장되어야 하며, 새것들로 채워져야 합니다…. 우리는 당신을 그렇게 인도할 것입니다. 그렇게 이끌 것입니다. 우리의 기대하는 바가 당신에게 있습니다…. 우리는 당신의 그 편협하지 않은 사고를 존중합니다…. 이렇게 얘기합니다…. 예수를 믿는 사람들이, 정말 예수를 믿는 진정한 성자가 되려면 예수를 욕할 수 있어야 한답니다…. 이것은 예수를 존경하지 말라는 의미가 아니라, 틀에 박힌 예수의 모습을 깨뜨리라는 의미입니다…. 참된 불교 신자라면 부처를 꺾어야 된다고 합니다…. 오늘의 주제는 '화석화(化石化)시키지 말라.'는 것 같습니다….

김 : 전생퇴행을 바라보고 있는 지금의 제 시각은 그것에 집착하지 않으려는 것인데, 그것이 옳은 태도입니까?

원 : 그렇습니다….

김 : 그러나 많은 사람을 진리로 인도하는 수단이 되기에 가치는 있다고 보는데….

원 : 그렇습니다….

김 : 여기에 늘 단서를 붙여서 환자들에게도 집착하지 말 것을 가르쳐야 할까요?

원 : 그렇습니다…. 그것만이 유일하다는 건 아닙니다…. 이렇게 얘기합니다…. 제가 뭔가 부연설명을 달려고 하는데, 제가 말하지 않더라도 선생님은 이미 이해하고 있다고 합니다…. 하나에 집착하게 되고, 하나가 완전한 것이라고 보게 되면 그것에 묶여

서 지식이 화석이 된다고 합니다…. 전생퇴행의 방법, 기도, 참선, 호흡 등은 하느님이 가르쳐주신 여러 방법이지, 어느 하나만이 절대적인 것은 아닙니다…. 그렇기 때문에 하나에 집착하게 되면 다른 것을 닫아버리게 되고… 열어놓을 때 모든 것이 생동하는 것이 됩니다…. 오늘은 여기까지입니다….

자칭 도(道) 닦는 사람들이 빠지기 쉬운 함정인 '방법과 과정에 대한 집착'에 대해 목소리들은 경고하고 있다. 이것은 누구나 조심해야 할 함정이다. 소위 공부를 많이 한 전문가일수록 더 빠지기 쉽다. 조금 배운 것으로 자신을 채워놓고 새로운 가능성에 대해 눈과 귀를 막는 경우가 그것이다. 자신을 규정짓지 말고 늘 비워놓아야 새로운 것이 또 들어오고 나갈 수 있다는 말은 실천이 정말 어렵다. 사람들은 본능적으로 눈에 보이는 뭔가에 기대고 소속되고 싶어 하기 때문에, 모호하고 형체 없는 거대한 진리보다는 이해하기 쉽고 구체적인 교리나 학설을 더 좋아하는 것이다. 그러나 어떤 교리나 학설도 실제 현상이나 진리를 다 담을 수는 없기 때문에 부족하고 불완전할 수밖에 없다. 그 불완전한 것으로 스스로를 채워놓아 완전한 전체를 받아들이지 못하게 된 것은 정말 슬픈 일이다. 하나에 집착하여 여러 새로운 가능성을 놓치지 말 것을 목소리들은 경고하고 있다.

윤회의 의미,
영적 성장

원 : 꿈에서 봤던 저승사자가 보입니다…. 이것도 하나의 상징입니다….

김 : 무슨 상징인가요?

원 : '마음에 두려움을 두지 말라.'고 이야기합니다…. '두려움은 자기 마음이 지어내는 것이다.'라고 합니다…. '진리 가운데 있으면 두려워하지 않게 되고, 모든 기준을 명확히 세울 수 있다.'고 말하고 있습니다….

김 : 목소리들입니까?

원 : 네…. 그렇지만 이것은 직접 얘기하는 것이 아니라 하나의 느낌으로 전해져 오는 내용입니다…. 초가집이 한 채 보입니다…. 옛날부터 우리 조상들이 말해 왔던 그런 무덤이나 조상은 실제로 존재하지 않는다고 말합니다…. 염라대왕이라고 하는 것들은 실제로는 자기의 카르마에 따라서 자신의 영혼이 스스로에게 내리는 심판들… 평가하는 이는 따로 있고, 그것도 자신을

위해서 평가하고 심판하게 된답니다…. 사후의 자기평가는 감정의 치우침이나 이해관계에 매여 있지 않기 때문에 아주 엄밀해질 수밖에 없다고 합니다….

김 : 자신의 영혼이 평가하는 것입니까?

원 : 네…. 사람이 일단 영혼 상태가 되면 모든 영혼의 통찰력은 동일한 수준이 됩니다…. 그 동일한 수준에서 자기를 공정하게 내려다봅니다…. 그러면서 스스로 자신이 어떤 단계에서 다시 배워야 할 것인가를 엄밀하게 판단합니다…. 예를 들어, 아주 배우지 못한 자나 많이 배운 자, 마음이 악한 자나 선한 자라도 그 영혼은 동일한 수준의 판단력과 동일한 수준의 영성(靈性)을 가지고 있기 때문에, 자기 자신에 대해서 엄격하고 냉정한 판단을 내립니다. 그리고 자기를 어디로 보낼 것인가를 요구하게 됩니다…. 그런데 생전과 한 가지 다른 것은, 생전에는 윗사람에게 편하고 좋은 곳의 보직을 요구하지만, 죽은 영혼들은 그렇지 않다는 점입니다…. 자기가 죽기 전에 했던 행위들에 대해 스스로 잘한 점과 잘못한 점을 엄격하게 드러내놓고 거기에 합당한 배움의 육신으로 보내달라고 요청하게 됩니다…. 다시 몸으로 들어가는 순간부터 중단되었던 카르마는 계속되고, 다시 절차를 밟아 새로운 생애가 출발하게 됩니다….

김 : 그 과정에서 동물의 몸으로 들어갈 수도 있나요?

원 : 그 질문을 받았을 때, 제 안에 굉장히 강한 부정의 마음이 생깁니다…. '사람은 동물로 태어날 수가 없다.'고 말하고 있습니

다….

김 : 그 이유가 뭡니까?

원 : (강하게) 원래 창조의 질서부터 차이가 있다고 말합니다…. 많은 사람이 '사람의 영혼만 귀하게 여겨지고 동물은 귀하지 않은가?'라고 반문하지만, 원래부터 그런 것이라고 얘기합니다…. '동물은 그 영혼의 상태에 그것이 가장 합당하다.'고 합니다…. 이렇게 얘기합니다…. '동물에게 카르마라는 것이 적용되지 않는다.'고…. 전체적인 우주의 질서나 카르마는 적용되지만, 인간과 같은 자발적이고 주도적인 카르마에는 해당이 안 된다는 것입니다…. (잠시 침묵 후) 지금 제 눈앞에 보이는 동물의 영혼은 일괄적이고 획일적인 모습입니다…. 사람의 영혼이 하드보드 종이라면 동물의 영혼은 일회용 휴지와 같다고나 할까요…. 많은 사람이 동물의 윤회에 대해서도 관심을 가지지만… 목소리가 들립니다…. '그런 관심을 가지지 않아도 된다.'고 합니다…. '그것은 신의 영역이기 때문에 간섭할 필요가 없다.'고 합니다…. 왜냐하면, 정작 알아야 할 것들보다 지엽적인 것에 관심이 쏠리므로, 윤회를 통해서 우리가 배워야 할 것들로부터 관심의 초점이 흩어지게 된다고 얘기하고 있습니다…. 중요한 것은, 때가 이르면 비밀을 알 수 있게 되는데, 자꾸 엉뚱한 쪽으로 관심의 영역을 돌린다고 말하고 있습니다…. 지나 서미나라*에 대해서 얘기하고 있습니다…. 마스터들의 반응은 부정적입니다…. 그 사람의 일 자체를 다 부정하는 것이 아니라, '사람들의

관심을 하나에 집중시키지 못했다.'는 부분에 있어서입니다…. 지금까지 많은 사람이 윤회에 대해 관심을 가지고 많은 탐구를 했지만 그 본질을 꿰뚫은 사람은 몇 되지 않고, 또 그런 사람들은 잘 나서지를 않는다고 말하고 있습니다…. 아주 확실한 것은, 이러한 영혼의 돌림과 삶들에 관해서 이성과 논리적으로 아무리 안다고 하더라도, 상대적 차이는 있겠지만 유치한 수준에 머물게 되고 절대적 수준에 아직 미치지 못합니다…. 하나의 추론의 영역에만 머물게 되는 것입니다…. 그런 점을 알고 자기 자신이 범하는 오류에 대해서 좀 더 겸손해지고 조심스러울 필요가 있는데, 너무 확신에 찬 나머지 바른 것과 바르지 않은 것들이 혼재된 상태에서 많은 이야기가 나오고, 신화와 비유와 진실이 혼합된 상태로 자꾸 퍼져나간다고 얘기합니다.

김 : 초심리학*의 이론들은 어떻습니까?

원 : (잠시 침묵 후) 초심리학 이론의 각각에 대해서는 말하지 않지만… 마스터들의 눈에는 원시인의 수준으로 보인다고 합니다…. 그러나 가치가 없는 것은 아닙니다…. 중요한 것은, 사람들이 윤회가 주는 의미에 대해서 자기의 공명심이나 개인적인 흥미로 추구하는 경우가 많기 때문에, 자칫하면 생의 반복으로 주어지는 가르침들에 대해서 본질을 약간씩은 비껴가는 현상들

---

* 지나 서미나라(Gina Cerminara) : 미국의 초능력자 에드거 케이시 관련 자료를 통해 윤회를 연구한 미국의 여성 심리학자.
* 초심리학(超心理學, Parapsychology) : 기존의 과학으로는 설명할 수 없는 천리안, 예지력, 염력 등 초자연적 현상에 대해 연구하는 학문.

이 나타납니다…. 그렇지만 그것을 통해 또 많은 사람이 교훈을 얻게 됩니다…. 어렴풋이나마 깨닫게 되는 것은 '사랑'에 대해서인데, 그러나 그 사랑을 어떻게 해내야 될지에 대해서는 잘 알지 못하고 있습니다….

김 : 우리가 윤회를 알아야 하는 이유는 영혼의 성장에 집중하게 되기 위해서인가요?

원 : 네, 그렇습니다…. 목소리들이 이렇게 얘기합니다. 길을 바로 들면 목적지까지 곧바로 간다고…. 고속도로의 톨게이트 그림이 보입니다…. 한군데에 집중함으로써 시야가 협소해진다고 생각할지 모르지만, 본류를 따라가면 모든 것이 다 밝혀진다고 얘기하고 있습니다….

김 : 우리가 사람들에게 전해야 할 것도 영혼의 성장입니까?

원 : 맞습니다. 또 중요한 것은 동반 성장입니다…. 지금 제게는 광대한 풍경이 펼쳐지고, 예수에 대해서도 언급되고 있습니다…. 아주 넓은 공간에 들어와 있습니다…. 지금 제가 누워 있는 자세이기 때문에, 마치 제 눈앞에 우주 전체가 다 놓여 있는 것 같은 느낌이 듭니다…. 기독교에서 말하는 '예수를 믿는다.'는 의미는 신의 질서, 하느님의 질서 속에 자신이 편입되기를 원하는 것…. 그 우주적 질서 속에서 그 질서의 흐름대로 세계가 점점 줄어들고 있습니다. 즉 시야가 점점 넓어지고 있다는 것입니다…. 말을 멈추고 그 광경을 바라보도록 하겠습니다…. 마스터들은 이렇게 얘기해주고 있습니다…. '예수나 석가 같은 존재

는 우주의 한 좌표상에 실제로 존재하기도 한다.'고 합니다….

김 : 그건 어떤 뜻입니까?

원 : 하나의 에너지 흐름으로서의 개념적이기만 한 존재가 아니라 '실재'하기도 한다는 것입니다…. 그러나 이것은 《진실의 서(書)》* 같은 책에서 말하는 류(類)는 아닙니다. 육체적이거나 물질적인 것이 아니라, 영적인 존재이긴 하지만 아직까지 인간의 뇌로는 도저히 이해할 수 없는 존재라고 합니다….《진실의 서》라는 책의 저자에 대해서 말하고 있습니다….

김 : 그는 어떤 사람입니까?

원 : 그 내용은 옳지 않습니다…. 그 정보들은 조작되어 있습니다….

김 : 조작된 정보를 그에게 준 것입니까?

원 : 악한 영들의 세력입니다…. 진실과 위선이 교묘히 혼합되어 있다고 말합니다…. 그 주장의 흐름을 파악해보시라고 합니다…. 사랑과 겸손이 빠져 있습니다…. 많은 우주 연구가와 UFO 연구가들이 잊고 있는 사실이 그런 부분입니다….

김 : 그런 세력들에 대해 공개적으로 반대 이론을 펴야 합니까?

원 : 적극적으로 그럴 필요는 없습니다…. 전에도 얘기한 바 있지만, 바른 길을 가게 되면 나머지 것들은 떨어져나가게 됩니다. 악과 싸우려 하지 말고, 진리를 추구하는 것이 더 나은 방법입니

＊《진실의 서(書)》: 인간은 우주 외계인의 피조물이며 영혼은 없다는 주장을 담은 책이다.

다…. 그러나 반대를 감출 필요는 없습니다….

김 : 힌두와 티베트 성자들의 수행 방법에도 사랑과 겸손이 빠져 있습니까?

원 : 상당 부분이 빠져 있습니다….

김 : 그들 중 깨달은 사람들은 그것을 갖고 있습니까?

원 : 네….

김 : 지금의 달라이 라마는 어떤 사람입니까?

원 : 사람으로서는 상당히 앞서 있지만, 그도 여러 번의 반복이 필요한 존재입니다…. 즉 상대적으로 앞서 있을 뿐이지, 절대적으로는 아직 기준에 미치지 못하는 사람입니다…. 그러나 무시할 수는 없습니다….

김 : 지금 보이는 이상기후와 천재지변들이 앞으로도 계속 진행됩니까?

원 : 생각하는 만큼 그렇게 빠르지는 않을 것입니다…. 선생님께 묵상을 많이 하라고 하십니다…. 명상이라고도 할 수 있겠군요…. 하루에 30분 이상 하십시오. 아무에게도 방해받지 않는 시간과 장소에서 이 의미를 탐구하라고 하십니다…. 그리고 '체력 단련을 하지 않는다.'고 말씀합니다…. 체력 단련을 하십시오. 일을 하기 위해서는 육체가 먼저 준비되어야 합니다. 앞으로 육체가 많은 시달림을 당할 것인데, 지금부터 준비하셔야 합니다.

김 : 많은 일을 한다는 뜻입니까?

원 : 네….

　윤회와 전생에 대해 관심을 보이는 사람은 많지만 그들은 단순한 흥미와 호기심만 가지고 있다. 윤회의 참다운 의미보다는 현상적인 신기함에만 눈을 돌리는 것이다. 어느 학문 분야나 마찬가지이지만, 윤회를 연구하는 학자들 중에도 자신의 관점과 추측을 진실인 양 오해하고 부분을 전체로 오인하는 사례는 흔하다. 윤회가 사실임을 증명하기 위한 잡다한 사례들보다는, 무엇 때문에 윤회가 필요한지를 따져 보는 일이 선행되어야 한다. 윤회의 의미에는 관심이 없고 잡다한 주변 현상에만 주의를 기울이고 논쟁하는 것은 무익할 뿐 아니라 혼란에 빠지게 한다고 목소리들은 경고하고 있다.

진리의 실체

원 : 보이지만 만질 수 없고, 느껴지지만 잡을 수 없는 것…. 형체는 보이지만 하나의 형체라고 규정지을 수 없는 것과 같습니다…. 그것이 우리에게 실체적인 작용을 주고는 있지만 불이 무엇이라고 뚜렷이 정의할 수는 없습니다. 마찬가집니다. 진리는 우리의… 여기서의 '우리'는 사람을 말합니다. 하나의 자원과 하나의 시각, 그 창으로만 볼 수 없는 것입니다…. 우주의 물질 작용인 불도 무어라 정의하기가 어려운데, 어떻게 진리를 하나의 획일화된 지식 체계로 이해하려고 하십니까? 진리는 이해되는 것이 아니라, 가슴으로 받아들여지는 것입니다…. 이것은 진리가 불완전하다는 것이 아니라 그 그릇을 담는 인간의 유한함이 있고… 또한 진리는 인간의 합리성을 초월하는 것이기 때문입니다…. 그러므로 불을 분석하려 하지 말고 있는 그대로 받아들이는 것처럼, 진리는 그대로 받아들여야 합니다….

바닷가의 게가 보이고, 그 게를 불 속에 넣어서 굽는 모습이 보입니다…. 게가 불에 구워져서 죽는 그림이 보이는데… '껍질은 변화가 없는데 속이 익어서 죽는다.'는 것처럼 우리의 삶도, 진리가 우리 안에 들어오면 겉은 변화가 없지만 그것이 우리 속에서 작용한다고 얘기하고 있습니다…. 이렇게도 얘기하고 있습니다. 화학적 변화와 물리적 변화에 있어서, 화학 변화를 일으키는 것이 정말 화학적인 변화인지, 그렇지 않으면 그 화학 변화를 일으키는 입자 하나하나의 운동과 그 결합으로 말미암은 물리적 작용인지에 대해서도 질문을 던지고 있습니다…. 이것이 말하는 것은, 어느 것이 '종속 변인'이고 어느 것이 '핵심 변인'인지입니다…. 주종 관계와, 원인과 결과에 대해… 무엇이 원인이고 무엇이 결과인지 지극히 알기가 어렵다는 것입니다…. 그렇지만 때가 되면 알게 됩니다. 진리는 '인식'하려 하지 말라고 합니다. 진리는 주어지는 대로 실제로 행하면서 자기 모습을 확인할 때 삶으로 느끼게 되는 것이지, 뇌로 이해하는 것이 아닙니다…. 사람들이 어려워하는 것은 바로 그 틀이 아직 깨어지지 않았기 때문입니다… 하나의 논리적 틀에 대해서, 그것들이 침해를 받거나 그 근거에 흔들림이 올 때 당황하게 되고 어려워하지만… 그러나 진리는 하나의 모습으로 이해될 수 있는 것도 아니고, 사람이 가지고 있는 지식 체계로 이해되는 것도 아닙니다…. 그 삶이 변화되었다면 변화된 내용으로 그 진리를 맛보십시오. 그래서 당신의 삶이 진리의 부분이 되어간다면 그렇게 느끼면 되는 것입니다….

중무장을 한 군사의 모습이 보입니다…. 아무리 갑옷을 두껍게 두르고 얼굴에 투구를 쓰고 방패가 아무리 넓어도 화살이 들어올 곳은 있습니다…. 목에 화살이 꽂히는 모습이 보입니다…. 무장을 한 병사들도 목까지 둘러 채울 수는 없기 때문에 목을 내놓는다면 그곳으로 화살이 들어올 수 있고, 보다 나은 활동을 위해서 팔의 갑옷을 벗으면 그곳에 독이 묻은 화살이 날아옵니다…. 모든 화살을 막기 위해 자기를 완전히 무장시켰을 때에는 그 무게를 지탱하지 못하고 오히려 포로가 되는 경우… 이 세 가지를 말하고 있습니다…. 진리에 대한 예도 마찬가집니다. 모든 것을 합리적으로 다 맞추려고 하면 그것이 자기를 누르는 짐이 되어서 다른 것들로 나아갈 수가 없게 됩니다…. 또한 아무리 정교한 틀을 만들더라도 그 사이에는 허점이 있게 됩니다. 이것이 인간이 가지고 있는 원천적인 한계입니다…. 당신이 가지고 있는 지식의 체계 안에서 다른 것들을 바라보고 그 입장, 그 시각에서, 그 패러다임에서 모든 것을 보려고 한다지만, 어쩔 수 없이 거기에는 허점이 있고 한계가 있고 불완전할 수밖에 없습니다…. 완벽한 패러다임을 구축했다고 생각할 때 당신은 이미 그 생각 안에 갇혀서 다른 것들을 받아들일 수 없게 되고, 지적 유희로 끝나게 됩니다…. 그러므로 이해하려 하지 마시고 느끼십시오…. 지금 갑옷을 다 벗은 그림을 보여줍니다. 갑옷을 다 벗으면 죽지 않고 노예로 생존할 수 있다고 얘기합니다…. 자기 안에 쌓아놓은 것이 하나도 없으면… 포로로 잡혔다가 그곳의 지도자로 서게 된 사람들에 대해서 얘기하고 있습니다…. 여러 그림이 보이는데… 정리할 필요가 있습니다….

사람은 자기가 바라는 것을 소유했을 때 행복감을 느끼지만, 그런 행복감에는 한계가 있습니다. 참된 행복은 소유로부터 나오는 것이 아닙니다. 물질적인 소유뿐이 아니라 정신적인 것이나 영적인 것에 대해서도 마찬가집니다…. 소유하지 않는 것에 대해 다시 말하고 있습니다…. '버린다.'는 것은 가지지 않는다는 것이 아니라, 진정한 것들이 내 안에 들어올 때 그것들을 맞이할 준비를 한다는 뜻입니다…. 보다 쓸모 있는 것들을 채우기 위해서 지저분하고 쓸모없는 것들을 버리는 것과 같이, 자기가 소유하지 않고 버린다는 것은 새로운…. 물레방아가 도는 그림이 보이는데… 물레방아는 물이 떨어질 때 그 내부를 비워 놓지 않으면 돌 수가 없다고 얘기하고 있습니다…. 물레방아는 떨어지는 물을 자꾸 뱉어내기 때문에 새 물을 받아 작용할 수 있다고 얘기합니다…. 사람도 마찬가지입니다. 지적인 체계나 진리에 대한 탐구조차도 채웠다면 다시 내버리고, 채워지면 다시 내버리십시오…. 그것이 당신을 작용케 합니다…. 사람들은 '이렇게 하는 것이 옳다.'고 보지만 우리가 볼 때는 그 이면의 작용들이 오히려 가치 있어 보일 때가 있습니다…. 예를 들어봅시다. 이 작업을 통해서 많은 사람이 지혜로운 깨달음을 얻게 되었다면 그것을 하나의 작용이라고 보게 되겠지만, 우리의 관점은 그 이후에 있습니다. 그 이면에 가려진 아직 드러나지 않은 작용들에 대한 기대감이 있는 것입니다…. 그렇기 때문에 모든 것을 이해할 때 제한하려 하지 마십시오…. 흐르는 물과 같이 그냥 놔두십시오…. 이상입니다….

김 : 사람들이 기억해내는 전생의 기억 중 실제와 상징을 구별해내는 방법이 있습니까?

원 : 그 부분에 대해서 제게 하나의 화면을 보여주는데… 대부분은 실제로 보았던 것이지만 상징은… 자기가 이루고자 했던 것들… 또 배워야 할 것들에 대한 이미지가 나타나기도 합니다. 그러나 그것 또한 그렇게 중요한 것은 아닙니다…. 많은 사람의 진술이 상징이 아니라고 봐도 좋습니다….

김 : 대부분 실제라고 보면 되겠군요?

원 : 네….

김 : 저를 찾아오는 불치의 환자들, 희망이 없는 환자들에게 최면을 통한 치료를 시도해봐도 좋습니까?

원 : 시도해봐도 좋지만 큰 효과를 보지는 못할 것입니다…. 아직까지는 영적인 부분에서 세상이 많이 혼탁하기 때문입니다…. 그런 방법으로 많은 사람을 치료하기에는 토양 자체가 아직까지는… 뭐라고 설명해야 할까요…. 이 시대적 흐름이… 악한 흐름이 너무 많습니다…. 그래서 그런 흐름을 역으로 뚫어낸다는 것이 힘들다는 것입니다…. 이 세상에는… 세상을 누르고 있는 기운들이 있습니다…. 지금 그 기운의 흐름은 교만함과 탐욕과

미움과 시기, 그리고 두려움… 이런 에너지들이 실제로 이 사회와 삶들을 짓누르고 있습니다…. 이런 에너지들의 짓누르는 힘이 제거되고 나면 그런 치료 효과가 탁월하겠지만, 지금 현재로서는 큰 효과가 없습니다…. 일단은 교정을 하거나 좋지 못한 것들을 없애버리더라도, 그런 나쁜 기운들이 새롭게 들어가고 거기에 사로잡히기 때문에 다시 원상태로 돌아가는 일이 반복됩니다…. 그러나 그렇게 좌절하지는 않아도 될 것입니다…. 당신은 이미 왜 그런지 이유를 알고 있기 때문에… 인내를 가지고 시도하다 보면 나름대로 성공했다고 할 수 있는 사람들을 만날 수 있게 될 것입니다….

김 : 책을 발표하는 것은 별 무리가 없는 것입니까? [나의 첫 번째 책 《전생여행》을 말한다.]

원 : 네…. 당신의 마음 가운데 왠지 개운치 못한 기운이 있는 것 같습니다….

김 : 예상할 수 없는 어떤 반대와 어려움에 대한 막연한 두려움이 있는 것 같습니다.

원 : 그러나 그렇게 염려하지 않아도 될 것입니다…. 아마 이 일을 통해서 당신은 생애에 있어서 두려움이라는 것에 대해 현실적인 느낌을 갖게 될 것입니다…. 항상 자신만만했지만… 실제적인 두려움이나 긴장을 가지게 될 것입니다…. 그러나 생각하는 만큼의 혹독함은 없을 것입니다…. 다만 그 내용에 대해서 시비를 가리거나 내용이 잘못되었다고 얘기하는 사람들이 많을 것

입니다…. 그러나 그것에 너무 연연해하지 않으시기를 바랍니다…. 닭이 달걀을 낳을 때 매일 똑같은 과정을 거치고 비슷한 모양의 달걀이 나오지만 각각의 달걀은 모두 다른 개체입니다. 이것이 상징하는 바는… 많은 사람이 했던 좋은 말이나 깨달음을 위해 했던 말들도 요란함이 있은 다음에 나오지만, 나중에 봤을 때는 다 비슷비슷해 보입니다…. 그러나 그것들은 각각 모두 가치가 있습니다…. 당신이 책을 내고 나면 매일 달걀을 수집하면서 기뻐하는 사람처럼 좋아하는 사람도 있겠지만, 특별한 것이 없다고 얘기하는 사람들도 있을 것입니다. 그 달걀의 모습이 모두 비슷하기 때문에 무덤덤하게 받아들이는 것입니다. 생각하는 만큼의 흥분된 반응이 일어나지 않을 수도 있지만, 당신은 그 일을 했다는 것만으로도 만족할 수 있을 것입니다…. 그렇다면 또 예상치 못했던 힘들이 주어질 것입니다….

김 : 지금 진행하는 작업들도 적당한 때가 되면 또 발표해야 됩니까?

원 : 그러나 아주 중요한 것들은 미리 다 말을 했습니다…. 이제는 천천히 시간을 두고 자신의 내부를 돌아보는 것이 좋을 것입니다…. 지나친 의무감은 당신을 속박하게 됩니다. 두 번째 책을 만들어야겠다는 의무감을 떨쳐버리십시오. 계획에 사로잡히지 말라는 말입니다…. 오늘은 여기까지입니다….

무형의 '진리'를 유형의 말과 이론으로 표현하려고 하면 언제나 적당한 어휘와 개념의 한계에 막힐 수밖에 없다. 진리는 어떤 틀과 이론에도 사로잡히지 않으며 가슴으로 느끼는 것만이 실제에 가깝다는 것, 그리고 그 진리를 제대로 느끼기 위해서는 언제나 마음을 비워놓아야 한다는 것은 역시 머리로는 이해하면서도 실천하기는 어려운 가르침이다.

사랑과 신뢰에 대한 굶주림,
동료 의사들의 반응

원 : 꽃과 물이 보이고… 이 두 가지는 상징적 의미가 있는데… 꽃은 사람들에게 기쁨을 준다는 것을 상징하고, 물은 사람들의 목마름을 해결해준다는 의미입니다…. 책《전생여행》에 대해서 하는 말은… 목마름을 해결해주기 때문에 사람들이 기뻐하게 된다는 것입니다…. 삶에 있어서 가장 중요한 것은 신뢰라고 합니다. 모든 것은 믿음에서 출발하게 된다… 확신이 없으면 사랑할 수도 겸손할 수도 없다… 절대자에 대한 신뢰의 바탕이 없으면 사람은 기본적으로 흔들린다고 얘기합니다….
그러나 사랑과 신뢰와 겸손과 희생 같은 것들이 서로 합하여 상승효과를 이루지 않는다면, 어느 것이 어느 것에 우선한다고 우위를 인정하기는 어렵습니다…. 사랑과 겸손이 폭탄의 작약이라고 한다면 희생은 뇌관의 역할을 하고, 신뢰는 신관의 역할을 하게 됩니다…. 작약만 있으면 불은 붙으나 폭발성이 없고, 뇌관의 성능이 좋아도 폭약이 없으면 아무 의미가 없습니다….

네 가지가 하나가 되면 강한 폭발력을 가지게 됩니다. 자신의 주변 사람들에게 이런 사랑의 폭발력을 터뜨리고 있는지 살펴보십시오. 많은 사람이 무관심 때문에 힘들어한다고 얘기하고… 많은 사람이 정말 원하는 것은… 사랑받기를 원하지만 그것을 공개적으로 드러내기를 어려워한다고 말합니다…. 사랑에 굶주리고 관심에 굶주린 것이 집착의 형태로 나타나고, 그 집착의 대상을 서로 쟁취하기 위해서 사람들은 갈등하게 된다고 합니다. 예를 들면, 남편에게 사랑받지 못하는 여인이 보석 반지에 집착을 보이면 원래의 문제에서 엉뚱한 곳으로 관심이 전이되는 것과 같이, 마치 원래부터 자기가 그것을 사랑하고 그것에 모든 생을 걸었노라고 말하는 것처럼, 그렇게 착각하게 됩니다…. 그래서 자기가 정말 받고 싶은 것은 사랑인데, 사랑에 대한 좌절로 보석에 집착하게 되고, 이제는 그것을 자랑하는 것으로 삶의 낙을 얻으려 한다고 얘기합니다…. 사람들이 정말 받아야 할 것을 받지 못하기 때문에 엉뚱한 것, 즉 학위, 금전, 자기의 소유물들, 겉으로 드러나는 존경, 형식적인 관계들에 집착해서 그것으로 자랑을 삼으려 하고 서로에게 상처를 주고받고 있지만… 정말 필요한 것은 사랑이고, 영혼의 안정… 그리고 기본적인 신뢰입니다…. 내가 가진 것으로 자랑하게 될 때 가지지 못한 자들은 마음의 상처를 입게 되고, 이것이 하나의 갈등이 됩니다….

왜 많은 사람이 돈을 많이 가지고 있으면 마음을 놓게 될까요?

이것은 자기신뢰의 근원에 대해서 확실하게 인정하지 못할 때 막연하게 돈을 자기의 생존을 안정시켜줄 수 있는 수단이라고 보고 그것을 많이 쌓아놓음으로 안정감을 느끼기 때문입니다…. 학자는 자기의 저작물과 연구의 업적으로, 사업가는 많은 돈을 보면서 안정감을 느낍니다…. 그러나 그것은 자기 영혼의 가장 기본적인 필요를 알지 못하기 때문입니다…. 근본적인 사랑과 절대자에 대한 신뢰가 제대로 채워지지 않으면 그런 허상들에 집착하게 됩니다. 자기의 근본적인 필요를 바로 알고 그 수요가 채워지게 된다면… 많은 갈등이 사라지게 될 것입니다…. 자랑을 통해서 자신의 위치를 확인하려는 사람들은 이제 그런 일을 포기하게 될 것이고, 많은 돈을 자랑함으로 자신의 존재가 인정받기를 원하는 사람들도 그런 일을 포기하게 될 것입니다…. 그러므로 사람들에게 부의 어리석음과 허영의 어리석음을 지적해주고 가르치기 전에, 그들의 필요를 채우는 작업을 하십시오. 가랑비가 옷을 적시듯 뿌려지는 그것이 나중에 사람을 변화시키게 됩니다….

사람은 근본적으로 자기가 받는 사랑에 대한 확신이 있으면 욕심을 부리지 않게 됩니다…. 사람들의 갈등을 해결하려고 할 때, 허상이 빚어내는 문제들에 개입해서 그것을 지적하고 해결하려 하지 말고 그 근본적인 영혼의 굶주림을 바라보십시오. 그 부분에 대한 충분한 갈증 해소가 있은 후에 갈등은 해결될 것입니다…. 사람은 기본적으로 자기 생에 대한 확신, 즉 안정과 생존에 대한 확신이 서지 않으면 절대로 양보하지 않고, 이웃을 돌보지 않습니다…. 문제의 핵심은 그곳에 있습니다…. 크게는 국가 간의 분쟁에서 시작해서 작게는 개인의 관계에 이르기까지, 자신의 생존 기반에 대한 확신이 서지 않게 되고 근원적인 갈등, 즉 영혼의 근원적인 갈증이 해결되지 않을 때 끊임없이 헛된 것으로 그것을 채우려고 노력하고 애쓰는 과정이 문제를 확대시키는데, 그 부분에 대한 올바른 인식이 있다면 갈등은 사라지게 됩니다….

자아를 존중하게 되는 것은 자아를 존중하겠다는 결심만으로 되지 않습니다. 왜 자기가 존중받아야 하며 존경받아야 하는가 하는 이유가 분명해질 때 가능한 것입니다. 자아존중이라는 말은 보편적으로 이해하기 쉽게 해주는 말이지만, 궁극적으로는 그 영혼의 가치에 대한 인식이라고 할 수 있습니다…. 많은 사람이 허상을 가르치고 있습니다…. 즉 '나는 이러저러한 면이 있기 때문에 필요한 사람이야… 중요한 사람이야… 존귀해.'라고 말하고 있습니다…. '당신은 이러저러한 면이 있기 때문에… 당신 나름대로의 매력이 있고… 가치가 있어.'라고 얘기하고 있습니다…. 그러나 그것은 마치 아파서 고통스러워하는 환자에게 진통제를 놓는 거나 마찬가집니다. 근본적인 문제를 해결해주지 않고 피상적이고 지엽적인 부분들, 그리고 파생된 문제들이 마치 그 문제의 본질인 양 덮어버리는 수단에 불과한 것입니다…. 그렇기 때문에 많은 사람은 아예 자신에 대한 존경을 포기해버리고 스스로에 대한 사랑을 포기해버리든지, 허상과 조작된 이미지 속에서 만족하면서 살려고 애쓰고 있습니다…. 그러나 근원적인 문제가 해결되기 전에는 다 헛된 노력이요, 쓸데없는 시도가 될 것입니다. 즉 자신의 영혼의 가치에 대해서 집중하게 될 때 많은 개인적인 갈등과 어려움은 해결될 것입니다. 그리고 사람을 사랑하는 것과 존경하게 되는 것은 (강하고 열정적으로) 바로 그 영혼의 존귀함에 대해서… 그 영혼이 가지고 있는, 영혼의 가치에 대해서 집중하게 될 때에만 비로소 가능하게 되는 것입니다…. 계속해서 강조했던 것처럼, 허상을 좇지 말고 실상을 좇는 것에 대해 다시 한번 상기해보십시오…. 이상입니다….

김 : 책에 대한 부정적인 반응들엔 어떻게 대처하는 것이 좋습니까?

원 : 먼저… 그들을 존중하십시오. 당신을 비방하려고 하는 자들의 의견을 충분히 존중하십시오…. 두 번째, 책을 적극적으로 옹호하려 하지 마십시오…. 그들이 판단하게끔 내버려두십시오…. 우리가 준 메시지들은 그 자체가 생명력이 있습니다…. 분노하지 마십시오. 감정적인 반응을 보이지 마십시오. 당신은 당신이 해야 할 것들에 집중하면 됩니다. 실망하지도 말고, 낙심하지도 말고….

김 : 동료 의사들에게 내 입장을 진지하게 설명하는 것은 의미가 있습니까?

원 : 그것이 변명이 아니라면 가능합니다…. 그러나 중요한 것은…

변호하려 하지 마십시오…. 거듭 말하거니와, 변호하려 들면 일이 어려워질 것입니다. 그들이 판단하게끔 내버려두십시오…. 쓸데없이 에너지를 낭비하게 될 것입니다….

김 : 편히 쉬면서 또 다른 메시지나 영상을 기다리십시오…. 긴장을 풀고 휴식합니다….

원 : 지금 많은 사람이 몰두하고 있는 기(氣) 수련의 상당수가 잘못된 방향으로 흐르고 있다고 말하고 있습니다…. 처음에는 바르게 시작했지만… 자신들이 가지고 있는 경제적 이해관계나 명예 때문에 하나의 수단이 되는 경향이 있다고 합니다…. 세(勢)를 과시하려는 마음들… (탄식하듯) 안타까울 뿐입니다…. 참된 것은 오래 전부터 이어져 왔으나, 그것을 받을 만한 사람들의 그릇은 언제나 일정합니다…. 우리가 준 메시지에 집착하지 마십시오…. 집착하지 않는다는 말은, 무시하거나 중요하게 생각하지 말라는 것이 아니라, 그 입장에 도취되지 말라는 것입니다…. 받는 사람은 받는 대로, 그렇지 않은 사람은 그렇지 않은 대로… 우리는 이때까지 여러 가지 형태로 이런 말들을 전해 왔지만, 필요한 사람만 받을 것입니다…. 당신은 당신이 해야 할 일에만 묵묵히 집중하면 됩니다…. 나머지는 그 책이 알아서 할 거라고 합니다….

김 : 선배 정신과 의사들에게는 어느 정도 입장을 전달하는 게 좋겠습니까?

원 : 네, 자신만만한 태도를 조심하십시오. 마스터들의 노파심이지

만⋯ 의사는 분명하게 전달하되, 아주 겸손한 자세로 하라고 합니다. 선배들의 기억 속에 김영우라는 사람은 자신만만하고 직선적이고 다소 오만한 기가 있었다고 얘기합니다⋯. '내 그럴 줄 알았다.'는 반응들⋯ 그러나 두 가지 반응이 있을 겁니다⋯. 아는 사람들의 두 가지 반응 중 하나는⋯ 선생님을 아웃사이더 같은 이미지로 기억했던 사람 중에는 일과적인 해프닝 정도로만 생각하는 사람들도 있을 것이고, 또 선생님과 친밀한 관계를 가졌던 사람들 중에는 아주 우호적으로 이 부분에 대해서 접근하게 될 거라고 합니다. 그래서 최대한의 겸손과 조심스런 태도⋯ 그러나 확정된 사실에 대해서는 분명한 자세를 견지하라고 얘기하고 있습니다⋯. 자신의 진료 프로그램에 이런 전생퇴행을 끼워넣으려 하는 정신과 의사들도 생길 것입니다. 비공식적으로 문의해 오는 사람들도 있을 거라고 말합니다⋯. 코끼리 그림이 보이고⋯ 코끼리가 모래목욕하는 그림이 보입니다⋯. 무엇을 의미하는지는 정확히 모르겠습니다⋯.

김 : 내게 접근해 오는 의사들은 어떻게 대해야 합니까?

원 : 아까 말했던 원칙대로 하시면 될 것입니다. 변호하려 하지 말 것, 그들이 판단하도록 할 것, 요구하는 것들에 대해 최대한 정중한 자세로 필요한 것들을 제시해줄 것, 왜 그런 입장을 가지게 되었는지 과정을 설명해줄 것, 불필요한 논쟁에 끼어들지 말 것 등입니다⋯. '내 것이 아니다.'라고 생각하고 계시기 때문에 오히려 더 편안하게 대응할 수 있다고 합니다.

많은 정신과 의사가 자신의 치료 작업에 확신을 못 가지고 있습니다…. 두 부류의 반응이 일어날 것입니다. 하나는 자신의 부족한 부분들을 솔직하게 인정하고 도움받기를 원하는 사람들이 있는 반면… 젊은 의사들을 중심으로 그런 사람들이 많이 나타날 것이고, 학회를 이끈다거나 나름대로 명성을 쌓은 사람 중에는… 의사표시를 하지 않는 것으로 지지를 표명하거나 노골적인 거부를 나타내는 사람도 있을 것입니다…. 가급적이면 선공(先攻)하지 않는다는 원칙이 좋을 겁니다…. 이렇게 말하고 있습니다. '의사들의 세계는 사실 자괴감으로 가득 찬 집단이다.'라고…. 자신의 한계를 느낄 때마다, 그리고 자신을 바라보면서… 마치 자기의 모든 것을 다 치료해줄 수 있는 수퍼맨인 양 바라보는 환자들을 볼 때마다 무기력에 시달리는 집단이라고 얘기하고 있습니다. 그렇기 때문에 두려워하지 않아도 될 것이라고 말합니다. 자신의 한계를 다들 알고 있기 때문에, 겉으로는 비방하는 사람들도 돌아서서는 혼자서 고민하게 될 것이라고 합니다…. 그리고 은근히 선생님의 용기에 대해 감탄하는 사람들도 있을 것이라고… 반대 의견으로 인한 어려움만 있지는 않을 것이라고… 그리고 그 반대도 그렇게 강하지는 않을 것이라고 합니다…. 한 번이라도 자신의 한계에 대해서 진지하게 고민하고 몸부림친 사람들이라면 이런 시도에 대해 박수를 보내게 될 것이라고 얘기하고 있습니다…. 이것이 정신과 환자들에게만 영향을 주는 것이 아니라… 지금 제 눈에는 중환자실 환자들의 그림이 보이고… 자기 삶을 정리해야 될 많은 환자에게도 도움을 줄 것입니다. 각종 질환으로 삶을 정리해야 될 많은 사람에게 새로운 위로가 될 것입니다…. 많은 종교인에게도 그럴 것입니다….

사랑과 신뢰에 굶주린 현대인은 재산과 명예와 학력으로 자신의 공허함을 가리고 포장하여 인정받으려 한다. 채울 수 없는 외로움과 불안을 달래기 위해 더 많은 돈을 벌고 더 높은 지위를 차지하지만 어디에도 진정한 만족은 존재하지 않는다. 사랑받고 있는 사람은 큰 욕심을 부리지 않는다. 배부른 사람이 음식을 탐하지 않듯이, 영혼의 양식인 사랑이 충분할 때 우리는 마음의 배고픔에서 벗어날 수 있다.

진정으로 강한 삶,
인내와 관조

(최면 유도 과정에서 가상의 계단을 내려와 문을 통과할 때 위축되고 불안한 마음을 호소하여 계단을 다시 내려오게 했다.)

원 : 음성이 들리기는 하지만… 마스터들의 권위 있는 음성이 아닙니다…. 저를 혼란케 만듭니다….

김 : 무슨 얘기를 합니까?

원 : 제게 '네 자신을 보라.'고 얘기하는데… 마스터들의 음성은 아니라고 느껴집니다.

김 : 좋지 않은 음성입니까?

원 : 네….

김 : 그대로 무시하고 휴식합니다…. 그들은 보잘것없는 힘을 가진, 우리를 혼란에 빠지게 하는 세력입니다. 편안히 휴식합니다….

원 : 지금 그 명령에 대해 비웃는 듯한 말투를 던지고 있습니다….

김 : 뭐라고 하나요?

원 : 보잘것없다는 말에 대해서 불쾌감과 코웃음…들이 느껴집니

다….

김 : 무시하고 앞으로 나갑니다…. (긴장을 푸는 암시를 주었다.)

원 : 이런 류의 흐름들과 맞부딪쳐야겠다는 생각이 듭니다…. 그것들을 제어할 수 있으며… 전에도 이겨본 경험이 있습니다….

김 : 부딪칠 수 있다면 부딪칩니다…. 그들은 올바른 힘을 이길 수 없습니다….

원 : 저는 지금 날이 선 검을 들고 있습니다…. '진리는 거울과 같고, 날이 잘 선 검과 같다.'고 합니다….

김 : 그것은 마스터들의 음성입니까?

원 : 네…. 이제 저는 마스터들의 세력권으로 들어섰습니다…. 영적인 전쟁에 대해서 얘기해주고 있구요…. 영적인 수준이 높아질수록 방해하는 세력도 강해진다고 얘기합니다. 자신의 무장을 돌아보라고 합니다…. 여러 가지 정보가 한꺼번에 나옵니다…. 먼저, 권위에 대해서… '권위는 의식하지 않을 때 생긴다.'고 말하고 있습니다. 강한 것은 힘이 있어 보이지만, 힘이 있어 보인다는 것이 강한 것은 아닙니다. 많은 사람이 자기를 지키기 위해서 강한 척하고 어려운 일이 있을 때도 아무렇지 않은 척하지만, 정작 문제를 해결해야 하는 힘을 자신을 포장하는 데 쏟고 있기 때문에 겉으로 강해 보이더라도 속으로는 무척 허약한 상태가 된다고 얘기하고 있습니다…. 그러므로 지혜로운 방법은 자신의 약한 부분을 약한 그대로 인정하는 것이라고 합니다. 그것이, 헛된 곳에 에너지를 사용하지 않음으로 인해서 오히려 평

정을 찾는 것… 이런 비유를 보여줍니다. 몸을 낮추면 무게중심이 낮아져서 더 안정을 찾는 것처럼… 자신의 허세에 집중하게 되면 불안정해지고 일순간에 무너질 가능성이 있다고 얘기합니다…. 그러므로 자신의 존재를 있는 그대로 인정하는 것은 강함의 출발이요, 진리 탐구의 첫 번째 조건이라고 얘기하고 있습니다…. 모든 허세와 집착은 자신의 관점이라고 얘기하고 있는데… 아마 자기에게 집착하는 것 때문이라고 하는 것 같습니다….

'진실로 강한 것을 선택하라.'고 얘기하고 있습니다…. 강한 것에 대한 정의들이 나오는데… 강한 것은 단순한 것… 정육면체의 모습이 보입니다. 같은 1킬로그램의 무게로 정육면체와 길쭉한 조각을 보여줍니다…. 외부에서 힘을 가했을 때 어느 것이 더 안정적이고 강하냐 하면, 정육면체가 더 강하고 외부의 충격에 더 잘 견딜 수 있습니다…. 이것은 다져졌기 때문이라고 얘기합니다. 그와 같이, 자신을 나타내기 위해서 이런 모습 저런 모습… 자기가 잘할 수 있는 것처럼 느껴지는 것들을 드러내놓거나 추구하게 되면 어느 날 타격이 왔을 때 무너질 수밖에 없습니다…. 그러나 자기를 둘러싸고 있는 여러 가지 바람이나 거품들을 제거하고 불필요한 동작과 집착에서 벗어나게 되면 내부적으로 다져져서 참된 강함이 된다고 합니다…. 그러므로 단순한 삶은 강한 삶이 됩니다. 강해 보이는 삶이 중요한 것이 아니라 실제적인 강함이 중요합니다. 그 강함으로 가는 길은…

자기가 모르는 것을 모른다고 하고, 알 수 없는 것을 알 수 없다고 하는 것입니다…. 또한 자기를 솔직하게 하려는 노력들이 자기를 둘러싼 껍질들을 벗겨내고 자신의 내부를 더욱더 단단하게 합니다. 많은 사람은 자기의 약한 것을 드러내면 부끄러움을 당할 걸로 생각하고, 자신이 강하지 않음을 나타내면 사람들에게 비웃음을 당할까봐 두려워합니다…. 물론 자기를 개방하는 동안은 그럴 수도 있겠지요. 그러나 길게 볼 때… 시간이 가면 갈수록 그 다져진 것은 더욱더 강해지는 것입니다…. 그러므로 자신을 솔직하게 개방하고, 자신의 능력에 대해서 솔직하게 인정하는 삶이 강한 것입니다….

'강한 삶'과 '강한 것처럼 보이는 삶'을 구별할 필요가 있습니다. 그런 의미에서 당신은 자신을 개방하는 데 상당히 주력했다고 할 수 있습니다…. 그것이 당신이 가지고 있는 강인함의 원동력이 되고 있는 것입니다…. 사람들은 자기가 강하다고 생각하고, 많이 가지고 있다고 생각하고, 많이 안다고 생각하기 때문에 자신의 부족한 부분에 대해서 개방하기도 꺼려할 뿐 아니라 그 허상에 자기가 매료되고 도취되어 착각 속에 빠져 마치 원래 자기가 그런 사람인 양 삽니다…. 그러므로 그들은 그것에 취해 살면 살수록 자신의 약한 부분을 더욱 다질 필요를 못 느끼는 것입니다. 학위와 권력과 금력과 여러 가지 쾌락의 도구들을 갖춘 사람들이 어느 날 갑자기 삶의 공허함을 느끼는 것은, 바로 그런 허상에 자기를 집중함으로써 정말 자신을 다지고 강하게 해야 할 때 그것을 소홀히 함으로… 그 부분에 대한 타격이 들어올 때 허물어지는 것입니다…. 어떻게 하면 실제로 강하게 살 수 있는가에 대한 설명이었습니다…. 음악 소리가 들리고… '모든 것은 실존에 있다.'고 얘기하고 있습니다…. 단편적인 낱말들이 제 눈앞을 스쳐가지만 중요한 것들은 아닙니다….

김 : 오늘 처음에 들렸던 잡다한 목소리를 가끔 듣습니까?

원 : 전에는 그렇지 않았지만 요즘 들어 그런 경향이 있고… 그것을 제가 시인하는 것이 처음입니다…. 방해를 받을 때가 많고… 그것을 제어해야 할 필요성을 느낄 때도 많고… 제어를 하기도 했습니다….

김 : 그대로 쉬면서 또 주어지는 정보가 있으면 계속합니다….

원 : 칼날과… 칼날을 가는 그림이 보입니다…. 아까의 내용이 이어진 것입니다…. 칼을 숫돌에 갈 때는 더러워집니다. 가치가 없어 보이지요…. 중요한 내용들입니다…. 그렇지만 칼날을 다 갈고 나면 다시금 그 더러움이 씻기고 빛이 난다고 합니다…. 칼날을 가는 사람은 자신의 칼이 더러워지더라도 다 갈고 난 다음에 날이 선 모습을 기대하기 때문에 개의치 않고 즐거운 마음으로 갑니다…. 하느님이 우리를 인생의 어려움 가운데 집어넣는 것도 그렇습니다. 자신에 대해서도 그런 기대를 가지십시오…. 즉 자신의 부족한 부분을 인정한다는 것이나, 삶 가운데 어려움에 처했을 때 이 모든 것이 방향은 조금 다르겠지만… 즉 자신의 약점을 인정하는 것과 삶의 어려움 가운데 던져질 때

역시 잠시는 상실된 것같이 느껴지지만 그것을 극복한 다음에는 자기가 더욱 강인해져 있다는 것, 더욱더 날카로워져 있다는 것을 기대하라는 것입니다…. 그러므로 우리는 어려운 삶에 있거나 자신을 낮추는 과정 가운데 있어서… 비록 현재는 절망적인 마음이 들거나 사람들 앞에 자기가 드러나지 못하는 것같이 보일지라도, 그것이 끝난 후에 더욱더 강해져 있고 내적인 깊이가 더 많이 쌓이는 것을 바라보라고 합니다…. 더 잘 표현하지 못해서 안타깝습니다만, 메시지의 내용은 이런 것입니다….

원 : 버터를 만드는 그림을 보여주는데… 우유를 계속 저어서 유지방이 분리되어 나오는 버터에 대해서… '좋은 것을 뽑아내기 위해서는 갈등을 줄 수밖에 없다.'고 얘기합니다…. '인생은 하느님 보시기에 치즈와 같다.'고 합니다…. 우유를 그냥 두면 썩어서 버리게 되지만, 발효 과정을 겪은 다음에 나오는 치즈는 우유보다 더 부가가치가 있다고 하면서, 우리의 갈등이나 삶의 어려움들은 마치 우유가 치즈가 되고 버터가 되는 것과 같다고 합니다…. 어려움을 겪고 난 다음 깨달음을 얻은 우리의 삶이 더욱더 가치 있게 된다는 것을 말하는데… 버터를 만들다가 중간에 우유 맛을 보면 먹을 수가 없습니다…. 즉 느끼함이 강해지고 원래 우유의 고소한 맛이 사라집니다…. 또 치즈가 되다 만 우유 역시 먹을 수가 없습니다. 그러나 그 과정이 끝난 후에는 치즈의 부드러움과 고소함과 같은 특유의 맛을 즐길 수 있습니다…. 우리 삶의 여정에서 다가오는 여러 가지 어려움들은 그

중간에서 보면… 버터나 치즈가 되기 위해 저어지고 있는 우유처럼 맛도 없고, 원래 가지고 있던 안정감이나 만족도 없는 상태이지만, 과정이 끝난 후에는 더욱더 귀한 것이 된다는 것입니다…. 이것은 모든 고통받고 있는 사람들, 삶 가운데 어려움을 겪고 있는 사람들에게 희망적인 교훈이 될 수 있습니다. 그러므로 우유를 젓기 시작할 때는 버터나 치즈가 될 때까지 끝까지 살펴보는 인내가 필요합니다. 치즈를 만들기 위해 시작한 인생이기에, 응고될 때까지 지켜볼 필요가 있습니다. 중간만 바라보고 거기서 머무르면 안 되는 것입니다….

원 : 진리를 따라가는 삶은… 이런 비유가 나옵니다…. 바나나를 파르스름할 때 딴 다음에… 시간이 지나 노랗게 익으면 먹는데, 그 과정을 알지 못하는 사람은 파란 열매가 가지고 있는 좋은 점을 알지 못합니다. 먹어보고 덜 익은 이상한 맛 때문에 그것을 버리는 것과 같은 어리석음을 범하게 되는데… 많은 사람이 이런 실수를 합니다…. 우리 인생은 푸른 바나나와 같습니다. 노랗게 될 때까지 기다리고 인내할 필요가 있는데, 사람들은 마치 푸른 바나나의 따갑고 쓰린 맛만 보고 일찌감치 포기해 버리고 기대하지 않고 그 쓴 기억만 갖는 것입니다. 그러나 파란 바나나가 노랗게 되리라는 기대가 필요하고… 진리를 따라가게 되면 이 원리를 깨닫게 됩니다…. 그러므로 자기 인생을 좀 더 관조적으로 바라보게 되고 넉넉한 마음으로 보는 것입니다…. 또 그렇게 살아야 할 필요가 있습니다…. 많은 사람이

그런 삶을 살지 못하는 것, 즉 치즈와 버터와 노란 바나나를 기다리지 못하는 것은 모든 것을 자기 뜻대로 해보기 위해서, 또 그렇게 계획대로 뭔가 될 거라고 생각하기 때문인데, 그것이 정말 삶을 어렵게 만듭니다….

계획과 기대는 우리 삶을 어렵게 하는 하나의 사슬이 됩니다…. 기다리지 못하게 하고, 발효되어가는 치즈를 노출시켜서 못 먹게 만들고, 우유를 휘젓는 일을 그만두게 함으로써 버터를 만들지 못하게 하고, 익어가는 바나나의 껍질을 깜으로써 결국 노란 바나나를 기대하지 못하게 되는 것… 그러므로 자신의 계획이나 기대를 갖는 것이 중요한 것이 아니라, 내 삶의 여정이 어디까지 왔는지를 볼 수 있는 눈, 즉 진리의 눈을 소유하는 것이 중요합니다…. 기대하지 않고 넉넉하게 바라보는 그 마음, 그 삶과 그 시야가 삶을 넉넉하게 만들고 풍성하게 만들고 마침내는 가장 강력한 삶이 되어서 어떠한 외부적 환경에도 흔들림 없이 자기 길을 가게 되는 것입니다…. 그러므로 강한 척하는 사람, 아는 척하는 사람, 많이 가진 척하는 사람은 나중에 그 허망함으로 무너질지라도, 이 진리의 원칙을 품고 알고 바라보는 사람은 그 삶을 누리게 되고 즐기게 되고 기대하게 되는 것입니다…. 그것을 소유하게 되면 고통이 고통이 되지 않고 어려움이 어려움이 되지 않습니다…. 지금의 다가오는 어려움은 새로운 것에 대한 기대가 되는 것입니다…. 우리는 그러한 삶을 살기를 원하며, 당신과 주위 사람들, 그리고 이 말을 전하고 있는 이 사람과 또 다른 많은 사람이 이 말의 원리를 깨닫기를 원합니다. 그리고 선생님에 대해서… 그러한 삶의 태도를 견지하는 것을 칭찬해주고 있습니다….

원 : 웃음소리가 들리고… 저를 껴안아준다는 느낌이 듭니다….

김 : 마스터들입니까?

원 : 예…. 이 껴안음은 마치… 하느님이 껴안고 있는 것 같은 느낌입니다…. 저에 대한 기대가 있지만, 앞서가지 말 것을 얘기하고 있습니다…. '우리가 주는 것을 그대로 전달하고, 그것을 삶 속에서 실천하라… 그러나 네 의지대로 실천하려고 하지 말고, 실천하는 과정에서 어려움이 있다면… 그것을 우리에게 내어놓으라… 우리는 너의 어려움을 받을 준비가 되어 있다… 어려움을 받아주는 것이 우리의 기쁨이 된다.'고 얘기하고 있습니다. 성경 구절 중에서 '수고하고 무거운 짐진 자들아. 내가 너희를 쉬게 하리라.'는 구절이 떠오릅니다. 예수가 온 목적도 이런 것이라고 합니다…. 진리를 바라보게 되는 삶은 조급해하지 않고 좌절하지 않고 두려워하지 않고 흔들리지 않음으로 인해서 그 내적인 평안이 육체적인 강건함으로 나타나기도 하고 부드러움과 미소와 겸손과 자상함, 자비심, 이웃에 대한 관심, 동정이 아닌 사랑, 그런 것들로 나타나게 됩니다…. 그런 형태로 그 사람의 인생을 바꿔나갑니다… 몰고 나갑니다…. 거짓된 평화가 아니라 진정한 평화, 거짓 관심이 아니라 진지한 관심으로 변화됩니다. 그 삶이 변화됩니다. 이러한 삶들을 자신이 살 수만 있다

면 윤회는 의미가 없습니다…. 그렇기 때문에… 기독교에 대해서 얘기가 나오는데… 기독교에서 윤회를 인정하지 않으려는 교리들이 있는 것은 바로 이러한 삶들이 완성의 단계에 오르게 되면 윤회가 필요 없기 때문입니다….

김 : 진실한 삶을 살고 깊은 깨달음을 얻은 사람들이 다시 돌아오는 것은 남들을 위한 것입니까?

원 : 여러 가지 이유가 있는데… 더 다듬기 위해서가 있고, 섬기게 하려는 의미가 있습니다. 하나의 가이드로서… 선발대라고나 할까요. 즉 먼저 산에 올라보고 그 산을 안내하기 위해서 다시 내려오는 것이죠….

삶의 목표,
빙의 환자의 치료

원 : 문 안에 들어왔습니다…. 마치 동화에서 보았던 것 같은 아름다운 곳입니다…. 요정과 같은 모습을 한 사람이 날고 있고… 제가 그리로 따라가야 할 것 같습니다….

김 : 편안한 마음으로 따라가거나 다른 길로 가거나 자연스럽게 선택하십시오….

원 : 볼펜으로 글씨를 쓰는 장면이 보이는데… 무엇을 의미하는지는 모르겠습니다….

김 : 긴장하지 말고 편하게 둘러보고… 메시지가 있으면 들어보십시오….

원 : 활을 쏴서 과녁에 맞추는 그림도 보이고….

김 : 그 그림은 어떤 의미입니까?

원 : '인생은 과녁이 하나밖에 없는 것이 아니다.'라고 얘기하고 있습니다….

김 : 인생에 여러 가지 목표가 있다는 얘깁니까?

원 : 그런 느낌이 듭니다⋯.

김 : 각 생애마다 목표가 다르다는 것입니까?

원 : 글쎄요⋯. 인생의 각 단계마다 실패나 어려움들에 너무 집중하지 말 것을 얘기합니다⋯. 오늘 활쏘기를 해서 맞추지 못하면 내일 다시 그 자리에 나와서 연습할 수 있습니다. 많은 사람이 모든 것을 한 번에 끝내려고 하는 그 조급함 때문에 많은 시기와 다툼과 두려움과 절망을 느끼지만⋯ 우리에게 주어진 기회들은 그렇게 제한적이지 않습니다⋯. 멀리 바라보고 양보하고 내 것으로 만들려 하지 않을 때⋯ 오히려 더 편안하게 과녁을 맞출 수 있습니다⋯. 누구의 생애든지 진리의 법칙을 바라보는 시야를 가지고 마음의 평안을 누리면서 한 걸음씩 나아가면 평안한 삶으로 나아갈 수 있다고 얘기하고⋯ 거룩한 삶은 깨끗한 삶이라고 얘기하고 있습니다⋯. 거짓이 없는 삶⋯. 사람들은 거룩하게 살기를 원하고⋯ 거룩한 것에 대한 동경은 있지만 오히려 그런 것 때문에 거룩한 삶이 방해를 받을 때가 있습니다⋯. 영적으로 순결하며 순수한 삶을 사는 사람들은 그 태도와 말과 행위가 다듬어지고 정제되나, 정제된 행위나 태도가 그 사람을 거룩하게 만들지는 않습니다⋯. 그러므로 외양을 다듬기보다 내면의 질서와 내면의 정직함에 주력하십시오⋯. 인생은 그렇게 짧은 게임이 아닙니다⋯. 밤을 새워서 해도 승부가 나지 않습니다⋯. 인생은 토너먼트가 아니라 리그라고⋯ 비유를 한다면 그렇게 말할 수 있겠군요⋯. 승리의 기회는 얼마든

지 있습니다. 지는 삶을 기대하십시오. 잘 지는 사람은 작은 승자를 끌어안을 수 있는 큰 승리자가 됩니다.

빙의에 관해서는… 실제적으로 그런 영(靈)이 실리기도 하지만… 그런 영들을 가장해서 악하고 저급한 영들이 장난을 치는 경우가 많습니다…. 특별히 빙의 현상을 통해서 많이 나타나는 질병들이 있습니다…. 그런 환자들이 공격을 받는 그림이 보이고… 크게 두려워할 만한 것은 아닙니다….

김 : 그들을 쫓는 작업이 의미가 있습니까?

원 : 성경에 이런 구절이 있습니다…. 모든 우주의 법칙 속에 빈 것은 없습니다. 즉 절대적 공허는 없습니다…. 하나가 빠져나간 자리에는 또 다른 것이 메워져야 하는데… 그것이 메워지지 않으면 영들은 쫓겨났다가도 다시 들어올 수 있다는 것입니다. 하나의 루트가 개발되었기 때문에 그 루트를 타고 또 들어올 수 있는 것입니다…. 그러므로 강력한 영, 곧 성령의 지배가 있지 않으면 제령(除靈)을 한다고 해도 힘든 헛수고가 될 가능성이 높습니다….

김 : 다시 들어오는 것을 방지하는 방법은 뭡니까?

원 : (단호하고 힘 있는 음성으로) 진리의 영을 소유하는 것입니다….

김 : 빛으로 자신을 둘러싸는 상상 같은 것으로는 부족하다는 말이죠?

원 : 상상은 자기가 이겨낼 수 있는 것들만 이겨낼 수 있습니다…. 외부로부터 들어오는 거룩한 에너지들이 자기를 더 지켜줄 것입

니다….

김 : 일단 쫓아내는 것은 그 자체로서 의미가 있는 것입니까?

원 : 의미는 있지만, 그것은 마치 수술을 할 때… 종양 따위를 잘라내고 상처를 봉합할 때, 아무런 약물도 투여하지 않고 그냥 놓아두는 것과 같습니다. 수술을 한 후에는 상처에 대한 지속적인 보살핌과 회복 단계에 맞는 영양의 공급이 뒤따르는 것처럼… 영적으로도 영을 쫓아내는 것은 바로 종양을 제거하는 것과 마찬가지이기 때문에 사후에 양질의 에너지가 그 사람을 보호해야 하며, 그것이 뒤따르지 않으면 오히려 더 힘들어질 수 있다는 것입니다….

김 : 그런 영이 실려 있다는 증거가 보이는 환자들은 어떻게 다뤄야 합니까?

원 : 지금 내 마음에 울리고 또 울리는 그림은… 성경이 보입니다…. 진리의 말씀들을 권하기를 원하고… 성경에 있는 예수님의 말씀들로 그런 사람들을 위로하고 다듬어주는 작업들이 필요합니다….

김 : 진리의 말씀들을 그들이 받아들임으로써 성령의 도움을 받을 수 있다는 겁니까?

원 : 네….

김 : 그렇다면 제령을 시키고 그들에게 진정한 성령의 존재를 가르치고 공부하도록 하는 것이 도움이 된다는 말씀입니까?

원 : 그렇습니다…. 악령을 쫓아내고 그 상처를 아물게 하는 것은

바로 사랑입니다⋯.

김 : 환자가 인식하는 사랑입니까?

원 : 예⋯. 일단 제령이 된 환자에게는 마음의 안식처가 필요하고 확신이 필요합니다. 자기가 보호받을 수 있다는 확신이 그의 회복을 빠르게 합니다⋯. 그러므로 그 보호에 대한 확신을 강하게 심어주는 것이 중요합니다⋯.

김 : 전생퇴행을 시행하는 모든 사람에게 그것을 확인하고 시행해줄 필요가 있습니까?

원 : 그것은 상황에 따른 판단으로 가능합니다⋯. 다 할 필요는 없겠지만, 느낌이 올 때가 있을 것입니다⋯. 빙의된 영의 퇴행 기억이라는 것은 당신도 느끼게 될 것입니다⋯. 개인의 한풀이가 그것을 통해서 자기의 억울함들을 호소하거나⋯ 자기 존재를 알리고자 하는 시도들이 나타날 것이며, 영적인 느낌으로 '이것이 옳지 않다.'는 것들이 직감적으로 느껴질 때가 있을 것입니다. 그럴 때는 제령을 시행하십시오⋯. 너무 많은 제령의 시도는 당신을 어렵게 할 수도 있습니다⋯.

김 : 힘들게 한다고요?

원 : 방향을 흐리게 할 수 있으며⋯ 체력적으로 어려움이 따를 수 있고⋯ 가장 중요한 것은 관심의 초점이 흐려질 수 있다는 것입니다⋯. 이런 비유가 보입니다. 흙덩이를 떼어내서 옆으로 치우고 또 흙덩이를 씻어내서 옆으로 치우고 치우고 하지만, 당신 주변은 오히려 더러운 것으로 싸이는 그림이 보입니다. 즉 제령

을 계속 시행할 때 강력한 기반이 없게 되면, 오히려 당신이 그 영들에 의해 포위될 수 있습니다. 이것은 두려워할 것은 아니지만, 원하지 않는 결과들도 나올 수 있다는 것입니다…. 우리가 원하는 것은 영적인 치료와 보살핌이며, 제령은 그것의 한 수단이 될 수 있습니다….

김 : 각각의 영혼이 성장하고 깨달음을 얻으면 그에 붙어 있던 영혼들이 떠나간다는 말입니까?

원 : 물과 기름이 함께 있을 수는 없습니다. 물의 양이 많아지면 기름이 넘쳐나게 됩니다…. 그러나 비중이 낮은 기름을 아무리 많이 붓는다고 해도 물을 쫓아낼 수는 없습니다…. 악한 영과 선한 영의 관계가 바로 이런 것입니다…. 선한 영을 물에 비유하자면 악한 영은 기름과 같습니다…. 성령이 그 사람에게 채워지면 악한 영들은 밀려나지만, 악한 영들이 성령을 밀어낼 수는 없습니다. 참으로 그 사람이 진리를 의식하고 진리를 따라 살기를 원하게 된다면 그 빙의된 영으로부터 한결 자유롭게 될 것입니다….

김 : 빙의된 영들을 인도하고 설득하여 빛을 따라가게 하는 것도 그들의 원한을 살 수 있습니까?

원 : 그 사람에 대한 기득권 상실이라는 면에서 보면 그렇기도 하겠지만, 보복이나 해롭게 하는 것을 두려워하지는 마십시오. 그들이 당신을 해롭게 하거나 다른 제재를 가할 수는 없습니다…. 그냥 떠나갈 뿐입니다….

김 : 환자가 그 영으로 인해서 많은 영향을 받고 견디기 힘들어한다면 제령을 해도 좋다는 뜻입니까?

원 : 그렇습니다….

김 : 큰 영향이 없는데 공연히 불러내서 제령할 필요는 없다는 얘기지요?

원 : 세상의 많은 사람이 그런 영들로 인해서 조금씩은 영향을 받고 있습니다…. 일일이 다 하려고 하지 말고, 선한 것을 채워주는 데 주력하십시오….

김 : 전생퇴행을 통해 사람들이 스스로의 본질이 영혼임을 깨닫고 진정한 성장을 추구하도록 도와주는 것은 가치 있는 일입니까?

원 : (강하게) 그렇습니다. 당신은 지금 가치 있는 일을 하고 있는 것입니다….

김 : 내 자신 속에 있는 모순들은 어떻게 다스려야 합니까?

원 : (부드럽게 웃으며) 완전해지기보다는, 인식하고 인정하는 태도가 중요한 것입니다…. 우리는 당신의 그 분노하는 마음과 냉소적인 태도에 대해서, 방관적인 생각들과 그 냉랭함에 대해서도 익히 알고 있습니다…. 우리가 원하는 것은… 당신이 그것들로부터 완전히 자유로울 수 있는 존재라서 이런 일들을 부탁하려는 것이 아닙니다…. 당신은 의사이기 때문에 의약품이 주는 긍정적인 면과 부정적인 면을 알 것입니다. 약을 쓸 때 부정적인 면을 보고 씁니까? 그렇지 않습니다…. 그 성분이 가진 긍정적인 부분을 보고 그것을 투여하지 않습니까? 마찬가지입니

다….

김 : 에드거 케이시는 어떤 사람입니까?

원 : …순수했다고 합니다.

김 : 앞으로 나와 같은 일을 하는 의사들이 늘어날까요?

원 : …추종자들은 생기겠지만, 큰 세력권이 생기지는 않을 것입니다…. 부분적으로 인정하게 될 때가 오면 자연스럽게 방법들을 도용하는 사람들이 나타나게 될 것이고… 그런 사람들이 나타나면, 원래 그랬던 것처럼 자연스럽게 받아들여지게 될 것입니다. 누가 일을 시작했느냐 하는 것은 그렇게 중요하게 여겨지지 않을 것입니다. 지혜는 자기를 부인하는 데서부터 비롯됩니다…. 이미 당신 스스로 느끼고 있기 때문에 되풀이해서 말해줄 필요가 없습니다…. 오늘은 여기까지입니다….

빙의 현상과 질병의 관계는 정신의학자들이 관심을 가지고 있는 분야다. 고대부터 인간의 질병을 '악령이 씌워서 생기는 결과'로 보아 온 원시적 관점은 어느 문화권에나 존재했다. 고대의 치료자들은 주술적 방법으로 환자에게 붙은 악령을 쫓아내어 많은 환자를 치료했고, 지금도 우리 사회에서는 무속인이 굿을 하거나 종교인이 기도를 통해 환자를 치료하려는 시도를 흔히 볼 수 있다. '빙의(憑依, Spirit Possession)'라는 진단명은 엄연히 국제적 질병 분류에도 이름이 올라가 있는 정식 질환의 명칭이다. 그러나 그 현상의 실체가 무엇인지는 아무도 정확히 알지 못하고 있다. 심리학의 이론에 따르면 '환자가 자신에게 일어나는 이상한 체험을 극복하기 위한 시도이며, 그 체험에 의미를 부여하려는 시도'라고 한다. 그러나 이 설명은 근거도 설득력도 부족하다. 환자가 겪는 그 이상한 체험의 원인이 무엇인가에 대해 설명도 규명도 못하기 때문이다. 이 분야에 대한 내 치료 경험과 의견은 앞으로 다른 기회에 깊이 논할 예정이다. [나의 저서 《양자물리학적 정신치료, 빙의는 없다》에서 빙의 현상에 대해 깊이 논하고 있으니 참고하길 바란다.]

살인과 보상

과거의 삶에서 비참하게 살해당했던 기억을 떠올리고 난 후 심한 우울 증상과 대인공포증이 없어진 한 환자와 관련해 목소리들은 다음과 같은 해설을 해주었다. 이 환자는 이웃의 불량 청년들에 의해 억울하게 죽음을 당하고 재산을 빼앗기는 불행했던 삶의 기억을 떠올린 후 오랫동안의 괴로움에서 벗어날 수 있었다. 이 정보를 준 목소리는 지금까지와는 다른 존재였고, 사용하는 표현과 단어도 달랐다.

원 : (차분한 목소리로) 이 케이스에서 저희가 드릴 것은 영혼의 성장 구도, 서로 죽음이란 상해를 주고받았을 경우에 그것에 대한 영적 보상을 통한 사랑의 성장 구도에 관해서 박사님께 지식을 주고자 합니다. 박사님에게 오는 많은 퇴행자 중에서 가장 문제가 되는 것은 상해로 인한 죽음의 경험을 주고받은 케이스일 것입니다…. 첫째, 죽음을 당한 피해자는 퇴행자인 경우가 많을 것이고, 가해자는 그들 옆에 있는 부부나 친구처럼… 그렇게 얽혀

있는 영혼들일 것입니다. 박사님은 그들이 전생의 영상을 보고서 그 퇴행 상태에서 그들의 삶의 의미, 그 죽음의 의미, 상해의 의미를 총체적으로 설명하는 것을 옆에서 보실 것입니다. 하지만 그것은 분명히 그 사람의 잠재의식 상태라는 것을 박사님은 인정하시고 계십니다. 잠재의식이 표면의식보다 이해력과 통찰력이 높다는 것을 박사님은 알고 계십니다. 잠재의식이 그 상태에서 죽음의 의미를 설명하고 납득을 하고 박사님이 그것에 대해 신뢰를 할지라도, 그것은 그 사람의 현생의 삶에서 이루어놓은 부분과는 다른 것이라는 것을 알아야 합니다. 이를테면, 그 사람은 최면 상태에서 깨어났을 때 다시 제한적인 인격을 가지게 됩니다. 이 인격 상태에서 그 경험을 통합하는 것, 이것이 가장 중요한 일인 것입니다.

이 케이스에서 보듯이… 현재 박사님께 오는 환자들의 정신 건강을 한번 봅시다…. 이 사람이 처음 왔을 때 잠재의식의 건강지수와 표면의식의 건강지수를 볼 때 각각 25퍼센트와 45퍼센트였습니다. 대부분의 사람들의 구조가 이렇습니다. 잠재의식의 건강지수가 아주 낮습니다…. 보통 잠재의식의 건강지수가 70퍼센트, 표면의식의 건강지수가 70퍼센트일 경우에 정신의 균형이 잡히고 생활이 활기를 띠면서 삶에 집중할 수 있는 상태라고 보시면 됩니다…. 잠재의식의 건강 상태가 높은 것이 자연스러운 상태라고 보아주십시오…. 이 사람의 현재 상태는 잠재의식의 건강지수 65퍼센트, 표면의식의 건강지수 60퍼센트입니다…. 잠재의식의 건강 상태가 상당히 가파르게 상승하고 있습니다. 박사님의 전생요법의 치유를 받은 대부분의 환자들은 전생의 영상을 경험해서 카타르시스가 이루어진 경우에 잠재의식 건강지수가 매우 가파른 상승곡선을 그릴 것입니다. 캐서린(브라이언 와이스의 저서 《나는 환생을 믿지 않았다》에 소개된 환자)의 경우 90퍼센트, 80퍼센트라고 보시면 됩니다. 잠재의식이 90퍼센트를 넘을 경우 그 사람은 아주 자연스런 상태가 됩니다. 남에게 평온함을 줄 수 있는 상태입니다. 박사님은 현재 95 대 85 정도입니다. 이 사람은 퇴행 과정이 마무리되고 난 뒤 90 대 80 정도가 될 것입니다. 계속 상승하는 것은 개인의 성장에 따릅니다. 박사님께 오는 대부분의 전생퇴행 환자들은 잠재의식 건강지수가 20~60퍼센트 사이일 것입니다. 대개 표면의식이 잠재의식보다 높습니다. 이들은 퇴행 과정을 통해 잠재의식 건강지수를 표면의식보다 더 높게 해주어야 합니다. 대개 퇴행을 하고 나면 잠재의식은 80퍼센트 이상의 건강을 갖게 됩니다. 마인드는 인간적으로 열등할 수 있지만, 그 사람은 자연스럽게 삶에 집중을 하고 자신에게 다가오는 어려움이나 고통을 겪으면서 그것을 사랑으로 연결시킬 수 있는 것입니다….

다음, 이 사람의 케이스에서 가해자의 장(場)을 봐주십시오. 현재 전생요법이 단순히 현생과 전생의 인과관계, 전생이 있었다는 역사적 사실, 여기에 머무르는 차원이 아니라고 생각합니다. 박사님은 하늘에 떠서 서울과 수원, 부산을 동시에 보시는 지혜를 갖기를 원합니다. 이 의미는, 전생에 어떤 상해가 있을 경우 그것을 현생과 내생, 이렇게 총괄적으로 하나의 축으로 보고 그 영혼의 성장 구도를 봐주시기 바랍니다. 이 사람을 예를 들어 설명하면, 그는 −3생(현재의 삶을 0으로 보고 지금보다 세 번째 앞선 생애)에서의 가해자 이정훈, 박진용 등 가해자는 모두 네 명이 현생에 있지만 이정훈은 이 사람과 가장 사이가 안 좋고 박진용은 가장 사이가 좋은 관계입니다. 이들을 예로 들어봅시다…. −3생에서 이들이 이 사람의 생명을 정지시킨 것을 보상하는 것은 +2생(현재의 삶에서 두 번째 미래의 삶)에서 가능합니다. 박사님, 여기에 주목해주십시오. 그럴 경우 퇴행자, 즉 그 상해의 기억으로 인해서 삶에 집중을 못 하는 사람, 그래서 박사님에게 오는 퇴행자들은 피해자가 됩니다. 이들이 통과해야 할 구간은 세 가지입니다. 인내, 용서, 사랑… 이 구간을 통과해야 합니다. 현재 이 사람은 인내 구간의 60퍼센트를 통과하고 있습니다. 전체 구간을 100으로 보았을 때 용서 구간은 아직 통과를 시작하지 않았습니다. 이것은 모두 영적인 의미에서의 어휘입니다. 박사님은 잘 이해하고 계실 겁니다. 사랑 구간도 아직 시작을 하지 않았습니다. 친구 간에 우정이나 그런 것은 나눌 수 있지만, 여기에서 사랑은 영적인 의미에서의 사랑을 말하는 것입니다….

보통 생명을 정지시키고 나서, 즉 −3생에서 생명을 정지시켰을 때, 정지시킨 영혼들이 그 대상의 영혼에 대해 보상하는 과정은 다음과 같습니다. 첫째, 그 정지시킨 생명에 대해 마음에서 우러나오는 자발적인 사랑을 느끼는 상태까지 먼저 성장을 해야 합니다…. 이것은 2~4개의 생이 걸립니다. 그 이상이 걸릴 수도 있습니다. 이정훈과 박진용은 -3생에서부터 이 사람을 자발적으로 사랑할 수 있는 구간까지 도달하는 데 걸리는 것이 +2생까지의 여섯 번의 삶입니다. +2생까지의 구간이 설정되는 것입니다. 그 안에 피해자는 인내, 용서, 사랑의 구간을 모두 통과해야 합니다. 이정훈과 박진용은 +2생에서부터 보상이 시작되는데, 그것은 사랑과 희생의 구간이 될 것입니다…. 보통 보상은 한 생애에 이루어지지 않습니다. 3생에 걸쳐서 이루어집니다. 생명을 중지시켰을 경우에는 세 개의 생애에 걸쳐 보상해야 합니다. 평생 동안 사랑과 희생을 해야 합니다…. 여기에 대해 다른 마스터들이 간략하게 표현해놓은 것이 있습니다…. '인생의 빚을 갚게 될 때 인생의 목적을 이룬다.' 이 표현은 단순하지만 아주 깊은 뜻이 담겨 있습니다…. +2생에서 그들은 사랑과 희생 구간의 20%를 통과하게 됩니다. +3생에서 20~80퍼센트의 구간을 통과하고, +4생에서 나머지 구간을 통과하게 됩니다. 이 둘은 약간의 차이가 있지만, 대략 그 구도로 이 죽음에 대한 상해의 기억을 가진 사람의 구간을 통과하게 됩니다.

이 경우를 보면 알 수 있듯이, 퇴행자가 상해로 인한 죽음의 기억을 떠올렸을 경우 그 사람 주위에 그 가해자가 있습니다. 그럴 경우 물론 퇴행한 상태에서 잠재의식이 그 의미를 해설하고 그 사람을 용서할 수도 있습니다. 잠재의식은 102 정도의 높은 영적 지수를 갖고 있습니다. 그러나 깨어났을 때의 영적 지수는 대부분 60~80 대입니다. 이럴 때 그 사람과 차분하게 면담을 해주십시오. 표면의식에서 가해자와의 관계를 차분하게 한번 되짚어보십시오. 그 사람과 진정한 사랑을 나누는 단계인지 한 번 질문을 해보십시오. 진정한 사랑을 나누고 있는 것이라면 그들은 사랑과 희생의 구간을 통과하고 있는 것입니다. 그리고 그들 중 일부는 아직도 -3생의 시나리오를 이 사람에게 쓰고 있다고 대답할 것입니다. 그것은 멸시, 부정, 모욕 이런 형태가 될 것입니다…. 이 사람의 인격에 대해 그런 식으로 반응할 것입니다. 박사님은 이런 케이스에서 이렇게 권고해주셔야 합니다. '당신은 현재 인내, 용서, 사랑을 배우는 구간에 있다.'는 충고를 해주셔야 합니다. 그들의 보상은 대개 여러 단계를 거쳐서 이루어지고, 박사님은 그 퇴행자의 전생에서의 생의 개수를 통해서 어느 정도 그 구간을 파악할 수 있습니다.

한국에서는 앞으로 정신과 전문의 수준에서 몇 명의 전생요법 치료자들이 나올 수 있습니다. 박사님은 그들과는 달라야 합니다. 단순히 전생에 대한 시각적 회고와 카타르시스를 경험하고 마는 것이 아니라, 그 영혼의 전체적인 성장 구도에 대해서 전생, 현생, 내생을 큰 축으로 봐주실 수 있는 지혜를 가지시기를 저희는 권하고 싶습니다…. 박사님에게 오는 퇴행자들 중에 가장 문제가 되는 부분이 죽음의 상해 기억을 갖고 있는 경우, 그리고 두려움을 가지고 있는 경우일 것입니다. 죽음의 상해에 대한 기억을 갖고 있는 경우의 치유에는 저희가 지금까지 말씀드린 이 지식을 한번 수용해보십시오. 박사님은 그들의 내생에서의 보상 구간까지 통찰하실 수 있을 것입니다…. 자, 여기에 대해서 저희가 더 지식을 드려야 합니까? 퇴행자가 죽음의 기억을 주변 사람과 주고받았을 경우 박사님이 하실 일… 더 듣기를 원하십니까?

김 : 그것보다는, 피해자가 이것을 완전히 극복하는 데에는 몇 개 정도의 생이 필요한지….

원 : 피해자는 대개 박사님께 올 때 인내 구간 몇 퍼센트… 이 사람은 60퍼센트 구간을 통과하고 있습니다. 생애의 구간을 보시면 자연히 이해가 됩니다. 피해자가 인위적으로 구간을 설정하는 것은 있을 수 없습니다. 자발적으로 사랑을 느끼는 그 단계까지 피해자는 인내의 구간을 배워야 합니다. 이 죽음의 기억을 통해서 피해자 역시 영적으로 성장하는 것입니다. 이 죽음의 기억이 크나큰 영적 성장의 밑거름이 된다는 것을 박사님은 그 사람에게 가르쳐주셔야 합니다. 이 사람이 인내의 구간을 통과하고 있기 때문입니다…. 하지만 지금 이 사실을 안 상태에서 이 사람은 그것으로 인해 무척 괴로워하고 있습니다…. 그들을 만났을 때 분노를 표시할 수도 있습니다. 여기에 대해서 박사님의 지혜로 조언을 해주어야 합니다…. 그리고 박사님에게 두 개의 영혼… 이 사람은 집에서 마음이 답답할 때 영화를 보러 간 적이

있습니다…. 〈데드맨 워킹〉… 그 영화입니다. 그 영화를 알고 계실 것입니다…. 그러나 그 영화는 너무 부분적인 접근이라는 것에 대해서, 영혼의 보상과 성장에 대한 것이 너무 부분적이라, 이 사람은 만족하지 못하고 중간에서 나왔습니다. 그다음은 두려움… 박사님에게 오는 환자 중 두려움을 많이 가지고 있는 사람들이 있습니다…. 그 가운데에는 전생퇴행을 하기가 힘든 사람들이 있을 것입니다….

저희가 조언을 드리고자 합니다. 보통 두려움의 지수를 1에서 100까지 설정해봅시다. 기요틴(단두대)으로 처형된 경우 그 상해의 기억은 두려움 지수 20 정도로 봐주시면 됩니다. 그다음, 절벽에서 떨어져서 몸을 움직이지 못해 굶어죽은 경우 두려움 지수 50, 적군의 병사가 마을을 급습해서 그들의 창에 가슴이 관통되어 죽은 소녀의 경우 두려움 지수 60, 캐서린같이 홍수가 났을 때 아이를 안고 도망치다 더 이상 갈 곳이 없어 차오르는 물에 아이를 떨어뜨리고 익사한 경우 두려움 지수 80, 이 사람처럼 통나무에 차례로 찍혀 으깨져서 죽은 경우는 두려움 지수 90입니다. 통나무에 묶인 상태에서 맞은편의 통나무가 부딪히는 경우는 머리에서 발끝까지 그대로 압축이 되는 상태입니다. 두려움 지수는 몸에서 바로 나오면 낮아질 수 있습니다…. 하지만 이 사람은 여덟 번째 충돌에서 표면의식이 기절했고, 스물한 번째에 몸에서 나왔습니다. 그 뒤로 스물네 번까지 통나무에 계속 부딪혔습니다. 여덟 번째부터 스물한 번째까지 잠재의식이 느낀 두려움과 공포가 컸기 때문에 두려움 지수가 큰 것입니다…. 이런 케이스는 퇴행에 실패하기 쉬운 경우입니다. 대개는 실패합니다. 두려움 때문에 퇴행을 못 하는 사람 가운데 열 명 중 세 명은 어떤 영상을 꿈이나 퇴행 과정에서 볼 수 있습니다…. 그러나 나머지 일곱 명은 그런 경험이 없기 때문에 상당히 힘든 경우입니다. 박사님께서는 이 두려움 때문에 전생퇴행이 안 되는 사람들이 전생요법을 가장 필요로 하는 사람들이라는 것을 아셔야 합니다…. 그들의 두려움은 대부분 죽음의 기억이라고 보시면 됩니다. 퇴행 단계를… 이 사람의 케이스를 놓고 볼 때, 1단계는 박사님의 테이프(최면 유도 테이프)를 한두 달 듣고, 2단계는 박사님과의 면담, 가벼운 퇴행에서 '전생의 기억이 있다. 현생이 전생의 기억으로 인해 제한받고 있다. 전생의 기억을 되살리는 데 두려움이 있다.' 이 세 가지 질문을 하는 것을 2단계로 보고, 3단계는 두려움 100퍼센트를 5퍼센트 이하로 줄이는 과정인데, 이 3단계가 가장 중요합니다. 이것만 넘어서면 나머지 4단계부터는 박사님이 충분히 유도하실 수 있습니다. 따라서 박사님에게 오는 퇴행자 중에서 두려움이 너무 클 경우에 그 사람은 박사님이 적절한 처방을 해서 환자에게 숙제를 해오게 합니다. 그 숙제는 두려움을 5퍼센트(처음 만났을 때를 100으로 보고) 이하로 만드는 것입니다. 박사님은 앞으로 많은 분야에 대해서 집중적으로 역량을 투입하셔야 되기 때문에 한 사람에게만 집중할 수가 없습니다. 이 사람은 집에서의 스물여섯 번의 퇴행으로 인해서 두려움 100퍼센트가 5퍼센트 이하로 낮아질 수 있었습니다. 정상적이고 일상적인 생활을 통해서는 이 기간이 크게 늘어날 수 있기 때문에 박사님과 퇴행자 모두가 지칠 수 있는 것입니다. 그렇기 때문에 퇴행자가 심한 두려움을 갖고 있을 때 박사님은 면담을 하셔서 그 퇴행자가 가지고 있는 두려움에 대한 시나리오를 만들어주십시오. 그 시나리오는 퇴행자가 어떤 영상에 대한 기억을 갖고 있을 경우에도 만들 수 있고, 또 어떤 시나리오를 만들어서 잠재의식이 긍정하거나 하면 그 죽음의 시나리오를 퇴행자에게 주어 집에서 자꾸 반복하도록 하십시오. 최면 상태에서 잠재의식이 긍정하는 깊이까지 들어간 다음에… 반드시 잠재의식이 긍정하는 깊이까지 들어가야 합니다…. 그리고 나서 커튼을 젖히고 나아가는 식으로 시나리오를 반복하면 두려움은 효과적으로 제거될 수 있습니다….

과거 삶에서 이웃 청년들에게 무참히 살해당했던 기억을 떠올린 후 여러 가지 증상이 좋아진 환자에 대해 설명하면서 들려준 이 이야기는 무척 흥미롭다. 누군가의 목숨을 빼앗으면 그 행위에 대한 보상을 철저히 해야 하는데, 그것은 한 번의 삶으로 끝나는 것이 아니라 여러 삶에 걸쳐 이루어지며 그런 보상의 삶들을 통해 결국 서로를 이해하고 사랑을 느끼는 좋은 관계로 발전해나간다는 내용은 개별 영혼들뿐 아니라 영혼들 사이의 관계도 발전하고 성장해가며 사랑을 배우고 실천한다는 사실을 말하고 있다. 과거의 원수가 가족이나 부부로 만나 갈등과 희생을 통해 결국은 두 사람 사이의 카르마를 해결하고 좋은 관계로 발전해갈 수 있는 것이다.

제3부

그 이후의 이야기

최면과 전생퇴행요법

전생퇴행요법(줄여서 전생요법이라고도 한다)을 이해하려면 우선 최면이 무엇인지 알아야 한다. 최면 치료를 받겠다는 환자들 중 최면 현상에 대해 제대로 이해하고 오는 사람은 거의 없다. TV에서 가끔 본 무대 최면술사의 마술과 같은 시범이나 영화 속에 나오는 과장된 최면 효과를 보고 많은 사람이 최면을 오해하고 기피한다. 정신과 의사들도 최면의학에 대해 잘 모르는 실정이고, 현대 정신의학 교과서에는 최면에 대한 아주 오래되고 잘못 알려진 정보만 가득하다.

고대로부터 모든 문화권에서 여러 형태로 사용되어 오던 최면은 19세기에 이르며 정신치료 기법으로 크게 발전했지만, 20세기 초 프로이트(Freud)의 정신분석 이론이 유행하면서 빛을 잃었다. 그러나 2차 세계대전이 끝난 후부터 새롭게 관심을 끌었고, 이후 수십 년 동안 많은 발전을 해왔다. 사실 최면은 모든 정신치료 이론의 어머니라고 할 수 있다. 프로이트가 최면 치료자가 아니었다면 정신분석 이론은 태어날 수 없었고, 그후의 모든 정신치료 이론은 프로이트의 이론을 바탕으로 한다고 볼 수 있기 때문이다. 우리는 누구나 최면 현상을 일상생활 속에서 흔히 경험한다. 지하철을 타고 가면서 생각에 잠겨 안내방송을 듣지 못한다거나, 달리는 차 안에서 창밖을 멍하니 내다보다 어느새 목적지에 도착한다든가, 재미있는 드라마에 빠져 시간 가는 줄 모른다든가 하는 것이 모두 최면 현상이다. 최면이란 간단히 말해 '뭔가에 몰두하여 주위 상황에 무관심해져 피암시성이 높아진 상태'를 말한다. 이때는 의식적 긴장이 풀려 여러 가지 암시에 쉽게 반응하게 된다. 최면 치료자는 누구에게나 일어나는 이 현상을 이용하는 기술을 가지고 있을 뿐이지, 자신의 특별한 힘을 환자에게 쓰는 것이 아니다.

최면 상태에서 피암시성이 높아졌다고 해서 어떤 지시에나 따르는 것은 아니다. 정신이 깨어 있을 때 받아들이지 않을 지시는 최면 상태에서도 받아들이지 않으며, 깊은 최면 상태에서도 표면의식이 깨어 있기 때문에 평소의 가치관이나 윤리관에 어긋나는 지시는 거부하게 된다. 그러므로 최면을 이용해 범죄를 저지르거나 누군가에게 피해를 주는 일은 사실상 불가능한 것이다. 마찬가지로 최면 상태에서도 자기가 하기 싫은 얘기는 감출 수 있으니, 최면에 걸리면 꼭두각시처럼 움직이거나 마음속의 비밀을 다 털어놓을 것으로 생각하는 것은 오해다.

현대 과학은 아직 최면 현상의 실체가 무엇인지 정확히 설명하지 못하고 있다. 학자에 따라 정의가 다르고 해석이 다르며 똑같은 현상에 대해서도 설명하는 방법과 결론이 다르다. 최면 상태에서 떠올리는 기억의 진실성에 대해서도 여러 의견이 있다. 어린 시절의 기억이나 전생의 기억이 그 사람의 잠재의식(무의식) 속에서 올라오는 것이라는 설명은 같지만, 태어나기 전에 또 다른 삶이 있었을 수 있다는 가설을 싫어하는 학자들은 어떻게든 전생의 기억이라는 것을 반박하고 싶어 하고, 그 가설을 지지하는 학자들은 여러 가지 방법으로 전생의 존재를 증명하려 한다.

전생요법은 간단히 말해 '현재의 신체적 질병이나 정신적 문제, 힘든 인간관계 중 일부는 그 원인이 과거의 다른 생애 속에 있다고 보고, 그 원인이 된 기억을 찾아냄으로써 문제를 해결하는 치료 방법'이다. 어린 시절의 억압된 상처의 기억들이 어른이 된 후에도 문제를 일으키는 것과 원리는 같지만 과거에 또 다른 삶이 있었을 수 있다는 가설만이 다를 뿐이다.

그렇다면 정말 전생이란 게 있는가? 모두가 수긍하는 명확한 물적 증거는 없지만 문헌상으로 확인된 경우는 꽤 많이 있다. 반대론자들은 문헌 기록과 고증으로 뒷받침되는 전생 사례들조차 트집을 잡고, 도저히 반박할 수 없는 연구자들의 보고 논문에 대해서도 냉담한 침묵으로 외면하고 있는 것이 현실이다. 전생이 있건 없건 전생요법의 치료 효과는 놀라운 것이고, 나는 언제나 동료들에게 "이 기억이 사실이면 어떻고 아니면 어떤가? 나중에라도 전생의 기억이 아닌 환상이었다고 판단되면 '전생요법' 대신 '환상요법'이라고 하면 되지 않는가?" 하고 말해 왔다. 임상의사에게는 무엇보다도 치료 효과가 중요하다. 어떤 사람들은 내게 "과학을 공부하는 사람이 왜 이런 비과학적 분야에 관심을 가지느냐?"고 묻는다. 그러나 과학이 발전하려면 언제나 비과학으로 남아 있는 영역을 과학 속으로 흡수해가는 과정이 필요하다. 100년 전에는 신비와 미신의 영역에 속하던 것들이 지금은 과학으로 설명되는 분야가 얼마나 많은가.

현재의 신비와 미신은 미래의 과학이 설명해줄 것이다. 전생의 문제도 그렇다. 분명한 어떤 설명이 가능할 때까지 사람들은 논쟁을 계속할 것이다. 지금의 과학은 진실을 밝히는 하나의 불완전한 도구에 불과하다. 특히 이런 복잡하고 측정할 수 없는 주제의 실체를 밝히는 데는 한계가 많다.

전생이 있느냐고 묻는 사람들에게 나는 '모른다.'고 대답한다. 물적 증거를 확보하지 못했기 때문이다. 전생이 없다고 주장하는 사람들에게도 나는 역시 그 주장에 대한 물적 증거를 요구한다. 둘 다 증거가 없다면 둘 다 모르는 것이다. 과학은 모르는 것을 탐구하는 도구이다. 그러므로 과학자들은 전생이 있는지 없는지 탐구해야 한다. 내게 전생을 믿느냐고 묻는다면 "믿는다."고 대답할 수 있다. 전생이 없다면 수많은 내 환자들과 함께했던 치료 작업의 결과를 설명할 수 없고, 이 불합리하고 불평등한 세상을 이해할 수 없기 때문이다. 내가 믿는다고 사실이 되는 것도 아니고 모두가 부정한다고 거짓이 되는 것도 아니다. 믿음과 관계없이 진실은 존재하니 시간 속에서의 검증과 확인만이 필요할 것이다.

문헌으로 입증되거나 논란이 된 전생 사례들

오래전부터 환생에 대한 수많은 보고가 있었지만, 가장 객관적이고 과학적인 조사 방법을 사용해 이 분야를 연구한 사람은 미국의 정신과 의사 이안 스티븐슨(Ian Stevenson) 박사다. 그는 오랫동안 미국 버지니아 대학의 정신과 과장으로 재직하면서 연구팀의 도움을 받아 전생의 기억을 얘기하는 어린이들의 사례를 세계적으로 2000건 이상 모았고, 자신이 직접 그 아이들과 가족을 포함한 주변 인물들을 찾아다니며 과학적이고 엄격한 사실 확인 작업을 벌였다. 이 작업 끝에 그는 《전생을 기억하는 아이들(Twenty Cases Suggestive of Reincarnation)》이라는 책을 출간했다. 이 책과 그의 다른 논문에 소개된 사례들에 대해서는 누구도 이의를 제기하기 어려울 만큼 치밀한 조사 과정을 거쳤기 때문에, 학계에서도 그를 전생 연구의 권위자로 인정하고 있다. 그는 "윤회는 보편적인 현상이라는 것을 인정할 수밖에 없다. 우리는 모르는 것이 많다는 점을 솔직히 인정해야 한다."고 말했다.

영국의 정신과 의사인 아더 거드햄(Arthur Guirdham) 박사는 1977년 자신과 자기 환자 중 한 사람이 같은 전생을 공유했었다고 발표하면서 "윤회는 사실이라고 확신한다."고 말했다. 그 환자는 반복되는 악몽 때문에 치료를 시작했는데 증상이 곧 좋아지면서 전생의 기억을 떠올리기 시작했다. 환자는 자신이 13세기 프랑스에서 박해받던 '카타르(Cathar)파'의 여신도였으며, 거드햄 박사는 당시의 자기 연인으로서 푸른 옷을 입은 사제였다고 말했다. 거드햄 박사는 유명한 역사학자이자 13세기 프랑스 역사의 권위자로 인정받는 툴루즈 대학의 르네 넬리(Rene Nelly) 교수에게 이 환자가 말하는 사실들을 확인해줄 것을 부탁했다. 문제가 된 것은 푸른 사제복이었는데, 역사학자들은 여러 세기 동안 카타르파의 사제복은 검은색이었다고 주장해 왔었다. 넬리 교수는 광범위한 조사 끝에 역사학자들이 틀리고 그 환자의 말이 맞다는 사실을 확인했다. 어떤 역사책에도 사제복의 색깔에 대한 기록은 없었고, 그 환자가 전혀 모르는 언어로 기록된 아주 오래된 한 문서에만 그 정보가 있었다고 한다.

1994년 미국의 최면 치료자인 브루스 골드버그(Bruce Goldberg) 박사는 자신의 환자 중 한 사람이 1927년 뉴욕주의 버팔로에서 남자친구에게 살해당한 그레이스 도우즈라고 밝혔다. 이 사실은 사립 탐정을 고용해 관련 정보들을 찾아 들어가면서 완전한 경찰 사건기록과 신문 기사들을 찾아내 확인된 드문 경우이다. 살인 사건은 1927년 5월 21일자 버팔로 지역 신문에 첫 보도가 나간 후 대대적인 수사를 벌였지만 미해결 사건으로 남았었는데, 환자가 말한 당시의 정황과 남편과 가족에 대한 모든 기억이 기록과 일치했다. 환자의 가족이나 친구 중에는 버팔로 지역에 사는 사람이 없었고, 1927년 당시에는 라디오도 흔하지 않아 이런 살인 사건도 그 지역에서만 보도되고 마는 상황이었다. 다시 말해 그런 사건이 있었다는 사실조차 다른 지역에서는 알기 어려웠다. 이 환자의 기억과 사건의 상세한 내용은 《그레이스를 찾아서(The Search for Grace)》라는 책으로 출판되었고 텔레비전 영화로도 제작, 방영되어 큰 화제가 되었다.

몇 가지 궁금증에 대하여

전생퇴행요법, 윤회와 영혼에 대해 많은 사람이 궁금해하는 점들을 몇 가지 모아보았다. 이 질문들은 《전생여행》의 독자들과 나를 찾아온 환자들, 각종 매스컴과 종교인, 강연회 참석자와 동료 의사들이 내게 묻거나 제기했던 것들이다. 알다시피 과학은 아직 인간의 정신과 마음의 실체가 무엇인지 모른다. 수백 가지 정신치료 기법 중 과학적으로 치료 효과가 검증된 것도 없고, 많은 사람이 과학이라고 믿고 있는 현대 심리학의 여러 이론과 학설 중 어느 하나도 객관적으로 입증된 것이 없다. 다시 말해 정신의학과 심리학은 엄밀한 의미에서 아직 과학이 아닌 부분이 많다. 따라서 여기 내놓은 대답들도 과학적으로 입증된 것은 아니다. 다만 사실 자료를 바탕으로 한 합리적이고 논리적인 추론들일 뿐이다.

윤회론은 사회 안정을 해치고 청소년들의 자살을 부추긴다?

'또 다른 삶이 있다면 사람들이 지금의 고통스런 삶을 버리고 다시 태어나기 위해 자살할지도 모른다.'는 우려를 들은 기억이 있다. 그러나 이것은 터무니없는 걱정이다. 윤회는 자신의 말과 행동에 책임을 지는 '업'의 개념, 즉 원인과 결과라는 엄격한 규칙 위에 서 있다. 이 삶에서 주어진 고생을 견디지 못하고 자살한다면 다음 삶에서는 그 자살이란 행위에 대해서까지 책임을 지고 처음부터 다시 시작해야 함을 보여주는 내 치료 사례들이 여럿 있다.

전통적으로 윤회를 믿는 불교권의 청소년 자살률과 범죄율이 단 한 번의 삶을 주장하는 다른 문화권보다 훨씬 낮다는 점이 이 사실을 뒷받침해준다. 지금의 고생이 과거의 자기 잘못을 바로잡기 위한 노력이거나 더 성숙해가기 위한 훈련이라고 생각한다면, 자신보다 안락한 처지에 있는 사람들을 향한 적개심과 억울함은 사라질 것이다. 자신의 불우한 처지를 성장과 수양의 기회로 받아들일 수 있고 남들의 안락한 위치도 그럴 만한 이유가 있다고 생각할 줄 안다면 더 가지거나 더 편해 보이는 삶을 사는 사람들에 대한 적개심도 생기지 않을 것이다.

전생을 믿으면 현실도피적이 된다?

오늘을 이해하기 위해서는 어제의 자신을 돌아봐야 하듯, 전생퇴행에 대해 관심을 가지는 이유는 과거를 알기 위해서라기보다 지금의 문제를 이해하고 해결하기 위해서이다. 현실적으로 문제가 없는 사람들은 굳이 과거의 기억을 떠올릴 필요가 없다. 그러나 정상적으로 생활을 하는 사람들 중에도 전생에 대한 강력한 호기심을 가진 사람들을 볼 수 있다. 이들은 대개 적극적이고 열정적으로 자신을 발전시켜가고

자 하는 사람들이다. 전생의 기억을 떠올린 많은 사람이 자신의 삶에 대해 더 깊고 넓게 생각하게 되었으며 현실 속의 사소한 문제들을 너그러운 눈으로 바라보게 되었다고 얘기한다. 전생의 자기 모습 속으로 도피하여 현실을 잊으려는 것은 가능하지 않고, 그런 사람을 본 적도 없다. 오히려 이런 새로운 치료 방법까지 시도하는 사람들은 보통 사람들보다 더 열정적이고 진취적이다.

환생설은 뉴에이지 운동의 산물인가?

앞에서 우리는 환생설이 얼마나 깊은 역사와 전통을 지녔고 얼마나 많은 문화권에서 받아들여진 사상체계인지를 살펴보았다. 현대인이 환생설에 다시 관심을 가지게 된 가장 큰 이유는, 인류의 모든 문제를 해결해주고 모든 결핍으로부터 해방시켜줄 줄 알았던 과학과 물질적 풍요에 대한 실망 때문일 것이다. 가진 것은 많아졌지만 그것으로 자신을 채울 수도 없고 행복해질 수도 없다는 것을 깨닫는 사람들이 많아지면서, 뭔가 변치 않는 영원한 진리와 가치관을 찾아 사람들은 새로운 방황을 시작한 것이다. 과학적 접근을 통해 사후의 세계를 규명하려는 임사체험자들에 대한 연구나 최면을 이용한 전생퇴행요법의 등장도 지적 수준이 높은 현대인으로 하여금 진지하게 환생의 가능성을 생각하게 만들었다. 환생설과 뉴에이지(New Age) 운동은 직접적으로 관련이 없으며, 일부 뉴에이지 이론들이 환생을 지나치게 비약적인 이론들과 관련짓는 것은 근거 없는 주장이다.

전생퇴행에서 나온 것이 정말 전생의 기억인가?

일부 환자들의 기억들은 문서와 고증 사실 확인 작업 등을 거쳐 그런 삶이 있었음을 확인할 수 있었다지만, 대부분은 모호하고 평범한 삶의 기억들이고 오래 전의 일들이라 확인이 불가능하다. 학자들 사이에서도 이 문제는 결론이 나지 않고 있다. 최면 상태에서 떠올리는 기억들에 진실과 왜곡, 환상 등이 뒤섞일 수 있다는 점에 대해 학자들은 대개 동의하지만, 자신에게 중요한 의미가 있었던 기억들은 오랜 세월이 흘러도 변질되지 않고 비교적 정확하게 기억해낼 수 있다는 점을 잊어서는 안 된다. 과거의 삶이 있었다면 그 삶의 기억들도 같은 원리에 따라 저장되었을 것이고, 어린 시절의 기억과 같은 식으로 되찾아 볼 수 있을 것이다. 회의적인 학자들은 그것이 환상이나 유사기억(Pseudo Memory)이라고 주장하지만, 이 또한 확실한 근거가 없고 이들 역시 전생요법의 치료 효과에 대해서는 설명하지 못하고 있다. 단순한 유사기억이나 환상은 전생 기억과 같은 강한 치료 효과를 낼 수 없다는 점에 대해서만은 많은 학자가 동의하고 있다.

전생 기억은 모두 유명한 사람에 대한 이야기다?

어느 신문에 실린 기고문에서 '전생을 기억한 사람들이 주로 자신의 전생은 나폴레옹이나 장희빈이었다고 하는 사람이 주류를 이룬다.'는 주장을 읽은 적이 있는데 이것은 전혀 사실과 다르다. 환자들이 떠올리는 거의 모든 전생 기억이 평범하거나, 오히려 불행하고 비참한 삶의 모습들을 보여준다. 현재 겪고 있는 문제의 원인이 된 비극적 사건이나 갈등의 장면이 주류를 이룰 뿐 흔히 사람들이 말하는 대로 왕이나 공주의 삶은 만나기 어렵다. 떠올라오는 기억들이 대개 자신의 평소 소원 성취나 꿈과도 관계가 없고 전혀 예상치 못했던 장면들이라는 것은 환자들 자신도 인정한다. 이처럼 평범한 삶의 기억들이 대부분이라는 점은 오히려 전생 기억의 사실성과 신뢰성을 높여준다고 볼 수 있다.

전생요법은 과학적으로 검증된 치료법인가?

전생요법은 자격 있는 정신치료자의 판단에 따라 선택해 쓸 수 있는 여러 치료 기법 중 하나로 분명히 인정받고 있다. 여러 정신의학 교과서에서 그 치료 효과가 인정되고 있으며 전 세계의 의과대학과 정신과 의사들이 교과서로 삼고 있는 《정신의학 개요(Synopsis of Psychiatry)》의 1998년판에는 전생요법을 새로운 치료법 중 하나로 소개하고 있다. 어떤 정신치료 기법도 그 치료 효과가 과학적으로 검증된 것은 없다. 인간의 정신과 마음에 대해서는 그런 검증과 평가 자체가 아직은 불가능하기 때문이다. 그럼에도 불구하고 각종 정신치료 기법들이 받아들여지는 이유는, 그 방법들이 일부 환자들에게 실제로 도움을 주기 때문이다. 전생의 유무와 상관없이 전생요법의 치료 효과도 임상적으로 인정받고 있다.

어떤 환자들에게 이 방법을 쓸 것인가?

일반적이고 전통적인 치료 방법으로 아무 도움이 안 되거나 치료 결과가 불만스러운 경우에는 새로운 시도로 한번쯤 생각해볼 수 있다. 최면 상태에서 환자의 무의식과의 대화 기법을 통해 그 병의 원인이 어린 시절의 기억이나 그 이전의 기억 속에 있다는 대답이 나온다면 그 내용에 따라 연령퇴행이나 전생퇴행을 시도해볼 수 있다. 이 과정에서 증상의 원인이 된 기억을 찾아냄으로써 그것과 관련되어 억눌려 있던 감정들을 해소시키고 이해하면서 증상의 호전을 가져올 수 있다. 정신적 증상뿐 아니라 원인 불명의 다양한 신체적 증상들도 이 방법을 통해 해결되는 경우가 많다.

전생요법의 부작용은 없는가?

경험 많은 최면 치료자가 사용하면 최면은 거의 부작용이 없는 치료 방법이 된다. 지금까지 수십 년간 전생요법이 시행된 미국에서도 별다른 부작용이 보고되지 않았으며, 부작용이 생기더라도 일반적인 최면 치료나 정신치료에서 생길 수 있는 부작용 정도를 생각하면 된다. 즉 과거의 충격적인 기억 때문에 두려움이나 불쾌감이 일시적으로 표면화되어 불편할 수 있지만, 그것은 어떤 종류의 정신치료에서나 일어날 수 있는 현상이며 어린 시절의 불안이나 두려움을 다시 떠올렸을 때와 같은 것이다. 그런 감정들을 이해하고 해소시키는 과정이 곧 치료 효과와 연결되므로 그것을 부작용이라고 하기는 어렵다. 그러나 정신치료와 최면 치료의 원칙을 잘 모르거나 무시하는 사람이 무분별하게 남용하거나 오용한다면 예상하기 힘든 부작용이 생길 수도 있을 것이다.

종교인이나 무속인이 주장하는 전생을 믿을 수 있는가?

'당신은 전생에 누구였고 이런저런 삶을 살았다.'는 식의 얘기를 종교인이나 무속인에게 듣고 오는 환자들이 더러 있다. 심지어는 전생을 알려준다는 전화 서비스까지 등장했다고 한다. 이런 일방적인 주장을 그대로 믿으면 안 된다. 자신의 직관이나 상상으로 남들에게 이런 얘기를 함부로 하는 것은 무책임하고 상대방에게 해를 끼치는 행동이다. 그런 말 한마디가 환자에게 얼마나 큰 영향을 줄 수 있는지 모르고 상대방의 호기심과 불안을 이용한 이득을 얻기 위해 그런 행동을 하는 것이다.

환자 자신의 기억 속에서 떠올라온 것 외에는 자료로도 근거로도 인정할 수 없고 그 기억들조차 정말 전생인지 확실히 알 수 없는데, 남이 멋대로 해주는 얘기를 믿는 것은 어리석은 일이다. 전생요법을 사용하는 치료자도 환자가 전생 기억을 떠올리도록 강요하거나 지나치게 유도해서는 안 되며, 환자가 직접 떠올린 것이라 해도 그것을 어떻게 받아들이는가는 전적으로 본인에게 맡겨야 한다. 그것을 자신의 전생이라고 믿건 아니라고 믿건 치료자는 그 의견을 존중해야 한다.

종교와 철학 속에 나타난
윤회와 전생

《전생여행》이 출간된 후 어느 일간지에 실렸던 한 젊은 철학 교수의 글에서, 윤회와 전생을 마치 세기말적 혼란 중에 갑자기 튀어나온 터무니없는 사상처럼 취급한 내용을 읽은 적이 있다. 이런 오해를 바로잡기 위해 인간의 역사만큼이나 오래되었고 세계 전체에 광범위하게 퍼져 있는 이 사상체계의 역사에 대해 간략히 살펴볼 필요가 있다고 생각한다.

고대부터 동양철학의 큰 기둥이었던 인도의 힌두교와 불교는 윤회 사상을 믿고 있다. 윤회와 환생은 어려운 개념이 아니다. '인간은 원인과 결과의 법칙(업, 카르마Karma)에 따라 나고 죽는 삶의 주기를 반복하면서 그 영혼이 발전해가며 궁극적으로 완성되어 신과의 합일에 이른다.'는 개념이다. 초기 힌두교 경전인 베다(BC 1500~2000)와 우파니샤드(BC 6세기경)에 윤회와 환생에 관한 많은 글이 있고, 우파니샤드와 함께 가장 중요시되는 힌두교 경전인 바가바드 기타(BC 4~5세기경)에서 지고의 신(神) 비슈누의 화신인 크리슈나는 '인간은 불멸이며 거듭 거듭 태어난다. 삶을 이어가며 전생에 얻은 지혜들을 다시 찾아 완성을 향해 부지런히 나아간다.'고 말하고, 힌두교의 마누법전에도 다시 태어나는 영혼들에 관한 이야기가 나온다.

불교에서는 자신의 업이 다음 생의 모습을 결정하는 데 중요한 역할을 한다고 가르치고, 석가는 제자들에게 '전생을 알고 싶으면 현생을 보라. 내생을 알고 싶어도 현생을 보라.'는 가르침을 통해 이어지는 삶들이 원인과 결과의 법칙에 따라 서로 연결되어 있음을 말하고 있다.

기원전 4세기경 중국의 사상가였던 장자(莊子) 역시 윤회를 믿었고 환생을 하나의 축복이라고 말했다. 대부분의 원시종교와 신앙들이 영혼의 존재와 윤회를 믿었고 고대 이집트와 바빌론, 북미 원주민, 아시리아와 페르시아 사람들도 환생을 믿었다. 고대 페르시아에서 성행했던 조로아스터교의 교리는 오늘날까지 남아서 '인간은 영혼의 발전을 통해 신에 이른다.'고 가르치고 있다. 이슬람교의 코란에도 윤회와 환생의 개념은 이렇게 기록되어 있다. '신이 생명을 창조했고 생명은 거듭거듭 태어난다…. 신에게 돌아올 때까지.'

윤회론은 동양만의 사상이 아니었다. 고대 유럽에 살던 켈트족과 프랑스, 스칸디나비아의 부족들도 이 개념을 믿었고, 서양철학의 한 뿌리인 그리스의 철학자이자 사상가인 플라톤(BC 427~347)은 여러 저서에서 인간 영혼의 존재와 윤회전생(輪廻轉生)에 대해 많은 가르침을 남겼다. 그리스의 철학자이며 수학자였던 피타고라스(BC 582~507)도 자신의 전생에 대한 이야기를 남겼다. 고대 유대인들의 철학에는 에세

네, 바리새, 사두개의 세 학파가 있었는데 사두개 학파를 제외한 두 학파에서는 환생을 믿고 가르쳤으며, 고대로부터 내려온 유대철학을 담은 카발라(Kabala)에는 환생에 대한 언급이 자주 나온다. 로마의 시인이었던 에니우스는 카르마와 환생의 개념을 로마 사람들에게 소개했고, 대시인 버질(Virgil, BC 70~19)도 자신의 작품에서 환생을 설명했다.

예수의 가르침 이후 초기 기독교에서 윤회와 환생은 정식으로 인정되던 교회신학의 일부였다. 서기 2세기경 로마에 최초의 기독교학교를 설립했던 순교자 유스티누스는 환생을 가르쳤고, 그리스의 신학자 오리게네스와 성 히에로니무스, 성 아우구스티누스, 알렉산드리아의 클레멘스도 환생설을 가르쳤다. 당시의 크고 강력했던 기독교 종파인 그노시스파와, 조로아스터교, 불교, 기독교의 가르침이 섞인 마니교도 윤회설을 가르쳤다. 이처럼 초기 기독교 역사의 약 400년간 환생설은 보편적인 교회 가르침의 일부였다.

그러나 종교와 권력이 결탁하면서, 개인적인 노력과 발전으로 영혼의 구원이 가능하다면 교회와 황제의 권위가 무너진다는 정치적 우려에 따라 윤회를 의미하던 당시의 용어인 선재론(先在論)의 개념이 교회신학에서 삭제되었다. 서기 4세기에 콘스탄티누스(280?~357) 황제는 기독교를 공인하면서 신약성경에 실려 있던 윤회에 대한 언급을 없애기로 결정하여 서기 325년의 니케아 공의회 이후 모든 복음서에서 환생을 암시하는 구절을 완전히 삭제해버렸고, 6세기경 동로마제국의 폭군 유스티니아누스 황제는 독단적으로 윤회설을 이단이라고 결정하고, 553년에 콘스탄티노플 공의회를 소집하여 환생 사상을 가르쳤던 오리게네스와 그의 지지자들을 이단으로 규정했다. 황제와 그의 아내는 윤회 사상을 왕권에 대한 도전으로 간주하고 자신들을 신격화하는 데 방해가 된다고 생각했다. 당시 서로마제국에서는 오리게네스의 윤회설이 널리 퍼져 인정받고 있었다. 황제는 동로마의 승정 159명을 초대하고 서로마로부터는 6명의 승정만을 초대해 공의회를 열었고, 당시의 교황은 동서로마가 같은 수의 대표를 참석시키지 않았다는 이유로 콘스탄티노플에 있었으면서도 공의회에 불참한 뒤 그 회의에서 결정된 윤회설의 이단 규정과 오리게네스의 파문을 승인하지 않았다. 그럼에도 불구하고 6세기 이후 환생설을 신봉하던 교파들에 대한 무자비한 학살과 탄압이 자행되면서 기독교가 지배하던 서양에서는 환생설이 적어도 공식적으로는 자취를 감추게 되었다.

그러나 환생설은 완전히 사라지지 않은 채 이단으로 몰렸던 교파들의 신앙 속에서 면면히 이어져 왔으며, 르네상스 시대에 잠깐 지성인들의 관심을 끌었다가 곧 잊혀진 뒤 19세기 말에 이르러서야 신지학(神智學, Theosophy) 운동으로 이어지며 기존의 기독교 교리에 도전하게 되었다. 신지학자들은 불교와 힌두교의 윤회 사상을 연구하여 서양의 기독교적 전통과 조화시키는 데 힘을 기울이고 있다.

현대의 성직자들 중에도 초기 기독교의 성인들처럼 윤회를 긍정적으로 바라보는 사람들이 있다. 벨기에 가톨릭교구의 메르시 추기경은 '개인적으로 윤회사상을 믿지는 않지만 윤회론이 가톨릭교회의 본질적인 가르침과 모순되지는 않는다.'고 선언했고, 영국 런던 성바울교회의 잉그 감독은 '윤회론과 근대 감리교 교리 사이에는 아무런 모순이 없다.'고 말했으며, 감리교 목사인 레슬리 웨더헤드도 윤회론의 지지자였다. 서양의 대표적 지성들 가운데에는 자신이 윤회론을 믿는다는 사실을 공공연히 밝혔던 인물들이 의외로 많다. 고대에는 그리스의 플라톤, 피타고라스, 플루타크 등과 로마의 대문호였던 버질, 에니우스를 비롯해 근세에는 쇼펜하우어, 헤겔, 볼테르, 에머슨, 발자크, 위고, 베토벤, 나폴레옹, 톨스토이, 블레이크, 브라우닝, 휘트먼, 벤자민 프랭클린, 헨리 포드 등 수많은 유명인이 윤회론을 믿었다는 사실이 잘 알려져 있다.

  윤회 사상은 자신의 행위에 대해 책임을 져야 한다는 업, 즉 카르마의 개념과 뗄 수 없는 관계에 있다. 이 믿음은 '어떻게 사는가에 따라 다음 삶의 모습이 결정되고 자신이 했던 모든 말과 행동에 대해 반드시 상응하는 대가와 책임이 따른다'는 지극히 정의로운 '원인과 결과'의 법칙을 따른다. 자신의 영혼을 성장시키고 발전시키는 책임이 스스로에게 있으며, 거듭되는 삶 속에서 시행착오와 깨달음을 통해 완성을 향해 나아가는 것이 인생의 의미이며 목표라고 가르치고 있다. 교육 수준이 높아진 현대인들에게 이 논리가 설득력 있게 받아들여지는 이유는 이 사상이 합리적이고 공평하고 정의롭게 느껴지기 때문일 것이다. 또한 인터넷을 통해 실재했을 것 같은 여러 전생의 사례들을 자유롭게 접할 수 있고, 결정적인 물증은 부족하더라도 수많은 정황 증거와 주관적 체험들이 전생의 존재 가능성을 뒷받침하기 때문일 것이다.

최면과 기억

　인간의 기억에 대한 이론과 논문들을 살펴보는 것만도 책 몇 권은 족히 넘는다. 세계 최대의 최면의학자 학술 단체인 미국임상최면학회(American Society of Clinical Hypnosis : ASCH)에서 발간한 《임상치료자들을 위한 최면과 기억에 관한 지침서》에 실려 있는 내용을 참고로 살펴보면, 최면 현상의 실체가 무엇인가에 대해 학자들의 의견이 분분하듯 인간의 기억에 대해서도 수십 가지 이론이 있음을 알 수 있다. 최면 상태에서 떠올리는 기억이 정확한 것이냐는 의문에 대해서도 여러 가지 주장이 존재한다. 사람의 정상적인 기억에 대한 논문들은 '기억은 불완전할 수 있고 상황에 따라 변할 수도 있으며'(Loftus, 1993) '똑같이 재생된다기보다는 재구성된다고 볼 수 있다.'(Spiegel, 1974)는 점을 보여준다.

　기억력은 개인에 따라 차이가 나지만 '강한 감정이 동반된 기억들(Emotional Memories)은 일반 기억들과는 다른 방식으로 저장되며 중요한 세부 사항들까지 비교적 정확하고 일관성 있게 기억되어 잘 잊혀지지 않는다.'고 한다(Christiansen, 1992).

　사실 기억에 관한 이론만도 수십 가지가 넘을 만큼 과학자들도 기억의 실체가 무엇인지 잘 모르는 것이 현실이다. 회상된 기억이 부정확할 수 있다는 우려가 있긴 하지만, 강한 감정을 동반했거나 큰 충격을 받았던 일들에 대한 기억은 상당히 정확하게 오랫동안 유지된다는 점은 많은 학자가 인정하고 있다. 즉 치료 상황에서 떠올리는 강한 감정을 동반한 기억들은, 실험실에서 잡다한 물건들을 기억시키는 따위의 실험과는 전혀 다른 것이다. 충격적 사건을 경험한 사람들은 오히려 그 힘든 기억들을 의식에서 밀어내어 깊은 내면 의식에 숨겨버리는 경우가 많다. 그 사건을 기억하는 것이 너무 괴롭기 때문에 일종의 자기 방어 수단으로 그렇게 하는 것이다. 대개 정신적 문제를 일으키는 기억들은 이렇게 깊이 숨어 있는 경우가 많은데, 최면을 이용하면 이런 기억들을 찾아 들어갈 수 있다. 정신분석 치료도 기본적으로는 과거의 이런 기억들을 찾아냄으로써 환자의 문제를 해결해가는 방법으로, 최면 대신 자유연상이라는 기법을 쓴다는 점에서 다를 뿐이다.

최면 상태에서 떠올린 기억을 믿을 수 없다고 하는 학자들은 인간의 기억이 외부 요소의 자극과 영향을 받을 수도 있다는 점을 지적하지만, 앞에서 살펴본 것처럼 감정을 동반한 의미 있는 사건들에 대한 기억은 세월이 흘러도 비교적 정확하게 유지되기 때문에(Bohannon, 1990; Pillemer, 1984; Yuille & Cutshall, 1986) 치료를 목적으로 하는 연령퇴행이나 전생퇴행 시에 올라오는 충격적인 중요한 기억들은 신중하게 취급되어야 한다. 최면이 사람의 기억력을 특별히 증진시키지는 않는다는 연구 결과들이 있지만 그것은 감정이 섞이지 않은 일반적인 기억의 경우이고, 실제 상황에서 환자에게 최면을 사용하는 것과 유사한 연구 방법을 고안하여 사용할수록 기억 속의 착오가 줄어들고 정확도가 높아지며, 경험이 많은 치료자가 최면을 이용했을 경우 일반적인 경찰 심문보다 35퍼센트나 더 많은 사실들을 찾아냈다고 한다(Geiselman & Machlovitz, 1987).

여러 학자들의 공통적인 결론은 '최면은 의미 없는 일들의 기억을 회상시키는 데는 별 도움이 되지 않지만 개인적으로 중요한 의미가 있는 정보나 감정적으로 중요한 자료들을 회상시키는 데는 도움이 된다.'는 것이다(Kanovitz, 1992; Relinger, 1984; Scheflin & Shapiro, 1989; Scheflin, Brown, Hammond, 1983; Weitzenhoffer, 1953).

연령퇴행이나 전생퇴행 시의 기억에 대해 유사기억이라고 주장하는 학자들이 있지만, 유사기억은 주로 실제 상황이 아닌 실험 차원에서 최면 감수성이 중간 이상으로 예민한 학생들을 대상으로 연구했을 때 가끔 발견되는 현상이었고(Barnier & McConkey, 1992; Labelle, Lawrence, Nadon & Perry, 1990; McConkey, Labelle, Bibb & Bryant, 1990; Sheehan, Statham & Jamieson, 1991), 최면 감수성이 낮은 사람들에게서는 유사기억이 발생하는 경우가 상대적으로 적었다. 그러나 예민한 사람들 가운데서도 유사기억이 생긴 예는 아주 소수였고, 그것도 중요하지 않은 사소한 주변 상황들에 대한 것이었다. 또한 환자에게 연령퇴행을 위한 암시나, 어떤 사건을 재경험하라는 지시를 하는 것 자체가 유사기억을 만들어내지는 않는다는 사실도 확인되었다(Lynn, Milano & Weekes, 1991).

최면 치료자가 어떤 의도와 방향을 가지고 몰고 가는 질문과 암시들이 유사기억을 만들어낼 것이라고 우려하는 사람들도 있지만, 피암시성이 높은 사람들은 최면 상태와 각성 상태 모두에서 유사기억을 만들어내는 경우가 있음이 보고되어 있고(Sheehan, 1993), 치료자가 사용하는 암시나 질문의 형식이 어떤 영향을 주는지에 대해서는 객관적인 연구 보고도 없는 데다 학자들 간의 의견도 다양하다. 전생을 믿는 것처럼 어떤 특정한 신념을 가진 사람들은 자신의 믿음에 상응하는 기억들을 최면 상태에서 회상해낼 가능성이 있지만(Baker, 1982; Spanos, 1991) 그 기억의 사실 여부는 증명하기 어렵다(Lynn, Milano & Weekes, 1992; Lynn, Weekes & Milano, 1989; McCann & Sheehan, 1987, 1988)는 점도 반대론자들이 지적하고 있다. 하지만 최면 감수성이 높은 사람들을 포함한 대부분의 사람들은 최면 암시에 의한 환상과 실제 사건을 혼동하지 않으며, 편견 없이 정직하게 얘기하도록 미리 주의를 주면 유사기억의 발생 빈도도 아주 적어지기 때문에(Lynn 등, 1989; Murrey 등, 1992; Spanos 등, 1989) 큰 문제가 되지 않는다. 현재와 연결되는 전생이 정말 존재했고 그 삶에서 어떤 중요한 사건을 겪었다면 앞에서 살펴본 것처럼 그 강렬한 기억들은 무의식 속에 남아 있을 수도 있고 오랜 세월 동안 변형되지 않고 비교적 정확하게 보존되어 있을 수도 있다. 어린 시절의 기억보다 좀 더 시간적으로 거슬러 올라간다는 것 외에는 큰 차이가 없는 것이다. 최면 상태에서 떠올리는 기억들을 모두 액면 그대로 받아들여서는 안 되겠지만, 틀릴 수도 있다는 우려 때문에 무조건 의심하는 것은 올바른 태도가 아니다.

1988년에 미국에서 출간된 《최면과 기억(Hypnosis and Memory)》은 최면 상태에서의 기억에 대한 수많은 학자들의 논문과 의견을 종합하고 평가한 내용을 담고 있다. 이 책에 기고하고 감수한 18명의 학자들은 정신의학과 심리학 분야의 세계적 권위자들로, 지난 수십 년 동안 학자들 사이에서 있어 온 최면과 기억에 대한 논란들에 대해 폭넓고 균형 잡힌 의견을 제공하고 있다. 세계최면학회 회장이었던 정신과 의사 피터 블룸(Peter Bloom) 박사는 최면 치료자들에게 '각자의 편견을 버리고 이 책을 참고하라.'고 충고한다. 이 책에서는 환생에 대해 이렇게 말하고 있다. '환생은 영적인 하나의 신념체계이며 우리가 받아들일 수 있는 조건을 갖추고 있다. 그것을 믿는 것은 누구에게도 피해를 주지 않는다.' 여러 종교의 가르침인 사후의 생명에 대해서도 '사후 생명을 증명하거나 부정하기에 과학은 너무나 조잡한 도구이다.'라고 말하고, 최면 상태에서 떠올린 전생 기억을 가지고 무조건 과학적으로 환생이 증명된 것인 양 주장하는 것에 대해서는 부정적이지만 전생요법의 치료 효과에 대해서는 다음과 같이 긍정적인 결론을 내렸다. '퇴행 기술을 사용하는 전생요법이 일부의 환자들에게 도움이 되는 것으로 보인다. 어떤 상황에서 환자들이 이 치료법의 도움을 받을 수 있는지를 알기 위해 임상연구가 더 필요하다.' 퇴행 기법을 이용해 찾아낸 기억들을 치료에 이용하는 것에 대해서도 '임상적 치료 상황에서는 그 환자의 과거에 대한 환상을 치료하는 것이나 실제로 있었던 과거를 치료하는 것이나 효과는 마찬가지이므로 그 기억들의 사실 여부가 증명되어야 할 필요는 거의 없다.'(Orne 등, 1984)라며 그 치료 효과를 인정하고 있다.

1996년 1월에 발간된 미국임상최면학회(ASCH)의 공식 학술지《미국임상최면 저널(American Journal of Clinical Hypnosis)》은 1995년 독일에서 하랄트손이《신경정신질환 저널(Journal of Nervous and Mental Disease)》에 발표했던 〈전생을 기억하는 아이들의 성격과 능력〉의 내용을 소개하고 있다. 그 내용을 요약하면 이렇다.

'그 아이들은 전생에서 급작스런 죽음을 당했던 기억이 많았고, 공포 증상이나 특정 대상에 대한 애착이 많으며 자신들의 전생과 관계있다고 하는 신체적 흔적이나 신체 기형을 가진 경우도 여럿 있었다. 여러 가지 심리검사 결과 그들은 전생의 기억을 일관성 있게 주장하며, 동년배 아이들보다 어휘 구사력과 기억력이 뛰어났다. 학교 성적도 더 좋았고 사회적 활동에도 더 적극적이었지만 다른 아이들보다 최면 피암시성이 더 높지는 않았다.'

이 논문은 전생 기억이 피암시성이 높은 일부 사람들에서만 관찰되는 특이한 현상이 아니라는 것을 보여주며, 이 분야가 학자들의 진지한 주목을 받고 있음을 확인시켜주고 있다.

《미국 임상최면 저널》 1997년 10월호는 시카고 러시(Rush) 의과대학의 프랭크 리빗 박사의 논문을 소개하고 있다. 그 내용은 최면 상태에서 오랜 과거의 끔찍했던 사건의 기억들을 떠올린 환자들과 그렇지 않은 환자들의 최면 감수성을 처음으로 직접 비교·조사한 것이다. 결과는 일반적인 예상과 달리, 그런 기억을 떠올린 환자들이 오히려 일반 환자들보다 최면 감수성이 훨씬 낮았고, 최면 유도자의 의도적인 암시성 질문에 대해서도 일반 환자들보다 낮은 반응을 보였다. 이런 연구 결과는 최면 상태에서 환자들이 떠올린 어릴 때의 성폭행 같은 끔찍한 기억들을 '최면 피암시성이 높은 사람들의 거짓 기억'이라고 무시해 온 일부 학자들의 주장을 정면으로 반박하는 것이다.

어린 시절의 폭행 기억을 최면 상태에서 찾아낸 17명의 환자들이 그 기억의 사실 여부를 확인해보는 조사 작업에 같이 참여한 뒤 그 결과를 보고한 달렌버그의 1996년 논문의 결론도 '최면 상태에서 찾아낸 환자들의 기억은 비교적 정확한 것'이라고 말하고 있다. 과거의 삶이라는 게 정말 존재하고 그 삶의 기억들이 지금도 영향을 줄 수 있다면 이 논리는 그대로 적용될 수 있을 것이다.

글을 맺으며

앞에 소개한 여러 임상 치료 사례와 그 진행 과정은 지난 30년간 수천 명의 환자들과 수만 시간에 걸쳐 나눈 방대한 양의 최면 치료의 일부 기록이다. 전생의 기억과 삶과 삶 사이의 기억, 출생 전 태내의 기억, 죽은 후 영혼의 기억 등 인간 의식의 자아초월적 영역을 다룬 사례가 많지만, 누구든 처음에는 심리치료의 기본 원칙에 따라 어린 시절과 성장 과정, 가족 관계 등부터 파악하게 되고, 이 영역의 문제들부터 해결하면서 조금씩 더 깊이 숨어 있는 원인에 접근해가게 된다.

이 책에 실린 사례들 모두 낯설고 극적인 내용들이지만, 정말 기적적이고 믿기 힘든 여러 치유 사례들은 하나도 포함시키지 않았다. 그 내용이 나조차도 믿기 힘들었기 때문이다. 그러나 분명한 것은, 내 치료 일과의 대부분이 이런 믿기 힘들고 낯선 영역 안에서 진행되었고, 그 결과 일반 치료와 약물로 낫지 않던 환자들이 성공적으로 낫는 결과를 가져왔다는 사실이다. 환자들이 전생의 기억을 치료하고 영혼의 관점을 이해한 후 낫는다고 해서 전생이 존재하고 영혼이 존재한다는 사실이 저절로 증명되는 것은 아니지만 이 현상들의 실체가 무엇인지를 과학은 앞으로 밝혀내야 한다.

나는 성격상 신비롭거나 애매한 것을 좋아하지 않는다. 명상이나 기도, 호흡수련 등에 대해 별 관심이 없고, 진지하게 실천해본 적도 없다. 전생 기억과 영혼, 죽음 이후의 세계, 모든 인간 의식의 상호 연결, 유형·무형의 모든 물질이 에너지와 정보로 구성되고 연결된 우주의 구조, 과거와 현재와 미래가 모두 중첩되어 동시에 작용하는 우리 내면의 모습 등 내 환자들이 치료 과정에서 보여주는 새로운 세계는 앞으로 규명되어야 할 과학의 최전선으로 인식될 뿐 별다른 경외감이나 감동은 느껴지지 않는다. 사실들을 파헤치고 엮어서 더 큰 사실들을 찾아가는 과학적 방법론을 충실히 따르는 것이 내 성향에 맞는 연구 방법이자 궁극적 깨달음을 향한 노력이라고 생각할 뿐이다. 따라서 나는 그동안의 치료 작업 과정과 그 성과를 설명할 수 있는 과학을 찾아내기 위해 지난 수십 년간 정신의학이 아닌 다른 과학 영역의 책과 논문을 훨씬 많이 살펴보았고, 그 결과 《양자물리학적 정신치료, 빙의는 없다》를 2020년에 발간하게 되었다.

인간 의식에 대한 첨단 실험과 연구로 밝혀진 새로운 사실들, 그리고 내가 환자들의 최면 치료에서 지속적으로 관찰하는 비일상적 현상들은 양자물리학이 점차 밝혀내고 있는 세상의 실제 모습과 놀라울 정도로 일치한다. 사람들 간의 텔레파시의 힘, 먼 과거 사건들의 시간·공간·차원을 뛰어넘는 영향력, 과거·현재·미래가 하나로 얽혀 서로 영향을 주고받는 세상과 우리 내면의 모습, 죽음 이후에도 소멸되지 않는 개인 고유의 정보와 에너지체를 의미하는 영혼 등 현대 과학과 정신의학이 답을 줄 수 없는 여러 주제에 대해서 인간 의식을 연구하는 첨단 과학은 많은 답을 내놓고 있다. 이 새로운 발견들을 치료에 응용하며 무엇보다 내가 주목하고 있는 부분은, 우리의 의식적 '의도'와 '생각'이 현재 우리 몸과 마음, 가까운 사람들과 주변 환경에 자리 잡고 있는 복잡한 여러 에너지와 그 안에 포함된 정보체계(에너지는 그 자체가 고유의 정보를 담고 있어 에너지와 정보는 둘이 아닌 하나로 본다)에 변화를 일으킨다는 점이다. 특정한 의도는 그 자체가 목적과 방향을 가진 정보와 에너지의 복합체이며 우리 몸과 마음, 주변 사람들과 환경의 여러 에너지장과 상호작용하여, 우리를 둘러싼 물리적 현실 세계를 바꾸거나 창조하는 힘을 가진다. 잘 살펴보면, 사람들이 마음에 품은 강한 의도가 향하는 방향으로 그 사람의 현실이 창조되어가는 것을 자주 확인할 수 있다. 긍정적이고 생산적인 의도는 좋은 결실로 나타나고, 부정적이고 파괴적인 현실 인식과 그에 따른 어두운 감정은 그 사람의 삶을 점점 힘든 모습으로 변화시키는 것을 우리는 주변에서 관찰할 수 있다.

환자가 나으려는 의도는 궁극적으로 자신의 삶과 주위 사람들의 삶의 질을 높이려는 목적을 가지며, 이것은 결국 전체 우주의 한 구성원으로서 개인의 발전과 모두에 대한 기여를 의미한다. 그러나 이기적이고 파괴적인 의도와 생각을 오래 품고 있으면 현실 속에 그에 상응하는 여러 장애와 어려움을 가져오게 된다. 의도의 방향에 따라 그 결과는 완전히 다른 모습으로 현실에 나타나게 되니, 어떤 의도를 가지고 살 것인가를 신중하고 지혜롭게 결정해야 한다. 우리는 모두 자신의 의도와 생각, 감정의 에너지로 자기 현실의 큰 부분을 창조하면서 살아가고 있기 때문이다.

오랜 기간 환자들이 나아지는 모습을 지켜보면서 나는 '어떤 이유이건 이 우주의 의식과 에너지는 그 안에 살고 있는 각 사람에게 주어진 시간이 다할 때까지 그 사람의 의도에 따라 그의 현실이 흘러가도록 돕는다.'는 생각을 하게 되었다. 절망에 빠져 자신을 포기하고 있던 환자들이 치료를 통해 나아지면서, 조금씩 자신을 사랑하게 되고 주변을 돌아보게 되면서 보이지 않는 도움과 배려의 손길이 그들을 이끌어주고 환경이 나아지는 모습을 자주 볼 수 있다. 그러나 자기 삶의 조건들을 혐오하고 억울해하며 분노와 원망을 품고 있는 사람들은 점점 더 고통스러운 현실을 마주하게 된다.

나는 이런 현상의 원인을 우리가 갖고 있는 의도와 이에 따르는 감정 에너지가 우주 공간에 편재하는 의식(신, 우주의식, 창조의 힘 등 여러 용어로 표현된다)과 무한 에너지와 상호작용하며 현실을 창조하기 때문이라고 생각한다. 양자물리학은 작은 소립자부터 거대한 우주에 이르기까지 모든 것이 고유의 의식을 가지고 있고 모두 연결되어 상호작용함을 뒷받침하는 관측 결과를 다수 밝혀내고 있지만 아직 이를 정확히 측정할 수 있는 기술은 없다. 그러나 환자들의 치유와 변화를 이런 관점에서 더 정확히 밝혀내는 날이 언젠가 올 것으로 생각한다.

_ 김영우

"나는 누구이며, 왜 이 삶을 살아야 하는가?"
그 질문 앞에 선 이들에게, 전생의 기억이 응답하다.

《전생여행 1》은 국내 최초로 최면 전생퇴행요법을 임상에 도입한 정신과 전문의 김영우 박사의 기록으로, 한 사람의 깊은 내면을 통해 들려온 지혜의 목소리와 함께 존재의 본질을 탐색해가는 여정을 담고 있다.

삶과 죽음, 치유와 영혼을 향한 이 책의 첫걸음은 상처받은 이들에게 다시 삶의 이유를 묻는다. 이제, 당신의 마음속 물음에도 그 답이 열린다.

지은이 김영우 박사는 2023년 6월 말까지 운영하던 정신과의원을 정리하고, 같은 해 7월 미국 하와이로 이주했습니다. 현재는 여러 치료로도 쉽게 호전되지 않는 환자들을 대상으로 최면 치료를 지속하며, 인간 의식에 관한 양자물리학적 연구와 대학 강의 활동에 집중하고 있습니다.

기존 '김영우정신건강의학과의원' 홈페이지는 '김영우 자아초월 최면치료연구소'(http://drhypnosis.co.kr)로 새롭게 운영되며, 비공개 상담 신청도 가능합니다.

● 이메일 주소 bateux@empas.com

참고 문헌

국내 출간 단행본

- 김승혜·서종범·길희성, 《선불교와 그리스도교》, 1996, 바오로딸
- 김영우, 《전생여행》, 1996, 정신세계사
- 글렌 윌리스턴·주디스 존스톤, 《영혼의 탐구》, 1996, 시공사
- 리드비터·크리스크 나무르티·브레버스키, 《신지학 입문》, 1995, 도서출판 신지학
- 브라이언 와이스, 《나는 환생을 믿지 않았다》, 1994, 정신세계사
- 브라이언 와이스, 《전생요법》, 1995, 정신세계사
- 일레인 페이젤, 《성서 밖의 예수》, 1989, 정신세계사
- 지나 서미나라, 《윤회의 비밀》, 1988, 장경각
- 지나 서미나라, 《윤회의 비밀(속편)》, 1988, 장경각
- 지나 서미나라, 《윤회의 진실》, 1995, 정신세계사
- 클로드 보리롱 라엘, 《진실의 서》, 1995, 도서출판 메신저
- 파드마 삼바바, 《티벳 死者의 書》, 1995, 정신세계사
- 프란시스 스토리, 《환생》, 1992, 장경각
- 함석헌 주석, 《바가바드 기타》, 1996, 한길사
- 작자 미상, 《탈무드 임마누엘》, 1994, 홍진기획

국내 논문 및 잡지

- 김성규, 문헌사적으로 살펴본 전생과 윤회, 《불교와 문화》 제1호, 1997, 대한불교진흥원
- 김영우, 전생퇴행요법, 《제5회 한국정신과학학술대회 논문집》, 1996, 한국정신과학학회
- 김영우, 정신의학적 측면에서 본 최면과 전생퇴행, 《불교와 문화》 제1호, 1997, 대한불교진흥원

- 이귀행, 전이의 분석, 《원광정신의학》 제12권 제2호, 1996, 원광대학교 의과대학 신경정신과학교실
- 이부영·서경란, 한국에서의 빙의(憑依) 현상, 그 심리학적·병리학적 측면: 증례 분석을 중심으로, 《심성연구》 제9권 제1·2호, 1994, 한국분석심리학회
- 《건강 丹》 1996년 4월호, ㈜한문화

국외 출간 단행본
- Brian Alman, Self Hypnosis, 1983, Brunner/Mazel
- Robert Almeder, Death & Personal Survival:The Evidence for Life after Death, 1992, Rowman & Littlefield Publishers
- E. A. Barnett, Analytical Hypnotherapy: Principles and Practice, 1989, Westwood Publishing
- Henry Leo Bolduc, Life Patterns, Soul Lessons, and Forgiveness, 1994, Adventures Into Time Publishers
- Gloria Chadwick, Discovering Your Past Lives, 1988, Contemporary Books
- David B. Cheek, The Application of Ideomotor Techniques, 1994, A Longwood Professional Books
- Rabia Lynn Clark, Past Life Therapy: The State of the Art, 1995, Rising Star Press
- Martin A, Conway, Recovered Memories and False Memories, 1997, Oxford
- Hans Ten Dam, Exploring Reincarnation, 1990, Penguin Group
- Larry Dossey, Recovering the Soul: A Scientific and Spiritual Search, 1989, Bantam New Age Books
- Gerald Edelstein, Trauma, Trance, and Transformation: A Clinical Guide to Hypnotherapy, 1981, Brunner/ Mazel

- Patrick Fanning, Visualization for Change, 1994, New Harbinger Publications
- Edith Fiore, You Have Been Here Before, 1978, Ballantine Books
- Joe Fisher, The Case for Reincarnation, 1983, Bantam Books
- Jeffrey Furst, Edgar Cayce's Story of Jesus, 1968, Berkeley Books
- Bruce Goldberg, Past Lives, Future Lives, 1982, Ballantine Books
- Bruce Goldberg, The Search for Grace: A Documented Case of Murder and Reincarnation, 1994, In Print Publishing
- Corydon Hammond, Handbook of Hypnotic Suggestions and Metaphors, 1990, ASCH(The American Society of Clinical Hypnosis) Press
- Corydon Hammond, Hypnotic Induction and Suggestion, 1992, ASCH Press
- Corydon Hammond, Richard Garver, Charles Mutter, Harold Crasilneck, Edward Frischholz, Melvin Gravitz, Neil Hibler, Jean Olson, Alan Scheflin, Herbert Spiegel, William Wester, Clinical Hypnosis and Memory: Guidelines for Clinicians and for Forensic Hypnosis, 1995, ASCH Press
- Reba Ann Karp, Edgar Cayce: Encyclopedia of Healing, 1986, Warner Books
- John Klimo, Channeling, 1987, Tarcher
- Stanley Krippner, Dreamtime and Dreamwork, 1990, Putnam Books
- Frank Lawlis, Transpersonal Medicine, 1996, Shambhala
- Winafred Lucas, Regression Therapy: Handbook for Professionals, 1993, Crest Park
- Vicki Mackenzie, Reincarnation, 1988, Bloomsbury Publishing
- Ursula Markham, Hypnosis Regression Therapy, 1991, London: Judy Platkus
- William McGarey, There Will Yuor Heart Be Also: Edgar Cayce's Readings about Home and Marriage, 1975, Prentice Hall
- Raymond Moody, Coming Back: A Psychiatrist Explores Past Life Journeys, 1991, Bantam Books
- Raymond Moody, Life after Life, 1975, Bantam Books
- Melvin Morse, Closer to the Light, 1990, Ivy Books
- Garrett Oppenheim, Who Were You Before You Were You?, 1990, Carlton Press
- Helen M. Pettinati, Hypnosis and Memory, 1988, Guilford
- Colin A. Ross, Dissociative Identity Disorder: Diagnosis, Clinical Features, and Treatment of Multiple Personality, 1997, John Wiley & Sons

- Robert C. Smith, Edgar Cayce: You Can Remember Your Past Lives, 1989, Warner Books
- David Steere, Spiritual Presence in Psychotherapy, 1997, Brunner/Mazel
- Ian Stevenson, Children Who Remember Previous Lives, 1987, University Press Of Virginia
- Michael Talbot, Your Past Lives: A Reincarnation Handbook, 1987, Harmony Books
- Moshe Torem, Hypnosis and It's Clinical Applications in Psychiatry and Medicine, 1992, Ryandic Publishing
- Renee Weber, Dialogues with Scientists and Sages: The Search for Unity, 1986, Routledge & Kegan Paul
- Joel Whitton & Joe Fisher, Life between Life, 1986, Warner Books
- Ian Wilson, The After Death Experience, 1987, Quill, William Morrow
- Roger Woolger, Other Lives, Other Selves, 1987, Doubleday & Company
- Jeffrey K. Zeig, Ericksonian Methods: The Essence of the Story, 1994, Brunner/Mazel Publishers

국외 논문

- William Baldwin, "Diagnosis and Treatment of the Spirit Possession Syndrome", The Journal of Regression Therapy vol. 6, no. 1, 1992, APRT Press
- William Baldwin, "Differential Diagnosis in Spirit Releasement Therapy", The Journal of Regression Therapy vol. 10, no. 1, 1996, APRT Press
- J. O. Beahrs, J. J. Cannell & T. G. Gutheil, "Delayed Traumatic Recall in Adults: A Synthesis with Legal, Clinical, and Forensic Recommendations", Bulletin of the American Academy of Psychiatry & the Law, 24(1), 45-55, 1996
- Peter Bloom, "Clinical Guidelines in Using Hypnosis in Uncovering Memories of Sexual Abuse", The International Journal of Clinical and Experimental Hypnosis, vol. XLII, no. 3, 1994
- Henry Lee Bolduc, "Regression to Childhood: Induction and Transformation, The Journal of Regression Therapy vol. 4, no. 1, 1989, APRT Press
- C.J.Dalenberg, "Accuracy, Timing and Circumstances of Disclosure in Therapy of Recovered and Continuous Memories of Abuse", The Journal of Psychiatry & the Law, 24(2), 229-275.1996
- Hazel Denning, "Philosophical Assumptions Underlying Successful Past Life Therapy",

The Journal of Regression Therapy vol. 1, no. 2, 1986. APRT Press

- M. J. Eisenberg, "Recovered Memories of Childhood Sexual Abuse", Temple Law Review, 68(1), 249–280, 1995
- Thelma Freedman, "Past Life Therapy for Phobias : Patterns and Outcome", The Journal of Regression Therapy vol. 9, no. 1, December 1995, APRT Press
- Thelma Freedman, "Treating Children's Nightmares with Past Life Report Therapy", The Journal of Regression Therapy vol. 5, no. 1, December, 1991, APRT Press
- M. J. Gosschalk & V. H. Gregg, "Relaxation and Cognitive Processing during Memory Retrieval", Contemporary Hypnosis, 13(3), 177–185, 1996
- E. Haraldsson, "Personality and Abilities of Children Claiming Previous Life Memories", Journal of Nervous & Mental Disease, 183(7), 445–451, 1995
- Irene Hickman, "Hypnosis and Healing", The Journal of Regression Therapy vol. 2, no. 1, 1987, APRT Press
- Irene Hickman, "Principles and Techniques of Regression to Childhood", The Journal of Regression Therapy vol. 4, no. 1, 1989, APRT Press
- Alfred Hoffmann, "Past Life Induced Anorexia: A Case Study", The Journal of Regression Therapy vol. 7, no. 1, 1993, APRT Press
- Robert James, "Verifiable Past Lives : Readily Available?", The Journal of Regression Therapy vol. 9, no. 1, December 1995, APRT Press
- Marianne De Jong, "Agoraphobia: Trauma of a Lost Soul?" The Journal of Regression Therapy vol. 4, no. 1, 1992, APRT Press
- Ronald Wong Jue, "Past Life Therapy: Assumptions, Stages and Progress", The Journal of Regression Therapy vol. 1, no. 1, 1986. APRT Press
- Ronald Wong Jue, "Defining Professional Relationships in Past Life Therapy", The Journal of Regression Therapy vol. 3, no. 1, 1988, APRT Press
- Karlin & Orne, "Commentary on Borawick vs. Shay" Cultic Studies Journal, 13(1), 42–94, 1996
- Stanley Krippner, "Past Life Therapy in The Treatment of Multiple Personality Disorders", The Journal of Regression Therapy vol. 8, no. 1, 1994, APRT Press
- Frank Leavitt, "False Attribution of Suggestibility to Explain Recovered Memory of Childhood Sexual Abuse Following Extended Amnesia", Child Abuse & Neglect, 21(3), 265–272, 1997
- Margaret Lento, "Healing the Wounded Child from Past Lives", The Journal of Regression Therapy vol. 10, no. 1, 1996. APRT Press

- Winafred Lucas and Chet Snow, "Brain Wave States Underlying The Regression Process", The Journal of Regression Therapy vol. 1, no. 2, 1986, APRT Press
- Eisen Mitchell, "The Relationship between Memory, Suggestibility and Hypnotic Responsivity", American Journal of Clinical Hypnosis vol. 39, no. 2, 1996
- Garrett Oppenheim, "Overcoming Resistance to a Past Life Scene", The Journal of Regression Therapy vol. 3, no. 2, 1988, APRT Press
- Ernest Pecci, "Exploring One's Death", The Journal of Regression Therapy vol. 2, no. 1, 1987, APRT Press
- Ernest Pecci, "Opening the Way for Healing", The Journal of Regression Therapy vol. 2, no. 2, 1987, APRT Press
- J. W. Pennebaker & A. Memon, "Recovered Memories in Context: Thoughts and Elaborations on Bowers and Farvolden" Psychological Bulletin, 119(3), 381–385, 1996
- K. S. Pope, "Memory, Abuse, and Science", American Psychologist, 51(1), 957–974, 1996
- Clyde Reid, "Healing Relationships through Past Life Regression: A New Paradigm", The Journal of Regression Therapy vol. 3, no. 1, 1988, APRT Press
- Clara Riley, "Healing Pre–Natal Memories", The Journal of Regression Therapy vol. 2, no. 2, 1987, APRT Press
- Clyde Reid, "Past Life Therapy in Ongoing Psychotherapy", The Journal of Regression Therapy vol. 1, no. 1, 1986, APRT Press
- Scheflin & Brown, "Repressed Memory or Dissociative Amnesia: What the Science Says", Journal of Psychiatry & the Law, 24(2), 143–188, 1996
- George Schwimmer, "Healing The Past Life Personality": The Journal of Regression Therapy vol. 4, no. 2, 1990, APRT Press
- P. Sheehan, "Recovered Memories: Some Clinical and Experimental Challenges", Australian Journal of Clinical & Experimental Hypnosis, 25(1), 18–39, 1997
- J. G. Watkins, "Dealing with the Problem of 'False Memory' in Clinical and Court", Hypnosis, 22(4), 176–188, 1995
- L. M. Williams, "Recovered Memories of Abuse in Women with Documented Child Sexual Victimization Histories" Journal of Traumatic Stress, 8(4), 649–673, 1995

전생여행 2 _ 전생퇴행 최면치료, 영혼의 치유와 회복

초판 1쇄 인쇄 | 2025년 6월 17일
초판 1쇄 발행 | 2025년 6월 24일

지은이 | 김영우
펴낸이 | 강효림

편집 | 곽도경
내지디자인 | 주영란
표지디자인 | 최치영

용지 | 한서지업㈜
인쇄 | 한영문화사

펴낸곳 | 도서출판 전나무숲 檜林
출판등록 | 1994년 7월 15일·제10-1008호
주소 | 10544 경기도 고양시 덕양구 으뜸로 130
　　　위프라임트윈타워 810호
전화 | 02-322-7128
팩스 | 02-325-0944
홈페이지 | www.firforest.co.kr
이메일 | forest@firforest.co.kr

ISBN | 979-11-93226-62-9 (03180)

• 책값은 뒤표지에 있습니다.
• 이 책에 실린 글과 사진의 무단 전재와 무단 복제를 금합니다.
• 잘못된 책은 구입하신 서점에서 바꿔드립니다.